PIERRE BRUYANT

Professeur de Lettres au Collège de Nogent-le-Rotrou

UN COLLÈGE

A TRAVERS LES AGES

(NOGENT-LE-ROTROU)

L'homme libre no doit rien apprendre
en esclave.   PLATON.

AVEC QUATORZE GRAVURES, PLANS ET FAC-SIMILÉS

NOGENT-LE-ROTROU

IMPRIMERIE ET LIBRAIRIE RENOULT-WEINGAND

1906

UN COLLÈGE A TRAVERS LES AGES

(Nogent-le-Rotrou)

Le personnel du Collège de NOGENT-LE-ROTROU (1905).

PIERRE BRUYANT

Professeur de Lettres au Collège de Nogent-le-Rotrou

UN COLLÈGE

A TRAVERS LES AGES

(NOGENT-LE-ROTROU)

L'homme libre ne doit rien apprendre
en esclave.　　　PLATON.

AVEC QUATORZE GRAVURES, PLANS ET FAC-SIMILÉS

NOGENT-LE-ROTROU

IMPRIMERIE ET LIBRAIRIE RENOULT-WEINGAND

1906

AVANT-PROPOS

Peu d'établissements français d'enseignement secondaire, en province, ont l'orgueil de compter quatre cent cinquante années d'existence. On verra que Nogent-le-Rotrou peut mettre la date de 1460 au fronton de la maison du collège. Et encore ne tenons-nous compte que du premier document visant, non la création, mais l'existence certaine de la grande école claustrale du prieuré de Saint-Denis, ancêtre du collège. Ici comme ailleurs, les Bénédictins versaient dans les jeunes intelligences le meilleur de la pauvre science de leur temps. Ce n'est pas renier les idées de son siècle que de rendre justice à ces grands travailleurs de la pensée, qui ont tant contribué à répandre un peu de lumière dans les ténèbres du Moyen âge et à nous conserver le flambeau des belles œuvres antiques, avant de s'immortaliser par d'admirables travaux d'érudition. Leur nom est resté un éloge, leur labeur un exemple.

Si, libérés aujourd'hui de toute servitude intellectuelle, débarrassés des obstacles qui arrêtèrent si longtemps l'essor des esprits, nous nous réjouissons d'enseigner la science raisonnée et indépendante, la recherche impartiale de la vérité en même temps que la tolérance, nous devons à ces principes de saluer, au seuil de cet ouvrage, au même titre que les Bénédictins, les autres anciens éducateurs qui ont préparé inconsciemment l'âme moderne. Et, s'il ne nous appartient pas de louer les vivants, que ce livre, dans un hommage ému où s'effacent et s'oublient les erreurs et les fautes, paye un peu la dette commune à tous les maîtres nogentais disparus, aux moines, aux régents en soutane ou en robe, ainsi qu'aux modestes professeurs, moins enfoncés dans l'ombre du passé, qui ont usé leurs forces dans la lourde tâche de l'enseignement.

Que notre souvenir reconnaissant aille également aux bienfaiteurs de cet établissement, aux membres du bureau d'administration et surtout aux Conseillers municipaux qui, dans les moments les plus difficiles, ont soutenu la cause du collège, ayant compris, en s'élevant au-dessus des mesquines querelles et des considérations étroites, que le rayonnement multiplié de l'Université aura toujours une heureuse influence générale et locale.

Et puis, le cher vieux collège, le seul établissement secondaire laïque du Perche, qui ouvre de plus en plus ses portes aux enfants du peuple, n'est-il pas devenu, après tant d'années, le patrimoine inaliénable de la cité, à laquelle il a toujours été si utile, et dont il a été si souvent l'honneur ?

P. B.

UN
COLLÈGE A TRAVERS LES AGES

L'homme libre ne doit rien apprendre
en esclave.   (PLATON.)

AU MOYEN AGE

LES GRANDES ÉCOLES. — Bart des Boulais
relate dans ses *Antiquités du Perche* (1) que par transaction, passée
le 11 mars 1460, le chapitre de la collégiale de Saint-Jean (2)

---

(1) Pour tous les ouvrages consultés, voir la *Bibliographie*.

(2) Une collégiale était une église avec un chapitre de chanoines en
dehors du siège épiscopal. La collégiale de Saint-Jean fut fondée en 1194
par Geoffroy V, l'avant-dernier Rotrou. Le privilège d'une collégiale étant
rarement accordé par les papes, on voit que les Rotrous jouissaient d'une
grande faveur auprès du Saint-Siège. D'après la règle établie au ix° siècle
par l'évêque Chrodegang, les chanoines des chapitres cathédraux et collégiaux devaient vivre en commun. Cette discipline s'étant relâchée au
x° siècle, Ivo de Chartres fut à la fin du xi° siècle le promoteur d'une
réforme des chapitres, continuée par Guillaume de Champeaux et Norbert.
Le premier fonda *Saint-Victor* (1113); le second, *Prémontré* (1120). Les
chanoines réunis ainsi dans de véritables abbayes étaient soumis à la
règle de *Saint-Augustin*. Les moines virent avec inquiétude ces nouvelles
congrégations, et un vent de réformes souffla sur les cloîtres. C'est alors
que les Bénédictins virent se détacher de l'ordre de Cluny les *Chartreux*
(1084), les *Cisterciens* (1099), les moines de *Tiron* (1109), etc... Ces ordres
nouveaux, outre une règle plus austère, réduisaient leurs propriétés à ce
que les religieux pouvaient cultiver et exploiter eux-mêmes pour les
besoins exclusifs du monastère. Ils renonçaient à desservir des églises et
à *tenir école*. Les Cisterciens reprochaient aux Clunistes leurs travaux
intellectuels et leur goût pour les arts. Saint Bernard fut l'apôtre de ce
retour à l'ascétisme monastique ; il poursuivait toute science qui n'avait
pas Dieu comme but. «.Fuyez Babylone et sauvez vos âmes, » prêchait-il,
en 1140, à des étudiants. Babylone, c'était Paris ; et les écoles déjà

1

conféra les *grandes écoles* aux doyen et couvent de Saint-Denis de Nogent-le-Rotrou. C'est la première mention de l'existence à Nogent d'un enseignement ayant une analogie relative avec celui que nous appelons *secondaire*. En effet, la culture latine était réservée aux *grandes écoles ;* les *petites écoles*, appelées aussi *françaises*, constituaient l'enseignement *primaire* d'alors (1). Au Moyen âge, l'enseignement appartenait de droit aux chapitres cathédraux ou collégiaux et aux monastères : « Il n'appartient pas aux laïques, dit le concile de Constance, de discuter ou d'enseigner publiquement. » N'est-il pas permis de supposer qu'avant l'acte précité de 1460, spécifiant une *collation* par *transaction*, deux grandes écoles auraient existé simultanément dans la collégiale de Saint-Jean et dans l'abbaye de Saint-Denis ? Sans doute, dans presque toutes les villes, les chapitres de chanoines avaient le privilège de conférer la charge de tenir les grandes écoles, mais l'abbaye de Saint-Denis avait été fondée plus de cent cinquante ans avant la collégiale, et l'instruction de la jeunesse formait un élément important de la règle bénédictine (2). Saint-Denis de

---

renommées, où Abélard avait remué les esprits, effrayaient l'adversaire de Cluny et de tout ce qui pouvait distraire la pensée humaine des fins religieuses.

(1) A vrai dire, il n'y avait pas de différences bien tranchées entre les *grandes* et les *petites écoles* des monastères et des chapitres. Ces dernières, sauf celles d'un niveau inférieur où l'enseignement était réduit à la lecture, aux éléments du calcul et au catéchisme, correspondaient à peu près, toutes proportions gardées, à notre premier cycle d'études allant jusqu'à la quatrième. Dans toutes les petites écoles on apprenait à lire le latin.

(2) C'est l'ordre de Saint-Benoît, qui, le premier, institua des écoles dans les couvents (écoles *claustrales*) ; chaque diocèse posséda depuis le viie siècle une école *cathédrale*, située dans le palais de l'évêque ou dans l'église cathédrale. La *Règle du maître*, empruntée bientôt à l'obédience bénédictine par tous les ordres religieux, ordonne au moine le plus instruit d'employer trois heures de sa journée à l'instruction des novices et

Nogent ne devait pas être en dehors de cette règle commune, et si les chanoines de la collégiale confèrent transactionnellement les grandes écoles aux religieux en 1460, c'est sans doute, ou par simple formalité, reconnaissance d'un ancien état de choses, accordée moyennant échange, ou par suite d'une inutile concurrence, ou, de guerre lasse, après une lutte soutenue avec des moines tenaces et puissants (1).

L'antique abbaye de Saint-Denis (2) fut au Moyen âge un des

---

de la jeunesse. Sans renoncer au travail manuel, les Bénédictins accordèrent toujours plus de temps à l'étude que les autres religieux. La copie des manuscrits dans le *scriptorium* et la lecture des œuvres anciennes alternaient avec les prières, les méditations et les exercices de chant. Dans chaque couvent il y avait une bibliothèque, « son vrai trésor, » a dit A Kempis, moine écrivain et copiste du xv⁵ siècle. Primitivement, les écoles cathédrales étaient surtout des séminaires préparant au sacerdoce, et les écoles claustrales ne comprenaient que des novices ; à quinze ans, on pouvait faire profession de vœux monastiques. Bientôt ces écoles acceptèrent des écoliers divers et de tout âge.

(1) Leur influence était encore si grande au xviiᵉ siècle que Sully ayant acheté la seigneurie et le château de Nogent, avec le désir d'y couler tranquillement ses derniers jours, dut se retirer à Villebon pour fuir les tracasseries des religieux, mécontents de voir près d'eux un seigneur protestant dont ils n'avaient pas à attendre de libéralités. En 1746, un arrêt du Grand Conseil reconnaît encore aux moines de Nogent le droit de prééminence sur les autres églises de la ville et notamment *sur le chapitre de la collégiale.*

(2) L'abbaye de Saint-Denis de Nogent ne posséda un abbé que jusque vers 1090. Le titre d'abbé fut alors supprimé dans toutes les maisons dépendantes de Cluny, et l'abbé de Cluny fut le chef direct de tous les monastères de l'ordre qui eurent presque tous à leur tête un *prieur,* choisi par l'abbé général et non plus élu par les moines. Exceptionnellement, les titres d'abbaye et d'abbé furent conservés à Vézelay, Saint-Gilles, Moissac, Saint-Martin et Saint-Bertin. On devrait donc dire le *prieuré* et non l'abbaye de Saint-Denis. Au xiiiᵉ siècle, le prieuré de Nogent, n'ayant plus les 27 religieux nécessaires pour conserver le titre de prieuré, devint un des 13 doyennés donnés en bénéfice, avec un minimum de 20 moines.

joyaux de Nogent-le-Rotrou, et son histoire a été intimement liée à celle de la cité. Elle fut fondée en 1029, en faveur des Bénédictins de Cluny, par Geoffroy III, comte de Mortagne, vicomte de Châteaudun et seigneur de Nogent, pour rappeler « l'éclat de sa race, sa puissance et ses richesses. » On ajouta aux bâtiments conventuels « une vaste basilique d'un travail merveilleux » (1), ayant 76 mètres de long et une largeur de 22 mètres d'une extrémité à l'autre du transept. Derrière l'abside, trois chapelles rayonnaient vers le chœur, et huit autels furent consacrés dans cette église, qui resta toujours la plus grande du bourg ; dédiée en 1031, elle fut terminée en 1077. Ce qui en subsiste est un spécimen intéressant de l'art roman du XIe siècle. Les moines obtinrent des Rotrous et de leurs successeurs des privilèges considérables, et tout un quartier de Nogent, le *bourg Saint-Denis*, fut sous la dépendance du monastère. Cela était utile à dire, d'abord pour mieux admirer les restes imposants de l'abbaye, qui forment aujourd'hui une partie si curieuse du collége, vieille de près de mille ans, et surtout pour tirer de l'importance et de la richesse primitives du couvent des déductions nouvelles de l'existence d'une très ancienne *école claustrale*, ancêtre du collége actuel, revenu, après un long intervalle, aux lieux mêmes de son berceau.

La *grande école* de Saint-Denis de Nogent avait certainement des élèves qui ne se destinaient pas à la vie religieuse ; elle était par conséquent *ouverte*, car si l'école avait été *fermée*, ne comptant que des novices, la transaction dont parle Bart eût été inutile. D'autre part, une sentence du bailliage de Chartres du vendredi 11 mai 1497 nous apprend que les moines furent maintenus en

---

(1) Les Bénédictins furent des architectes remarquables. L'église de la maison mère, à Cluny, était une merveille d'architecture romane, la plus vaste basilique de la chrétienté jusqu'à la fondation de Saint-Pierre de Rome.

possession des *petites écoles*. Or, celles-ci étaient *ouvertes* sans nul doute et préparaient aux *grandes écoles*, et il y avait encore eu là procès, entre les moines et les chanoines de la collégiale probablement.

L'enseignement du Moyen âge conserva durant des siècles une telle uniformité qu'on peut approximativement retracer le programme des études et le règlement intérieur des écoles claustrales nogentaises. Les élèves y recevaient certainement des connaissances générales sur les écrits des Pères de l'Eglise, les conciles, la liturgie, et aussi sur quelques poètes latins, Virgile, Horace, Lucain, Térence et Juvénal. Peut-être même y apprenaient-ils des notions des *sept arts libéraux* qui se décomposaient en TRIVIUM (triple route littéraire) : la *grammaire*, la *rhétorique* et la *dialectique* (logique) ; et en QUADRIVIUM (quadruple route scientifique) : l'*arithmétique* (y compris le *comput*, pour le calcul des fêtes religieuses), la *géométrie*, la *musique* et l'*astronomie*. On incorporait dans la dialectique l'explication des Livres Saints et des commentaires aussi abondants que stériles sur les œuvres du philosophe et mathématicien latin Boèce, et principalement sur celles du philosophe grec Aristote, qu'on étudiait dans de traductions latines. Aristote fut l'idole des *clercs* (1) du Moyen âge

---

(1) Les *clercs* étaient d'abord les membres du clergé, même les simples tonsurés. Puis ce nom désigna les écoliers ayant obtenu le titre de *maître ès arts* (sorte de licence) et, peu à peu, il fut appliqué à tout homme instruit. Les professeurs, comme les élèves, des universités et des collèges étaient tonsurés et portaient la soutane. Les nobles dédaignaient généralement l'étude ; il leur suffisait de savoir lire et écrire. Le latin n'était bon que pour les clercs. Les enfants nobles étaient presque toujours instruits au château par un précepteur, et leur instruction sommaire était vite négligée pour les exercices physiques. Les enfants de la bourgeoisie et ceux qui se destinaient à l'Eglise faisaient des études plus complètes. L'instruction du peuple était presque nulle ; une masse énorme d'illettrés ne connaissaient pour toute science que le catéchisme.

à tel point qu'il fut question de le canoniser. La *théologie*, couronnement des études complètes, n'était pas enseignée partout. En somme, le bagage des écoliers qui sortaient des *grandes écoles* était bien mince, et, même dans les Universités, un pédantisme verbeux dissimulait trop souvent le manque absolu de science. L'enseignement était surtout *oral*, car les manuscrits coûtaient cher ; et les élèves étaient rompus à des joutes oratoires qui leur apprenaient surtout à discuter dans le vide. Le raisonnement, la seule faculté réellement développée, mais à l'excès, s'exerçait sur « la sophistique, la dialectique, les suppositions, les amplifications, les restrictions, les expositions, les résolutions, les énigmes et les labyrinthes de questions et tous les mystères de la théologie. » (ERASME.) La division en *petits, moyens* et *grands* existait déjà, mais on ne les séparait que dans les écoles très peuplées. Les petits apprenaient à parler *latin ;* les moyens commençaient à écrire en *latin* des lettres et des dissertations ; les grands y ajoutaient la fabrication des vers *latins*.

Quant au régime, il était très dur, et nos élèves peuvent se plaindre ! Qu'ils comparent ! On se levait à 4 heures, été comme hiver ; on se couchait à 8 heures en hiver, à 9 heures en été. Les récréations étaient rares ; une heure le matin, une heure le soir. Les promenades n'existaient pas toujours dans les écoles claustrales, où les élèves étaient à peu près soumis à la règle du couvent pour la nourriture et les offices religieux, excepté pour ceux de nuit. Ils se préparaient ainsi par un long entraînement à la vie monastique dont on cherchait à éveiller le goût, surtout chez les meilleurs. Les Bénédictins avaient déjà pourtant quelque souci de la santé de leurs élèves ; ceux-ci avaient des paillasses, des couvertures de laine et des chevets. On leur donnait un peu de vin, et la viande ne leur était pas complétement interdite. Mais un silence rigoureux, en dehors des récréations, enchaînait les langues, et des punitions sévères frappaient les moindres infractions; le pain sec et le fouet étaient distribués avec largesse. Sauf le cas d'extrême pauvreté, et suivant le bon vouloir des moines qui veillaient avant tout au recrutement religieux, les élèves payaient une redevance fixe et un supplément pour les verges.

Nous pouvons maintenant nous représenter les élèves, internes et externes, des grandes et des petites écoles du prieuré de Saint-Denis. Les internes, destinés en majeure partie au noviciat, étaient revêtus de la turique noire, de la cuculle et du scapulaire noirs, et sur ces visages juvéniles s'imprimait déjà la pâle gravité du cloître. Les externes avaient le costume de leur époque ; lorsqu'ils se rendaient à leur école, ils portaient à la ceinture leur encrier en corne, appelé de là *cornu ;* à la main, le rouleau ou la tablette. Ils se livraient à leurs jeux autour de l'ancienne chapelle de la Madeleine, devenue l'église Saint-Laurent, non loin des halles et du pilori du couvent. Soudain un son de cloche faisait taire leur turbulence enfantine. Alors, devant le porche, ils attendaient l'ouverture des lourdes portes et, conduits par le frère portier, le *fouetteur* habituel, ils se dirigeaient par la grande allée du jardin vers la salle basse où se trouvait l'*écolâtre,* délégué par le prieur, si celui-ci n'enseignait pas lui-même. Ensuite, pendant que les grands élèves ratiocinaient de longues heures sur la scolastique, les moyens et les petits traçaient péniblement, avec un poinçon d'os ou de métal, des caractères compliqués sur des tablettes enduites de cire ; vers la fin du xive siècle, leurs plumes d'oie ou de paon égratignaient un papier grossier. Ou bien tous répétaient à en être exténués des formules bizarres, des citations latines ou des prières. Il n'y avait dans les classes ni tables ni bancs ; les élèves étaient assis sur le sol jonché de paille, ayant parfois un pupitre (scriptionale) sur les genoux. L'hiver, les corps étaient raidis par l'immobilité et le froid ; les yeux se fatiguaient dans une demi-obscurité ; l'été, si dans leurs salles imprégnées

d'une humidité malsaine ils n'avaient pas trop à souffrir de la
chaleur, cette réclusion dans un air confiné était peu hygiénique.
Pendant que les fleurs s'épanouissaient sous la splendeur du
soleil, que les oiseaux chantaient la beauté des choses et la joie
d'être libres, les élèves n'avaient guère dans les prunelles que
l'expression de l'ennui et de la crainte ; l'école était pour eux le
sombre apprentissage d'une vie pénible et triste.

> En effet c'estoient de grans bestes
> Que les régents du temps jadis :
> Jamais je n'entre en paradis
> S'ils ne m'ont perdu ma jeunèsse.

(Clément MAROT.)

AU XVIe SIÈCLE

UN PREMIER COLLÈGE (1). — Les écoles
claustrales de Nogent n'avaient été ni florissantes, ni renommées.
Elles déclinèrent durant le xvie siècle, et les abbés *commendataires* (2), ne considérant le monastère que comme une source
de revenus, amenèrent un relâchement complet. Remy Belleau,

---

(1) Le collège de Chartres fut fondé en 1572 par Jean Pocquet ; celui
de Dreux en 1563 celui de Châteaudun en 1582.

(2) Parmi ces abbés *commendataires*, on compte en 1546 Charles de
Ronsard, frère de l'illustre chef de la Pléiade. Celui-ci vint plusieurs fois
à Nogent, entre autres en 1567. Une pièce de Florent Chrétien, *Le Jugement de Pâris*, représentée dans le château du prince de Condé, eut
comme acteurs Ronsard, Belleau, Jodelle et Chrestien. La duchesse d'Es-
touteville jouait le rôle de Vénus, innovation pour l'époque, où les femmes
ne paraissaient pas sur la scène.

né à Nogent en 1527, ne donne que de vagues détails sur ses années d'enfance dans sa ville natale. Il consacre deux strophes d'une ode aux souvenirs de sa prime jeunesse, et c'est tout.

> O Terre en qui j'ai pris naissance,
> Terre, qui ma première enfance
> Allaitas de ton cher tétin,
> Mais hélas ! qui ne me fus guère
> Ni mère nourrice ni mère,
> Me traînant ailleurs le destin.

> Toutefois je m'estime encore
> Heureux que mon labeur t'honore,
> En te rendant comme je puis
> Par une si basse écriture
> *Le paiement de la nourriture*
> *Qu'autrefois dedans toi j'ai pris.*

Le XVIᵉ siècle fut une époque de renaissance générale, et une fièvre de savoir s'empara de tous les esprits. De nombreuses écoles se fondèrent. En exécution de l'ordonnance de Charles IX (1560), sept collèges furent créés dans la Beauce et le Perche, dont un certainement à Nogent-le-Rotrou. Un nom publié dans un index bibliographique (1) permet d'affirmer l'existence de ce collège, remplaçant la *grande école* disparue. On trouve dans le catalogue de la bibliothèque de Thomas Brooke (Londres, 1891) : *Recueil de Noëls*, orné de nombreuses peintures. Volume in-fol. Au fol. 79 : « Gabriel Hubert, apoticquaire de Nogent-le-Rotrou, a faict ce présent recueil de cantiques de Noel en l'an 1600. » Au fol. 167 : *Cantiques* du nouveau advènement de Jésu-Christ faictz en ceste année 1598 par vénérable et discret Mes. Philippes

---

(1) Bibliothèque de l'École des Chartes (année 1892, p. 185).

Hubert (1), prebtres, régent au collège de ce lieu de Nogent. »
Ce collège devait être annexé à l'Hôtel-Dieu d'après « certain acte
du 19 octobre 1653, fait et expédié en la justice du dit comté de
Nogent-le-Rotrou, par lequel il appert que les écoles ont été ci-
devant établies audit Hôtel-Dieu » (2). Nous n'avons pu recueillir
d'autres renseignements sur ce premier collège et nous sommes
condamné de nouveau à suppléer par un aperçu général à l'indi-
gence des documents particuliers.

Les collèges (3) apparaissent en France à la suite des Universités (4). D'abord ce nom s'applique presque exclusivement aux
établissements analogues à des hôtelleries qui procuraient le vivre
et le couvert aux maîtres et aux élèves des Universités, grâce à

---

(1) Philippe Hubert devint en 1607 curé de Trizay (Eure-et-Loir; en
1632, curé de Béthonvilliers (E.-et-L.). Il résigna ses fonctions en 1643 et
mourut à 100 ans. La mort de ses résignataires lui ayant fait perdre ses
pensions, il vécut ses dernières années dans une gêne extrême.

(2) Procès-verbal de l'évêque de Chartres autorisant l'établissement du
collège, en 1654, dans les bâtiments de l'Hôtel-Dieu. L'acte invoquant ce
précédent étant bien antérieur à l'autorisation, il s'agit, suivant toutes pro-
babilités, du premier collège.

(3) Le mot *collège* (du latin *colligere*, rassembler) signifie, dans son
sens primitif et général, une réunion de personnes soumises aux mêmes
règlements ou revêtues d'une même dignité. Les anciens, ne connaissant
pas l'internat, n'avaient pu employer le mot dans le sens particulier
d'établissement d'instruction avec pensionnaires ; ce sens s'applique au
mot *collège* depuis le moyen âge et il est donné spécialement aujourd'hui
aux établissements *municipaux* d'enseignement secondaire, les lycées
étant des établissements de l'Etat. Un collège de plein exercice comprend
toutes les classes, avec un professeur pour chaque classe. Dans les autres
collèges, le même professeur a plusieurs classes sous sa direction. C'est
le cas à Nogent-le-Rotrou depuis 1653.

(4) Rappelons les dates de fondation des Universités : Paris (1200) ;
Toulouse (1229) ; Montpellier (1230) ; Avignon (1303) ; Cahors (1332) ; Gre-

des fondations de bourses (1). Le fondateur ou ses héritiers désignaient presque toujours le principal ; celui-ci conduisait ses élèves suivre les cours des maîtres ès arts, autorisés par l'Université, qui professaient dans leur propre demeure. Dès le XIVᵉ siècle, on voit des collèges organisés par des particuliers qui spéculaient sur la pension des élèves ; on les appela plus tard *des marchands de soupe*. Les mémoires du temps sont encore plus sévères pour ces derniers établissements que pour les autres, sur lesquels existait une apparence de contrôle. Vers le milieu du XVᵉ siècle, les maîtres vinrent enseigner dans les collèges mêmes, et c'est le point de départ de nos collèges actuels. La division en classes date du XVIᵉ siècle. Les principaux et professeurs étaient surtout des prêtres séculiers, mais, en 1658, les Jésuites installèrent à Paris leur premier collège, celui de Clermont. Les grands écrivains du XVIᵉ siècle, Rabelais, Montaigne, Erasme, Ramus, ont violemment attaqué le système d'éducation du Moyen âge toujours en vigueur ; ils ont rappelé, avec une impression personnelle d'horreur et d'effroi, les brutalités des geôles scolaires, les classes parsemées de débris d'osier sanglant et « les trognes des pédants enivrés en leurs colères » (Montaigne.) Rabelais va plus loin : « Si j'étais roi de Paris, disait Ponocrates à Grangousier, je mettrais le feu dedans (le collège de Montaigu) et ferais brûler et principal et régents qui endurent cette inhumanité devant leurs

---

noble (1339) ; Angers (1364) ; Orange (1365) ; Dôle (1422) ; Poitiers (1431) ; Caen (1437) ; Bordeaux (1441) ; Valence (1454) ; Nantes (1460) ; Bourges (1464) ; Reims (1548) ; Douai (1572) ; Pont-à-Mousson (1572). — Les plus anciennes Universités étrangères sont celles de Bologne (droit) (1158) ; Oxford (1206) ; Valence (Espagne) (1209).

(1) A Paris, furent successivement fondés les collèges de Sorbonne (1250) ; d'Harcourt (1280) ; de Navarre (1304) ; de Montaigu (1319) ; du Plessis (1322), etc... En 1358, un collège est fondé à Paris pour les écoliers de *Boissy-le-Sec.*

yeux être exercée. Leur savoir n'est que bêterie, abâtardissant les
bons et nobles esprits et corrompant toute fleur de jeunesse. »
Si les collèges de Paris méritaient de pareilles invectives, que
penser des autres ? Néanmoins, quelques timides changements
s'ébauchaient. Les Jésuites diminuèrent les châtiments corporels
et encouragèrent les exercices physiques. Ajoutons qu'on leur
doit la création des distributions de prix. L'enseignement fut
aussi rendu plus facile et moins aride par la diffusion des livres
imprimés. Mais de vieilles et solides racines scolastiques embar-
rasseront plus de deux siècles encore le développement des
réformes réclamées par les généreux penseurs de la Renaissance.

AUX XVII⁰ & XVIII⁰ SIÈCLES

Le premier collège nogentais tomba vers 1630 probablement,
et sa disparition a laissé encore moins de traces documentaires
que son existence. Nogent, « *le plus grand bourg de France,*
rempli d'un grand nombre d'habitants riches » (1), fut alors, sous
le rapport de l'enseignement, inférieur à Bellême (2), sa rivale
comme capitale du Perche, inférieur à Tiron (3), où les Bénédictins de Saint-Maur, réformateurs du monastère déchu, établirent

---

(1) Bry de la Clergerie (xvii⁰ siècle), historien du Perche.

(2) On trouve en 1608 un inventaire des meubles et effets de Jean
Gobelet, régent au collège de Bellême (Archives d'Eure-et-Loir). Bellême,
ville de l'ancienne province du Perche, dont une partie a donné le département de l'Orne, est à 22 kil. de Nogent.

(3) Thiron (autrefois Tiron), à 14 kil. de Nogent-le-Rotrou, a possédé
au moyen âge une riche abbaye, fondée en 1109. En 1776, les élèves de
l'*École militaire* de Paris furent répartis dans douze collèges de province,
et celui de Tiron fut du nombre.

un collège important en 1629. Est-ce cette concurrence de Tiron qui porta le coup suprême au collège dont Philippe Hubert, ce doyen de nos régents, reste le représentant centenaire ? Il est impossible de l'affirmer. Nogent va-t-il être tributaire de Tiron pour l'instruction de ses enfants ? Il se trouva un Nogentais — d'adoption, sinon de naissance — pour défendre les intérêts intellectuels et la réputation de la cité et pour la doter d'un collège.

LE COLLÈGE FLORENT BUGUET. —

« Suivant testament, reçu par M⁰ Lancelot Pesseau, notaire à Nogent, en date du 25 mai 1653, Florent Buguet (1), sieur du Vivier, donna tous ses meubles, acquêts et conquêts et le quint de ses propres, pour fonder et établir en la ville de Nogent un collège à instruire la jeunesse, sous la conduite des pères de l'Oratoire (2), si faire se peut. » Convoqué au Châtelet, le supérieur de

---

(1) Nos recherches sur Florent Buguet ont été vaines. Nous inclinons à croire, d'après certains baux, qu'il était de Saint-Hilaire-sur-Erre (Orne), où existait d'ailleurs le manoir fortifié du *Vivier*, d'où le nom de sieur du *Vivier*. — Quant à Lancelot Pesseau, le tableau des notaires de Nogent, dressé de nos jours, n'en fait pas mention.

(2) Les maisons religieuses firent, au xvii⁰ siècle, une concurrence toujours grandissante aux collèges de l'Université. Les Oratoriens, fondés en 1611 par le cardinal de Bérulle, disputèrent aux Jésuites la direction de la jeunesse, et le collège de Juilly (Seine-et-Marne; 18 kil. de Meaux) fut leur établissement modèle, celui des Jésuites étant le collège de Clermont (Louis-le-Grand), à Paris. Ce dernier comptait près de 3000 élèves en 1675. Les Oratoriens introduisirent dans leurs programmes, avec l'étude approfondie du latin, celle de la langue française, trop négligée antérieurement, et aussi l'enseignement des sciences et de l'histoire. Ce furent des éducateurs remarquables à qui les Jésuites jaloux firent une guerre sans relâche. « Depuis dix ans qu'il a plu à Dieu de nous établir, écrivait à Richelieu, en 1623, le cardinal de Bérulle, les Jésuites n'ont omis aucune occasion de nous nuire. » Les Oratoriens comptaient en France, à la Révolution, 60 collèges; les Jésuites en avaient 124 en 1763, année de leur expulsion; le total des collèges français, en 1789, s'élevait à 562.

l'Oratoire déclara, le 20 août 1653, que la Congrégation ne pouvait accepter « l'administration et conduite du dit collége ».

D'après le testament de Florent Buguet, la nomination du principal devait appartenir, en cas de refus des pères de l'Oratoire, aux habitants de Nogent, dont l'assemblée générale eut lieu à ce sujet le 16 novembre 1653.

« En l'assemblée générale tenue en l'auditoire du dit lieu, devant nous François Courtin, les habitants, dûment convoqués et assemblés aux prônes des grandes messes des trois paroisses de ce lieu, furent représentés par leurs syndics et plusieurs habitants. Après avoir entendu la lecture du testament de Florent Buguet et l'acte de l'assemblée des dits habitants contenant l'acceptation du legs fait à leur profit, l'acte de refus des Pères de l'Oratoire de prendre la direction du collége et ouï le rapport de Maître Julien Aubin, curé de Saint-Hilaire, l'un des exécuteurs testamentaires du défunt, ont désigné *Mᵉ Guillaume Beauchesne, prêtre, bachelier en droit canon, pour principal du collége* à établir en ce lieu, et Mᵉ Pierre Lamy, aussi prêtre, bachelier en théologie, pou: professeur, lequel, en cas de prédécès du dit sieur Beauchesne, lui succédera à la charge de principal, et les sieurs Beauchesne et Lamy pourront prendre de leur vivant deux régents (1) ou tel nombre qu'ils jugeront bon, suivant la portée et les succès du dit collége. Les habitants ont observé qu'il n'y a pas d'endroit à Nogent plus propre et plus commode pour l'établissement du collége que les maisons et logis dépendant de l'Hôtel-Dieu de ce lieu, vulgairement appelés les maisons de l'Aumône (2), avec les

---

(1) Le mot *régent* était déjà employé au xııᵉ siècle avec le sens de professeur ; *regere scholas* signifiait professer.

(2) L'Hôtel-Dieu de Nogent fut fondé en 1182 par Rotrou IV et Philippe de Montdoucet. On l'appela *Maison-Dieu* ou *Maison de l'Aumône*, parce que cet établissement était destiné à loger les nombreux pèlerins indigents se rendant à Saint-Jacques-de-Compostelle, en Espagne. D'où le nom de

jardins et autres commodités et bâtiments dépendant du dit Hôtel-Dieu. . . . . Après le consentement des commissaires et administrateurs de l'Hôtel-Dieu à ce que le collège soit établi au dit lieu de l'Aumône et que le principal et professeurs et leurs successeurs aient l'usage libre de la chapelle de Saint-Jacques du dit Hôtel-Dieu et des ornements d'icelle, les sieurs Beauchesne et Lamy présents ont accepté et promis de bien régir le collège et d'enseigner gratuitement la jeunesse, sans néanmoins être tenus de tenir les *petites écoles*. . . . . Et pour mieux fonder et établir le collège, le sieur Beauchesne promet et s'oblige devant les habitants, ce acceptant, de leur donner par donation au profit du collège tous ses biens présents et à venir, sous condition que le collège subsiste et que le testament du défunt sieur du Vivier soit confirmé par arrêt, et pour obtenir cette confirmation les sieurs Beauchesne et Lamy pourront intervenir en l'instance pendante sur ce sujet au dit Parlement entre les héritiers du défunt, les frais devant être supportés par la communauté des habitants (1). »

Saint-Jacques de l'Aumône, donné à la chapelle de l'Hôtel-Dieu construite au début du XIII° siècle. C'est aujourd'hui Notre-Dame, qui a conservé le portail ogival primitif du XIII° siècle de la chapelle Saint-Jacques; les nefs latérales sont de 1830. Notre-Dame n'a pas de clocher. Les moines de Saint-Denis, craignant la concurrence des frères de Saint-Jacques, qui desservirent tout d'abord l'Hôtel-Dieu et la chapelle de l'Aumône, les empêchèrent de construire un clocher, stipulant que si l'on en élevait un « il ne serait plus haut que d'une aune, et qu'il n'y aurait ni plus d'une cloche, ni cimetière public, ni grand'messe, ni plus d'un prêtre, ni plusieurs autels dans la chapelle » (1200). Le mausolée de Sully (monument historique) se trouve dans un édicule, bâti dans la cour de l'Hôtel-Dieu.

(1) Archives départementales. — Nous n'avons pas cru nécessaire de donner la source de chaque document publié; on trouvera à la *Bibliographie* l'indication générale des pièces officielles utilisées. Nous n'avons pas non plus jugé indispensable de conserver l'orthographe du temps; parfois nous avons allégé le texte des actes, mais nous n'avons supprimé que les mots superflus et certains détails absolument sans intérêt.

Le Parlement ayant confirmé le testament de Florent Buguet par arrêt du 3 mars 1654, Jacques Lescot (1), évêque de Chartres, vint à Nogent avant de se prononcer sur la requête des habitants demandant l'établissement du collége dans les bâtiments de l'Hôtel-Dieu. L'enquête de l'évêque eut lieu solennellement.

« Et étant arrivé au dit Nogent le lundi, à cinq heures du soir, 20e jour de juin 1654, et descendu du carrosse en l'hôtel du sieur Dunan, chanoine de notre église de Chartres, demeurant au dit Nogent, sont comparus devant nous les dits habitants, Religieuse personne frère Jacques Ozan, prieur claustral du prieuré conventuel de Saint-Denis de Nogent, Vénérables et discrètes personnes Me (2) Jean Tuffler, doyen de l'église collégiale de Saint-Jean et curé de Saint-Laurent, Jean Marchand, Jacques Lormeau, Claude Rosais, tous chanoines, et plusieurs autres ecclésiastiques, lesquels habitants, en la présence des dessus dits, représentant la plus grande et saine partie des corps ecclésiastiques et curés de Nogent, nous ont très humblement supplié de nous transporter, suivant notre ordonnance, à l'Hôtel-Dieu, ce que nous leur avons accordé le lendemain.

« Et le dit jour, mardi 30 juin, huit heures du matin, nous, Evêque de Chartres, accompagné de Vénérables et circonspectes personnes Me Blaise Féron, prêtre, docteur en théologie de la maison et société de Sorbonne et archidiacre du Dunois en l'église de Chartres, abbé de Saint-Laumer de Blois, notre

---

(1) Jacques Lescot (1594-1656), évêque de Chartres en 1641.

(2) Le mot *maître* au xviie siècle était un titre honorifique, indiquant une supériorité quelconque et s'appliquant à une foule de fonctions et professions : professeurs, avocats, notaires, supérieurs militaires, commandants religieux, etc... Primitivement, l'Université comprenait les écoliers et les maîtres. Sous Grégoire IX, on paraît avoir distingué les grades de *bachelier*, de *licencié* (*licentia docendi*, permis d'enseigner), de *maître* ou *docteur*. Les bacheliers étaient comparés aux novices de la

Abside du Collège (XIᵉ siècle).

official et grand vicaire, Jean Delevie, chanoine en la dite église, et de Me Gille Ravet, notre secrétaire ordinaire, nous sommes transportés en la chapelle Saint-Jacques et Hôtel-Dieu de Nogent, où, étant en la présence du sieur Ozan, prieur claustral du prieuré conventuel de Saint-Denis ; frère Guillaume Guischard, sacristain titulaire au dit prieuré ; Tuffier, doyen ; Gouin, trésorier ; Buguet, Marchand et Lormeau, chanoines de la collégiale de Saint-Jean ; Chasteau et Rosais, aussi chanoines, et encore le dit Lormeau, curé de l'église paroissiale de Notre-Dame (1), au détroit de laquelle est situé l'Hôtel-Dieu ; Julien Aubin, curé de Saint-Hilaire, et encore du sieur Tuffier, curé de Saint-Laurent ; René Lormeau, chapelain de la chapelle Saint-Jacques de l'Aumône ; Nobles hommes Mes François Courtin, sieur de la Cottinière, bailli de Nogent ; Florent Travers, lieutenant-général et bailli de Nogent, au ressort de Saint-Denis ; Jean Courtin et Jean Bruneau, procureur et avocat fiscal ; le sieur Gouin, trésorier ; Me Mathurin Mousset, avocat, et Paul Chevalier, apothicaire, administrateur de l'Hôtel-Dieu ; Me Lancelot Pesseau, Nicolas Dange et Jean Texier, procureurs et syndics des trois paroisses de Nogent ; Me Bertrand Myollais ; François Travers, lieutenant au bailliage de Saint-Denis ; Jean David, Michel Lecomte et François Féron, avocats ; Philippe Goulhier, Nicolas Hubert et René Poirier, docteurs en médecine ; Gabriel Travers, sieur des Murs, et plusieurs autres habitants, et, étant entrés dans l'Hôtel-Dieu, nous y avons trouvé deux grandes cours séparées d'un mur, en l'une desquelles cours est la maison où sont les pauvres malades, laquelle maison avons trouvée fort obscure et étouffée, les dits pauvres malades mis confusément dans les mêmes lieux, hommes et femmes ; et dans l'autre cour y a un

---

milice, aux seigneurs inférieurs, aux écuyers qui portaient également ce titre. Le mot maître finit par s'appliquer indistinctement à tous ceux qui enseignaient, sans tenir compte de leurs grades universitaires.

(1) C'est l'église Notre-Dame du Marais, détruite après la Révolution.

grand bâtiment dans lequel y a salle haute et basse, lesquelles deux salles nous avons trouvées fort commodes, la haute pour y mettre les malades et la basse pour les passants (1).

« Ce fait, nous nous sommes transportés en une maison située au bas du marché, vulgairement appelée le *Cheval Blanc* (2), et encore dans une autre maison, située dans la rue Saint-Hilaire (3), qui est en partie de la succession du dit défunt sieur du Vivier, pour voir et reconnaître si elles sont capables pour l'établissement du collège, et, après les avoir vues et considérées, nous avons jugé qu'elles n'étaient assez spacieuses et qu'elles ne sont situées en lieux commodes pour les écoliers, ce qui nous avait obligés de retourner à l'Hôtel-Dieu où, après avoir ouï et pris les avis de tous les habitants ci-dessus nommés, avons arrêté et ordonné ce qui suit :

« Savoir que le dit collège sera établi au dit Hôtel-Dieu et que, pour cet effet, les pauvres seront mis en la dite salle haute, qui sera préparée pour les recevoir et séparée par une cloison pour mettre les hommes d'un côté et les femmes de l'autre ;

« Que le lieu où ils sont à présent servira pour y faire trois classes ; que les jardins qui sont sur la rue seront employés pour faire la cour du collège, *qui sera close d'une muraille, pour faire la séparation du collège dans l'Hôtel-Dieu ;* que l'on achètera au sieur Gouhier la maison qu'il a au bout des jardins pour loger le principal et *deux* régents (4). »

---

(1) Une fausse interprétation de ce passage et une étude superficielle de la question ont fait indiquer dans l'inventaire de l'Hôtel-Dieu, imprimé en 1869, que les classes étaient au rez-de-chaussée et les malades au premier étage. Les malades furent installés dans la maison devenue, après maintes transformations, le grand bâtiment de l'Hôtel-Dieu. L'hospice était séparé du collège par un mur.

(2) N° 24, place du Marché.

(3) N° 82, appartenant à M. le Dr Lefeurnier.

(4) Le principal logea-t-il quelque temps avec les régents dans le second bâtiment ? C'est probable. Nous pensons que Guillaume Beauchesne dut s'installer, après le concordat de 1674, dans le premier

Mgr Lescot ratifie ensuite les nominations de Guillaume

bâtiment. Lorsque ces appartements furent libres, Pierre Rousseau dut les occuper et y resta également jusqu'à sa mort. Au xviiᵉ siècle, il est certain que le principal habitait le premier bâtiment. Nous avons pu reconstituer assez exactement l'état des lieux du collège, au moyen de l'acte de fondation de 1654, de l'inventaire de 1769 et des actes de vente de 1807 et de 1811.

Le collège était composé de deux corps de bâtiments : l'un, situé à l'endroit de la nef latérale droite de Notre-Dame (la chapelle de l'Aumône n'ayant qu'une nef) et d'une petite partie du presbytère ; le second, sur l'emplacement de la maison actuelle n° 3. Une cour (partie inférieure du jardin actuel de l'Hôtel-Dieu, et au delà) s'étendait sur la rue ; un autre mur séparait le collège de l'Hôtel-Dieu, mais une porte de communication a existé depuis 1674, le principal étant devenu chapelain de l'hospice.

Le premier corps de bâtiments était en longueur sur la cour ; le second avait sur la rue une façade plus large que le premier.

PREMIER CORPS DE BATIMENTS (nef droite et partie du presbytère). — Au rez-de-chaussée, avec entrée sur la rue Dorée, trois pièces principales, dont une grande salle : c'étaient les salles de CLASSE et d'ÉTUDE. — Au premier étage : *appartements du principal*, dont une grande chambre à feu sur la rue Dorée ; une chambre froide sur la cour et deux autres chambres, l'une à feu *(cabinet du principal)* ; l'autre froide. — Au second étage, une vaste chambre, servant de DORTOIR ; auprès, deux chambres, l'une à feu, donnant sur la cour *(chambre de régent)* ; l'autre froide, donnant sur le mausolée de Sully. — Au-dessus, grenier communiquant avec celui de la chapelle de l'Aumône.

DEUXIÈME CORPS DE BATIMENTS (maison n° 3). — Au rez-de-chaussée, une vaste chambre froide, servant de RÉFECTOIRE ; *cuisine* à côté, ayant vue sur la cour et la rue Dorée. A la suite du réfectoire, petite cour avec escalier conduisant à une cave ; à droite de cette cour, petite chambre froide (la *dépense* probablement), écurie, bûcher, cellier au fond ; escalier conduisant au jardin surélevé.

Au-dessus du réfectoire, quatre chambres (trois à feu), dont une grande, dite de la *Mathurinerie* (peut-être l'infirmerie, l'inventaire y notant deux petits bois de lit de pensionnaires). Trois de ces chambres sont portées sur l'inventaire comme *chambres de régents*, l'une éclairée sur la rue et la cour, les deux autres sur la rue seulement ; un cabinet (chambre de domestique) ; grenier sur le tout.

Beauchesne (1), comme principal, et de son successeur désigné, Pierre Lamy. Il décide que, si Beauchesne survit à Lamy, le premier pourra, comme le second, désigner son successeur, cette désignation étant accordée seulement aux précités.

« Ensuite la nomination du principal appartiendra aux ecclésiastiques, savoir aux deux corps de Saint-Denis et de Saint-Jean et aux curés de la ville et aux habitants ; tous les ecclésiastiques, savoir les deux corps et curés, n'auront ensemble qu'une voix, et les habitants aussi qu'une seule voix, et, en cas que les ecclésiastiques et habitants ne s'accordent point, la disposition, collation, pleine et entière, de la dite principauté nous appartiendra.

« A été arrêté et par nous ordonné que le principal du collége aura l'usage de la chapelle de l'Aumône et des ornements qui appartiennent à l'Hôtel-Dieu pour y dire seulement la messe basse, à heure qui n'incommodera point le chapelain, et sans que le principal ni ses régents puissent administrer aucun sacrement en la dite chapelle, sinon les sacrements de Pénitence et d'Eucharistie aux écoliers seulement, hors la fête de Pâques, en laquelle les pensionnaires, serviteurs et autres domestiques du collége seront tenus d'aller en l'église Notre-Dame pour y recevoir les sacrements, et les autres écoliers externes ès églises paroissiales de leurs demeures.

« Que le dit principal et ses régents ne feront point de communauté ecclésiastique qui puisse préjudicier au curé de Notre-Dame, en la paroisse duquel est situé le dit Hôtel-Dieu, et au chapelain (de Saint-Jacques de l'Aumône), et ne sera dit dans la chapelle par le principal et les régents aucun service, sinon la messe basse pour les écoliers...

« Et pour faire subsister le collége, a été jugé à propos que les riches donneront par mois pour leurs enfants qui y seront instruits la somme de *quinze sols* jusques à ce que le collége

____

(1) Guillaume Beauchesne, bachelier en droit canon, curé de Soizé, puis d'Authon, principal du collége en 1634, mort en 1682.

ait du bien suffisant pour enseigner gratuitement ; et, au regard des pauvres, ils seront instruits dès à présent sans payer.

« L'ouverture du collège se fera à la Saint-Remy prochain, après qu'on aura obtenu les consentements par écrit de M. le grand-archidiacre de Chartres et de M. le comte du dit Nogent, patrons de la chapelle... »

Il fut encore décidé que les réparations des bâtiments du collége seraient payées sur les revenus de l'établissement (ce qui ne dura pas longtemps), et, le 27 juillet 1654, l'autorisation épiscopale définitive était signée, paraphée et scellée.

LES PRINCIPAUX.—ADMINISTRATION DU COLLÈGE. — Guillaume Beauchesne fut principal du collège pendant vingt-huit ans. Pierre Lamy mourut avant lui, et Pierre Rousseau fut alors choisi par Beauchesne pour lui succéder. Cependant, comme les revenus du collége n'étaient pas suffisants pour entretenir un principal et *deux* régents, un concordat fut conclu en 1674, entre François de Béthune, duc d'Orval, baron de Nogent ; Mᵒ Robert, archidiacre de Chartres, et Michel Bordel, seigneur de la Messesselle, celui-ci représentant « les communautés ecclésiastiques et laïques, manants et habitants de Nogent » ; et les domaines, ventes, droits et revenus de la chapelle Saint-Jacques furent attribués au collége, suivant les conditions ci-après, approuvées ensuite par l'évêque (1) :

« *Que l'élection du principal qui appartenait aux habitants seuls* se ferait à l'avenir, après la mort du sieur Beauchesne, à présent principal, et de Mᵒ Pierre Rousseau, par lui nommé pour son successeur, de la manière suivante : savoir que le

---

(1) Nous tenons compte dans notre texte des légères modifications apportées au concordat par les actes de septembre et de décembre 1674.

duc d'Orval (1), baron de Nogent, ou ses successeurs, auraient la présentation de la principauté et de la chapelle et qu'après la mort ou démission de celui qui aura été ainsi présenté, l'archidiacre de Chartres présentera pareillement à la principauté et à la chapelle Saint-Jacques ; et, après la mort ou démission du principal présenté par l'archidiacre, les habitants de Nogent, tant ecclésiastiques que laïques, présenteront tant à la dite principauté qu'au titre de la chapelle, lesquelles présentations se continueront à toujours successivement et tour à tour, les principaux présents et leurs successeurs étant tenus de prendre la collation de l'évêque de Chartres.

« L'intention tant du seigneur duc d'Orval que dudit sieur Robert, archidiacre de Chartres, est et a toujours été de contribuer, autant que cela sera possible, à l'éducation de la jeunesse, dans la pureté des mœurs chrétiennes et dans les bonnes lettres, comme étant un ouvrage le plus salutaire qu'on puisse concevoir pour répandre les semences de piété et de vertu dans les esprits, tant des citoyens de la ville de Nogent que des habitants des villes, bourgs et villages circonvoisins.

« Le principal devra être un prêtre, maître ès arts de l'Université de Paris. et autant que possible originaire de Nogent. M. Beauchesne sera tenu de faire choix de *trois* régents capables et de bonnes mœurs pour enseigner gratuitement la grammaire et les humanités à toutes sortes de personnes, et au cas que le nombre des écoliers vienne à s'augmenter notablement, le principal sera tenu d'augmenter d'un régent, s'il est trouvé à propos par ceux qui assisteront aux comptes du collège, sur le revenu duquel et de la chapelle sera prise la nourriture tant du principal que des régents, ensemble LEURS GAGES ET DROITS QUI SERONT, AU REGARD DU PRINCIPAL, DE DEUX

---

(1) Maximilien-François de Béthune, duc d'Orval, marquis de Nogent-le-Rotrou (1598-1678), fils du grand Sully. Si le duc d'Orval ne fut pas le bienfaiteur direct du collège, il montra à plusieurs reprises qu'il s'y intéressait. On est heureux de voir le nom illustre de Sully mêlé à l'histoire du collège.

CENTS LIVRES PAR AN POUR SES HONORAIRES, ET, AU REGARD DES RÉGENTS, POUR CELUI QUI RÉGENTERA LA PLUS HAUTE CLASSE, CENT LIVRES ; POUR CELUI QUI RÉGENTERA LA SECONDE, SOIXANTE ET QUINZE LIVRES, ET POUR CELUI QUI RÉGENTERA LA PLUS BASSE, SOIXANTE LIVRES. En outre, seront pris sur le dit revenu les gages des serviteurs.

« Les comptes du collège se rendront tous les trois ans par le principal dans la salle du collège devant les officiers du seigneur de Nogent, le grand archidiacre ou ses délégués et les députés de la ville.

« Sera le principal tenu d'aller visiter au moins trois fois la semaine les pauvres malades de l'Hôtel-Dieu et leur administrer les sacrements, même d'en faire les inhumations sans récompense ou rétribution (1).

« Le soin des pensionnaires, tant pour leur conduite que pour leur nourriture, sera remis au principal, qui s'en chargera sans être obligé de rendre compte du revenant bon des pensionnaires, et aussi sans pouvoir rien répéter contre le dit collège, faute du paiement des pensions (2).

« Le principal et régents continueront de faire le service de la confrérie de Saint-Jacques, à condition que les confrères rétribueront le principal. Les messes fondées pour chaque semaine seront distribuées entre le principal et les régents qui en toucheront chacun leur part, et le principal ne pourra céder les messes à d'autres prêtres que ceux du collège.

« Le principal et régents seront tenus de vivre en communauté et de faire leur demeure actuelle dans le collège sans qu'ils puissent vivre ni prendre leur logement ailleurs.

---

(1) En 1751, le bureau d'administration de l'hospice élabore un nouveau règlement, et l'article 18 est ainsi conçu : « Le principal du collège visitera les malades *chaque jour*, administrera les sacrements, présidera aux inhumations, moyennant *cent quatre-vingts* livres d'honoraires.

(2) Aussi voit-on en 1745 une requête de Philippe Lesueur, ancien principal du collège de Nogent, contre Michel François Chevallot, pour le paiement de la pension du fils du dit Chevallot.

« Aucun chanoine de Saint-Jean de ce lieu ne pourra être reçu et admis à la principauté, si le chapitre de ce lieu ne l'exempte et dispense d'assister à l'office canonial pendant tout le temps qu'il sera principal du dit collège, sans néanmoins pour cela être privé des rétributions ordinaires, lesquelles il aura, comme s'il était présent. »

La convention augmenta les revenus du collège, sans en accroître la prospérité. L'établissement eut des débuts difficiles, malgré le zèle, le dévouement et le désintéressement de ses premiers principaux. Dès le 23 juillet 1654, Guillaume Beauchesne avait donné « tout ce qu'il a et aura jusqu'au jour de son décès, en faveur du dit collège, et pour aider à la fondation, dotation et augmentation en iceluy. » Après la mort du premier principal, survenue en 1682, l'inventaire de ses meubles nous révèle que sa bibliothèque comprenait 47 volumes in-folio ; 12 in-quarto ; 5 in-sexto ; 20 in-octavo. Nous en reverrons le détail dans l'inventaire de 1769. Le testament de Beauchesne fut l'objet d'un procès entre les échevins, représentant les habitants de Nogent, et les héritiers du principal. Le procès durait encore en 1689, ainsi qu'il ressort d'une lettre de Pierre Rousseau du 30 mai 1689. Il semble résulter des pièces connues qu'une partie de l'héritage retourna aux héritiers de Beauchesne.

Le 10 septembre 1701, Pierre Rousseau (1), principal du collège, dépose chez le notaire Huberson son testament olographe :

« *In nomine Patris et Filii et Spiritus Sancti*,

« Aujourd'hui, sixième jour de septembre, mil sept-cent-un, Je soussigné, Pierre Rousseau, prêtre, et âgé de soixante et dix-sept ans et vingt-sept jours, connaissant l'incertitude de la vie humaine, étant à présent par la grâce de Dieu sain de corps et d'esprit, demeurant en la maison du collège de ce lieu de Nogent,

---

(1) Pierre Rousseau (1624-1704), principal de 1682 à 1694.

paroisse Notre-Dame, sachant qu'il n'est rien de plus certain que
la mort ni rien de si incertain que l'heure d'icelle et (ne) voulant
partir de ce monde sans donner ordre à mes affaires spirituelles
et temporelles, j'ai fait et écrit de ma propre main le mien testament et ordonnance de dernière volonté, voulant qu'il soit fidè-
lement exécuté en la forme et manière qui s'ensuit.

« Premièrement, je désire qu'après avoir rendu mon âme à Dieu,
mon créateur, mon corps soit inhumé en l'église Saint-Hilaire de
ce lieu, étant dans un cercueil couvert, qu'il y ait à mon enterre-
ment douze cierges de chacun un quarteron. »

Suit l'énumération des legs. Il donne au collège : 1° 17 livres
de rente sur Jean Ledoux de Berd'huis pour un clos à Chénevière
et deux morceaux de terre labourable ; 2° une rente de dix livres
sur une maison sise à Bellême ; 3° un demi-arpent de pré,
affermé six livres de rente (1).

Des particuliers dont le nom mérite d'être conservé n'ou-
blièrent pas non plus le collège dans leurs donations, et les
archives ne nous ont peut-être pas révélé les noms de tous ces
modestes bienfaiteurs (2). Mais ces libéralités étaient faibles, et le
collège ne trouva jamais dans le nombre de ses élèves une rémunération suffisante (3).

---

(1) Pierre Rousseau légua à l'Hôtel-Dieu la ferme de la Maupinerie,
plusieurs rentes foncières, une maison, rue Saint-Hilaire, et deux prés
dans la prairie de Bué, aujourd'hui réunis à la ferme de la Maupinerie.

(2) Cession d'une rente de 37 livres 10 sols au collège par *Marie Beaussan*,
veuve d'Alexandre Bellier, prévôt de Bonneval. — Donation par *Denis
Lemesle* au collège de Nogent de la métairie de la Livonnière, paroisse de
Saint-Hilaire-sur-Erre. — Donation au collège par *Marie Samson* de
10 livres de rente sur une maison, rue des Prés, à Nogent. — Donation
par *Jean Goislard*, sieur de la Morinière, du lieu de la Rainière, paroisse
de Ceton. (Archives départementales, 1653-1784.)

(3) Un traité du 10 novembre 1676 entre Pierre Rousseau, prêtre, et
Bernard Bonenfant, notaire royal, tuteur des enfants mineurs de défunts
Messire François-Jacques de Mauduison, seigneur d'Oursières, et de dame

En 1694, Pierre Rousseau avait résigné ses fonctions de principal en faveur de Jacques Bérault, curé d'Epeautrolles, mais Armand de Béthune s'opposa à cette nomination et présenta un autre candidat.

8 avril 1695. — « Armand de Béthune, duc de Charost, Pair de France, Chevalier des ordres du roi, Gouverneur des villes et citadelles de Calais, fort de Nieulay et pays reconquis, lieutenant général de sa Majesté au gouvernement de Picardie, tuteur honoraire de Messire Maximilien-François-Pierre Marquis de Béthune, enseigne des gens d'armes de Sa Majesté et de Dame Henriette de Roselin, son épouse, le dit sieur mineur. seigneur de Nogent-le-Béthune ou le Rotrou (1). fondateur du collège du dit lieu, diocèse de Chartres, à Monsieur le grand archidiacre en l'église de Chartres, savoir faisons que pour le bon et louable rapport qui nous a été fait des bonnes vie, mœurs, suffisance et capacité de Me Jean-Baptiste Duteil, prêtre du diocèse de Clermont. nous vous l'avons nommé et présenté comme capable et idoine de tenir et posséder la principalité et la chapelle de l'hôpital de Saint-Jacques de Nogent, unie à la dite principalité en votre archidiaconé, comme vacante par la répudiation de Me Jacques Bérault, qui en avait été pourvu par la démission pure et simple de Me Pierre Rousseau, dernier possesseur d'icelle principalité... »

Marie Lefébure, son épouse, nous fait connaître le prix de la pension à cette époque. — Pierre Rousseau prend le jeune de Mauduison en pension « pour six-vingts livres (120 livres) par an, moyennant être, le dit mineur, nourri et gouverné comme les autres pensionnaires, ainsi qu'il l'a déjà été ci-devant. » Le notaire stipule ensuite qu'il a donné au dit mineur « une cuiller, une fourchette d'argent, plus un manteau manchon, une petite camisole en froc, une paire de pantoufles, une pièce de trente sols, et deux pièces de quatre sols, qu'il a données aux étrennes. »

(1) Nogent-le-Rotrou s'appela en 1560 *Enghien-le-Français* à cause de ses seigneurs, les princes de Condé ; en 1652, *Nogent-le-Béthune* ; de 1794 à 1795, *Nogent-le-Républicain* ; mais le nom de Nogent-le-Rotrou resta toujours d'un usage courant.

Pierre Duteil devient donc principal par la volonté d'Armand de Béthune, et Jacques Bérault, après un an d'exercice, retourne en 1695 à Epeautrolles (1), où il meurt en 1709. Sauf un intervalle assez court, où C. Brière dirigea le collége, Duteil resta

---

(1) « Il y avait alors un *petit séminaire* à Epeautrolles, conduit par M. Bérault, curé zélé. M. Des Marets jugea à propos de le transférer à Nogent-le-Rotrou, dans un hôpital (bâti par M. de Sully et devenu collége). M. Bérault en fut supérieur pendant un an, à Nogent, d'où il revint à sa cure, et M. Des Marets en donna la conduite à M. Duteil. » — (Note du chanoine Brillon — entre 1710 et 1739. — Archives d'Eure-et-Loir.) Nous avons mis entre parenthèses une erreur et une inexactitude, mais la note confirme le principalat de Bérault pendant un an et le nom de *petit séminaire* qui s'ajouta un moment à celui de *collége*. En effet, un registre de la paroisse de Margon (2 kilomètres de Nogent) où officiaient souvent le principal et les régents, nous offre en 1700, le 14 mai, la signature de C. Brière, promoteur du Perche et directeur du *collége et séminaire* de Nogent. Deux ans après, la signature de Duteil, principal du collége, reparaît. En 1710, Duteil est encore appelé principal du collége et supérieur du séminaire dans l'*Etablissement des droits d'entrée sur les objets de consommation et de commerce.* (Archives du tribunal.)

Voici maintenant l'explication de l'exercice du ministère à Margon par le principal du collége et les régents. Dès 1694, on trouve à Margon la signature des principaux qui venaient aider ou suppléer le curé du village. Dans son testament du 12 avril 1698, Jacques Dugué ayant stipulé « qu'en l'absence de vicaire à Margon, il laissait 45 livres à la chapelle de Saint-Martin pour que le chapelain dise tous les dimanches de l'année une messe basse à la dite chapelle », ce fut une raison de plus pour attacher les prêtres libres du collége à la suppléance de Margon. Plus tard, la fondation ayant cessé d'être acquittée dans la chapelle, et une transaction étant survenue entre un héritier de Dugué et l'Hôtel-Dieu, celui-ci obtint la fondation, et le tribunal ecclésiastique l'autorisa à porter la somme de 45 livres à 60 pour le prêtre qui dirait la messe et fit profiter du fruit de cette fondation le principal du collége, qui l'acquittait ou la faisait acquitter par un de ses régents. Dès lors, la messe fut dite dans l'oratoire de l'Hôtel-Dieu, indépendant de l'église de l'Aumône, et réservé aux malades et au personnel ; mais le principal et les régents continuèrent à prêter au curé de Margon l'aide de leur ministère, et la signature de

principal jusqu'en 1714 (1). Puis le collège eut successivement, comme principaux, Pierre Mullot (2); Claude Lorion (**), en 1726; Philippe Lesueur (***), en 1728 ; Jean-Baptiste-Louis Tessier des Mottes, en 1741. L'année suivante, le collège était si bas (3) que,

Châles, principal, se trouve encore sur les registres de cette commune le 29 janvier 1792. Vers 1788, lorsqu'on fit une nouvelle distribution dans les salles de l'Hôtel-Dieu, le principal, quittant l'oratoire pour des raisons d'aménagement intérieur, célébra la messe de fondation dans l'église de l'Aumône. L'oratoire fut de nouveau rouvert en août 1789, mais le principal n'y célébra et n'y fit célébrer aucune messe. Il exposa que, comme chapelain de l'église de l'Aumône et en même temps du couvent de Nazareth, il lui était impossible de faire acquitter cette fondation, sauf dans l'église de l'Aumône, et il en fit la déclaration par écrit. L'administration de l'hospice nomma alors un autre prêtre que ceux du collège pour dire une messe basse, les dimanches et jours de fête, dans l'oratoire de l'Hôtel-Dieu. Cette nomination amena un conflit entre le Conseil municipal et le bureau de l'hospice. En février 1791, le bureau affirma son droit de ne plus confier le service au principal du collège, vu que les fonctions attribuées à ce dernier étaient absolument en dehors de la fondation et que la convention, faite librement dans un temps donné, n'engageait en rien l'avenir.

(1) En septembre 1714, les habitants de Nogent sont convoqués pour recevoir le compte de Duteil, principal du collège. En 1715, on trouve sur une quittance de banc, à l'église de l'Aumône, le nom de M. Mullot, principal.

(2) Pierre Mullot, curé du Favril en 1706, principal du collège de 1714 à 1726, fut ensuite chanoine, puis doyen de la collégiale de Saint-Jean. — (**) Claude Lorion (1682-1746), docteur en théologie, curé de Margon en 1716, principal de 1726 à 1728, curé de Saint-Hilaire jusqu'en 1739, où il résigne. Il eut un curieux procès pour la *dîme des navets*. — (***) Philippe Lesueur, après avoir été élève au collège, devint régent, puis principal en 1728. C'est lui qui copia le manuscrit de l'historien du Perche, René Courtin.

(3) Dès 1693, le compte du revenu du collège, rendu devant le grand-archidiacre par le principal Duteil, accuse 7,230 livres 7 sous 8 deniers de recettes, et 10,652 livres 5 sous 7 deniers de dépenses, soit un déficit de plus de *trois mille* livres. En 1705, le collège verse 5,120 livres pour le droit d'amortissement à payer au roi.

le 20 juin 1742, les habitants de Nogent, représentés par les notables religieux et laïques, se réunirent pour délibérer sur sa situation et sur les moyens de « le rétablir. »

« Le procureur fiscal du comté remontra que les revenus annuels des biens-fonds et rentes attachés au collège de cette ville ne montant à présent en total qu'à la somme de 906 livres par le remboursement en billets de banque de plusieurs parties de rentes, sur laquelle somme il est nécessaire de prélever les réparations, les honoraires de M^{rs} le principal et régents, fixés à 380 livres par la transaction du 14 sept. 1674, les gages des domestiques et les décimes, ce qui reste n'est pas suffisant pour pourvoir à la subsistance des uns et des autres, en sorte que, s'il n'y est pas incessamment pourvu par la communauté de Nogent, il y a tout à craindre que l'exercice du collège ne tombe entièrement, ce qui ferait un préjudice considérable aux habitants de cette ville, à qui cet établissement a toujours été très avantageux; que d'ailleurs *les bâtiments de ce collège* et ceux des terres qui en forment le principal revenu *sont dans un état déplorable et menacent ruine de tous côtés.* »

L'assemblée décide alors à l'unanimité d'imposer à chaque élève, pensionnaire ou externe, le paiement annuel d'une somme de dix livres et autorise le principal à prendre un *troisième* régent qui ferait la seconde et la rhétorique. En ce qui concerne les réparations à effectuer, elle charge le principal d'emprunter à cet effet une somme de mille livres et de faire le nécessaire. Enfin le principal et le procureur fiscal sont priés de donner avis de cette délibération à l'évêque de Chartres, au duc de Sully et au grand archidiacre, en les suppliant de ne pas refuser leur concours.

L'évêque de Chartres répondit à cet appel et accorda au collège une somme de 1,040 livres « à charge de recevoir dix élèves, à raison de 60 livres chacun, pour leur demi-pension, sous le nom de *boursiers de Mgr l'Evêque,* afin de procurer à l'Eglise un plus grand nombre de sujets. » 400 livres étaient réservées au paiement des honoraires et de la nourriture d'un professeur de rhétorique et 40 livres pour les frais de la distribution annuelle des prix.

La disparition du collège fut ainsi conjurée, et, vingt ans après, il comptait une centaine d'élèves. F. Dumesnil (1) succéda en 1745 à Tessier ; F. Bazile, régent du collège depuis 1746, devint principal en 1749. En février 1763, un édit royal obligea le bureau d'administration des collèges à se réunir régulièrement, à s'adjoindre deux notables bourgeois (2) et à tenir un registre de délibérations. La première réunion du bureau eut lieu le 26 août 1763, et, le 3 octobre, le bureau tout entier adressa un « mémoire au roi touchant la direction et administration du collège. »

---

(1) Dumesnil (François), vicaire de Saint-Hilaire en 1728, régent du collège en 1729, curé d'Unverre en 1736, principal du collège en 1745, doyen de la collégiale de Saint-Jean en 1756.

(2) Ces notables furent Jacques-Denis Courtin de Torsay et Jean-François Courtin, tous deux avocats. D'après le règlement de l'Hôtel-Dieu de 1751, ne pouvaient être réputés *notables ceux qui exerçaient un art mécanique.* » Ces idées étaient en rapport avec les traditions de la noblesse qui ne pouvait faire du commerce, ou exercer une industrie, excepté celle de verrier. Les signataires du mémoire adressé au roi sont : Me Emmanuel-François Pinceloup de Maurissure, avocat au Parlement, bailli de la ville et comté de Nogent ; Me Gabriel-René Goislard, avocat au Parlement, procureur fiscal du comté ; Me François Dumesnil, licencié ès lois, prêtre-doyen de l'église collégiale de Saint-Jean, au nom et chargé de la commission de Mgr l'évêque de Chartres ; Me Jean-Charles Morin, avocat au Parlement, maire de Nogent ; Me J.-B^{te} Travers, avocat au Parlement, échevin ; Me Jacques-Denis Courtin de Torsay et Me Jean-François Courtin, tous deux avocats en la cour, choisis entre les notables habitants de la ville ; Me François Bazile, bachelier, prêtre et principal du collège, et Me Pierre Desnoyers, procureur fiscal de la baronnie de Villeray-Riantz, secrétaire. — Ce registre des délibérations (Archives de la fabrique Notre-Dame), commencé en 1763, offre une lacune considérable de 1772 à 1780 et de 1783 à 1791. Et pourtant l'Édit recommandait de tenir très sérieusement les registres des collèges !

« . . . Depuis ce temps (1674), le collège a été tenu régulièrement par un principal et *trois* (1) régents. Comme le nombre des
écoliers s'y est augmenté, le principal y a mis QUATRE régents
qui vivent en communauté avec lui dans ce collège. Il est situé
au milieu de la ville de Nogent, *dans la plus belle position du
monde, bien bâti* (2), en état de loger au moins cinquante pensionnaires, composé de huit classes et de CENT au plus d'écoliers,
tant internes qu'externes. Il est d'une très grande utilité, non
seulement pour la ville qui est bien peuplée, mais encore pour la
province du Grand-Perche dans le centre de laquelle il est. Il est
le seul dans cette province qui soit situé dans une ville et la plus
considérable du Grand-Perche, éloignée de Chartres de 12 lieues,
de Seez de 14 lieues, du Mans de 13 lieues, en sorte que la
conservation en est désirée et souhaitée par toute la province.
On y enseigne depuis les premiers principes *jusqu'à la rhéto-*

---

(1) Ce chiffre est en contradiction avec le procès-verbal de l'assemblée de
1742 décidant la création d'une *troisième* chaire. L'acte de 1654 stipule
deux régents, et celui de 1674, *trois*. Mais, entre 1674 et 1742, le nombre
des régents avait certainement été réduit à *deux*.

(2) Appréciation fort inexacte, à en juger par les plaintes constantes sur
le délabrement du collège. — En 1655, assemblée des habitants de Nogent
pour employer à la réparation du collège les bois provenant de la réfection
du pont de Romme (Rhône). — En 1699, assemblée des habitants de Nogent
au sujet des réparations à faire aux bâtiments du collège. — En 1742, le
procès-verbal constate « que les bâtiments du collège sont dans un état
déplorable et menacent ruine de tous côtés. » — En 1770, le principal Bompart adresse une requête pour que les maire et échevins de Nogent soient
condamnés à faire les réparations nécessaires aux bâtiments du collège.
— En 1771, le bureau d'administration du collège demande aux maire et
échevins de faire vaquer aux réparations urgentes, tant aux dortoirs qu'à
la voûte du puits du collège. — En 1791 « le collège est inhabitable. » Le
7 nivôse an XII (1803), le directeur de l'*École secondaire* demande que des
réparations soient faites au collège, la tempête ayant renversé la porte
d'entrée, la maçonnerie et un pan de mur. C'est dans cette maison bran-
lante et croulante que la jeunesse nogentaise étudia pendant cent cinquante ans !

rique inclusivement. M⁶ʳ l'évêque de Chartres l'adopta pour y former des sujets pour l'état ecclésiastique. Il y donne des demi-pensions gratuites en faveur des sujets pauvres qui ont des dispositions pour les sciences. Il est vrai qu'il y a aussi le collège de Thiron, à trois lieues de Nogent, tenu par des religieux de l'ordre de Saint-Maur, mais il est situé dans une campagne qui n'est point à portée d'être fréquentée par aucun écolier externe, à la différence de celui de Nogent, *dans lequel il s'en trouve un grand nombre de dehors*, indépendamment de la quantité considérable que fournit la dite ville, tellement que celui de Thiron n'est pas d'une grande utilité et que sa suppression n'en serait point préjudiciable à l'endroit de sa situation. Le revenu de celui de Nogent est peu considérable. Ce sont six bordages :

1° La Lionnière, paroisse de S‹-Hilaire-s›-Erre, affermé			200 l.
2° La Petite-Borde	— Trizay	—	180
3° Outresson	— Souancé	—	180
4° Le Hameau	— Berd'huis	—	120
5° L'Étang	— Soizé	—	60
6° La Martinelle	— S‹-Hilaire-s›-Erre	—	72
Deux maisons à Nogent dont une louée			65
l'autre			80
Un pré en la paroisse de Brou			18

« Et le reste en différentes parties de rente qui sont : 10 livres sur René Robé ; 30 sur Jean Robé, de Trizay ; 20 sur le sieur Sortais ; 20 sur le sieur Féron ; 3 livres 10 sols sur le sieur Boulay ; 18 sur le sieur Lormeau, et 67 livres 6 sols sur la taille de Mortagne.   Au total . . . .   1681. 16 s.

Et qui tout ensemble ne forme que . .   1,1431. 16 s.

« C'est le principal qui jouit du revenu dont il est comptable. *Et quoique les réparations et réfections, même les autres charges, se fassent par la ville,* ce revenu n'est pas suffisant pour donner, tant au principal qu'aux quatre régents, des honoraires capables de les fixer à leurs places, et la ville de Nogent

ANno reparatæ salutis millesimo
septingentesimo octogesimo *quinto*
die verò mensis *julii vigesimâ secundâ*
ad solemnem præmiórum distributio-
nem in Rotro-Nogentinensi Collegio,
ex munificentiâ Illustrissimi ac Reve-
rendissimi Domini D. JOANNIS-
BAPTISTÆ - JOSEPHI DE
LUBERSAC, Carnotensis Episcopi,
in *ordine quarto hoc Carminis*
latinè scripti.

præmium meritus ac consecutus est

Petrus Julianus Proust-
Rotro-Nogentinus.

In cujus rei fidem subscripsi Collegii
Rotro-Nogentinensis moderator, die &
anno suprà dictis

Deniau

TRADUCTION

En l'an de grâce mil sept cent quatre-vingt-cinq,
le vingt-deuxième jour du mois de juillet, à la distribution solennelle des prix au collège de Nogent-le-
Rotrou, par la munificence d'Illustrissime et Reveren-
dissime Seigneur D. Jean-Baptiste de Lubersac, évêque
de Chartres, Pierre-Julien Proust, de Nogent-le-Rotrou,
a mérité et obtenu ce prix de vers latins dans la classe
de quatrième, en foi de quoi, moi, directeur du collège
de Nogent-le-Rotrou, j'ai signé ci-dessous, les dits jour
et an.

Deniau.

aurait peut-être eu la douleur d'avoir vu finir ce précieux établissement, si elle n'avait l'avantage de posséder un principal assez
opulent et bienfaisant, qui sait suppléer à tout. Mais, comme cet
avantage n'est que momentané et qu'il ne finira que trop tôt, à la
perte de la ville et de la jeunesse, il serait à désirer, pour l'utilité
de la ville et de la province, que Sa Majesté voulût bien y accorder
quelques secours pour augmenter le collège, afin de procurer de
bons sujets. »

Sa Majesté Louis XV avait d'autres préoccupations et ne
répondit pas. Six ans après, le 9 septembre 1769, Bazile donne
sa démission de principal et de chapelain. En partant, il fait présent au collège « d'une chaîne de fer au puits, ainsi que de sa son-
nette qui est sur la rue Dorée. » Ce « principal opulent » n'eut pas
pour le collège le beau geste des Beauchesne et des Rousseau.
Ses contemporains représentent l'abbé Bazile comme plus adonné
au monde qu'aux vertus de son état (1). Bazile est remplacé par
Maximilien-Claude de Bompart, prêtre, docteur en théologie de
l'Université de Paris. A la fin de 1770, Bompart expose ses
doléances au bureau d'administration sur les difficultés qui se sont
élevées entre lui et les professeurs ; le principal demande la
rédaction d'un règlement « tant pour la discipline intérieure et
extérieure, qui doit s'observer dans le collège, que pour la nourri-

____

(1) Un des élèves du principal Bazile fut Jacques-Charles Giroust, né à
Nogent le 14 mai 1749. Après avoir été à l'école des Frères, il entra au
collège comme externe, vers l'âge de 10 ou 11 ans. Un de ses condisciples,
M. Courtin de Torsay, dans les souvenirs qu'il évoquait de ses années
d'enfance, rappelait qu'il prenait Giroust, en passant rue de la Chaussée,
pour faire route avec lui jusqu'au collège. Giroust était endiablé pour le
jeu et il oubliait fréquemment les leçons et les devoirs qu'il fallait préparer,
mais il était tellement bien doué qu'il arrivait à se tirer d'affaire au dernier
moment, dans d'assez bonnes conditions. Placé ensuite au séminaire de
Chartres, Giroust renonça à l'état ecclésiastique, malgré le désir de ses
parents, et entra chez un notaire de Chartres, puis chez un notaire de

ture ou les appointements des professeurs. » Le bureau d'administration entre aussi en conflit avec l'autorité épiscopale, au sujet
d'un régent que l'évêque rappelait par un intermédiaire « sans lui
dire ni lui remettre aucun ordre par écrit. » Le bureau décida
que le sieur Letertre continuerait ses fonctions « sous le bon
plaisir de Monseigneur, et que le sieur Boulay ne pouvait s'introduire régent en place d'un autre qui ne pouvait être destitué
que par l'avis du bureau. » A cela l'évêque répond le 22 décembre :

« J'ai reçu, Messieurs, l'arrêté de votre bureau, daté sans doute
par erreur du 17 novembre, puisque votre lettre est du 17 de ce
mois. Serait-ce aussi par erreur que votre greffier, en inscrivant
les noms de MM. les administrateurs, n'a placé qu'en troisième
celui de M. Dumesnil, mon commissaire, qui, suivant l'article 6 de
l'édit de 1769 que vous citez, doit prendre place après le Président,
même quand la justice est royale ?

« M. Letertre vous aura sans doute dit lui-même que je lui ai
envoyé des pouvoirs de vicaire pour la paroisse de Soizé, et je ne
crois pas que votre intention soit de le retenir, dès que j'en ai
besoin ailleurs. Quant à M. Boulay, il n'est pas douteux qu'il ne
peut pas s'introduire régent aux lieu et place d'un autre. J'aurais
consenti qu'il reste dans votre collège. Mais si vous n'en voulez
pas, je l'enverrai dans quelque paroisse, et, comme le diocèse

---

Nogent ; il devint enfin commis dans une grande maison d'étamines. L'influence du philosophe Helvétius, propriétaire du château de Voré, près de
Regmalard, à qui Giroust fit des visites assidues, le détermina à faire
son droit à Paris. Reçu avocat, il revint plaider dans sa ville natale. Juge
au tribunal du district pendant la Révolution, il fut élu député de Nogent
à la Législative et à la Convention. Dans le procès de Louis XVI, il vota
« la réclusion pendant la guerre » et le « bannissement à la paix. » Empri-
sonné après le 31 mai, il fut réintégré à la Convention et envoyé comme
commissaire à l'armée du Nord. Député d'Eure-et-Loir au Conseil des
Cinq-Cents, il fut nommé par Bonaparte président du tribunal civil de
Nogent, où il mourut le 29 avril 1836.

manque de prêtres, en ce cas, vous en choisirez un autre qui ne
soit pas prêtre.

« Je suis, avec une parfaite considération, Messieurs, votre
très humble et très obéissant serviteur.

« † P. Év. de Chartres (1). »

Le bureau d'administration, se conformant au désir de l'évêque,
nomma régent de 7me Jacques-Philippe-Guillaume Boulay, prêtre
du diocèse, « M. Landais montant à la 4me et la 3me c: M. Binoist
à la 6me et 5me. » René Pesseau, avocat au Parlement, bailli du
comté de Nogent, fut désigné « pour veiller à la police intérieure
du collége. »

A la suite de la lettre de l'évêque de Chartres du 22 décembre,
un des membres du bureau lui répondit en lui signalant quelques
critiques adressées au principal. L'évêque répondit le 10 février ;
la lettre ayant été perdue ou subtilisée, une nouvelle réponse fut
adressée au bureau le 13 avril 1771 :

« Je veux bien, Messieurs, ne point approfondir d'où provient
la suppression de ma lettre du 10 février à Messieurs les administrateurs du bureau du collége. Comme je ne cherche que la
paix, je me contente de vous en envoyer un double. Au lieu d'une
réponse, Messieurs, à ma lettre du 22 décembre, j'en ai reçu une
très longue qui n'est signée que de l'un d'entre vous. Il me paraît
qu'il y a de la division parmi vous. Commencez par vous réunir ;
je ne puis assez vous y exhorter et je suis persuadé que vous ren-
drez tous alors la même justice à M. le Principal, que je crois très
propre à la place qu'il occupe. Ceux qui voudraient peut-être l'en
dégoûter ne sentent pas sans doute les inconvénients qui en
peuvent résulter et, tout le tort qu'ils feraient par là à votre

---

(1) Pierre-Augustin Bernardin de Rosset de Fleury, né en 1718, évêque
de Chartres en 1746, grand aumônier de la reine Marie-Antoinette en 1774,
mort subitement au château des Tuileries en 1780. Il était le neveu du
cardinal de Fleury, dans le caveau duquel il fut inhumé.

collège. Il serait à souhaiter que tous les régents fussent aussi exacts que lui à remplir leur devoir. Maintenez-les dans la subordination qu'ils lui doivent, et nous aurons bientôt la satisfaction de voir renaître la paix et le bon ordre dans votre collège.

« Je suis...

« † P. Év. de Chartres. »

Le bureau répondit le 19 avril 1771 :

« Monseigneur, il est très constant que le bureau d'administration du collège de cette ville n'a nulle part à la lettre qu'un des administrateurs a pris la liberté de vous adresser. Nous sommes trop prévenus des bonnes qualités de M. le Principal pour ne pas lui rendre la justice que votre Grandeur lui rend elle-même. Nous n'avons d'autre désir que d'entretenir la subordination, qui seule fait régner le bon ordre et l'harmonie, si nécessaires dans une communauté. Nous avons fait tout ce qui a dépendu de nous pour dissiper les petits nuages qui se sont élevés... »

Toutes ces pièces montrent que le principal et les régents ne vivaient pas toujours en bonne intelligence ; ce ne fut pas seulement sous le principalat de Bompart, car plusieurs indices laissent supposer que les mêmes tiraillements se reproduisirent avec son successeur Pierre Coessy (1), principal en 1771, et

---

(1) Coessy (Pierre-François), né le 16 avril 1742 à Nogent, vicaire à Notre-Dame de Nogent-le-Rotrou en 1769, principal du collège en 1771, chanoine de la collégiale de Saint-Jean en 1779, un moment chapelain de l'Hôtel-Dieu, pendant la Révolution, mort à Nogent en 1818. — Coessy dut avoir aussi des difficultés avec ses régents, et voici ce qui nous le fait supposer. Le principal, étant en même temps chapelain de l'Hôtel-Dieu, se faisait suppléer assez fréquemment par ses régents. Les registres de Margon et ceux de la paroisse Notre-Dame (Hôtel-Dieu) contiennent de nombreux noms de principaux et de régents. M. Denis, de Margon, a bien voulu nous communiquer les noms découverts par lui à Margon. Nous avons nous-même dépouillé les registres paroissiaux de Nogent. A partir de 1747, un registre spécial de décès, tenu pour l'Hôtel-Dieu, nous a

remplacé en 1779 par Deniau (1). Le 20 décembre 1780, le bureau d'administration du collège décide que les biens de l'établissement, jusque-là affermés par les principaux, seront mis en adjudication, « parce qu'il était résulté de l'affermement direct des inconvénients qui ne pouvaient cependant être imputés au principal actuel, à l'honnêteté et à la délicatesse duquel on ne peut que rendre justice » (2). C'est le dernier acte important du

---

fourni de très utiles indications. C'est ainsi que nous avons pu dresser une liste des principaux de 1633 à 1791 ; une grande lacune existait entre 1700 et 1770. Nous l'avons à peu près comblée. Or, le registre d'inhumations de l'Hôtel-Dieu présente des noms de principaux, régents et élèves, d'une manière continue jusqu'en 1774 ; les noms des régents y figurent même beaucoup plus souvent que ceux des principaux. Mais, en 1774 (sauf une exception), et en 1775, 1776, 1777, 1778, Coessy, principal, et deux religieuses signent, toute l'année, les actes de décès. En 1779, Coessy signe, comme principal, jusqu'au 7 octobre, et les sœurs indiquées sur le libellé de l'acte ne signent même pas. Pourquoi les régents ont-ils soudain cessé non seulement d'officier, mais encore de servir de témoins pour les inhumations ? Sur certains actes précédents, trois professeurs et trois élèves signent parfois en même temps, comme témoins. De 1774 à 1779, un seul régent signe comme témoin. Cela n'indique-t-il pas un changement dans les relations entre le principal, les régents et les élèves ?

(1) Deniau (Martin-François-Jacques), né à Authon en 1752, curé de Saint-Lubin-des-Cinq-Fonts en 1778, principal du collège de 1779 à 1791, puis réfractaire et déporté, curé d'Authon en 1802, y meurt en 1810.

(2) Le principal formula à ce propos quelques observations, mais le bureau maintint sa décision. On verra que le rapport dressé en 1791 par Bourdeau et Goislard signale les « pots de vin » versés aux principaux. En 1784, le bail du lieu dit *le Hameau*, à Berd'huis, est affermé 303 livres au sieur Français, aux charges d'acquitter annuellement, sans déduction des devoirs seigneuriaux, dîmes, arrérages et autres, dont le dit lieu peut être tenu ; de faire l'approche des matériaux nécessaires aux réparations du dit lieu, que le preneur ira prendre où on lui indiquera ; de planter tous les ans six arbres fruitiers, de les greffer et soigner ainsi que ceux qui y sont déjà complantés ; de voiturer au collège de Nogent le bois qui pourrait être abattu sur le dit lieu ; de veiller à la conservation du poisson, qui est

bureau d'administration, et, jusqu'en 1789, le collège Florent Buguet traîne ses derniers jours sans aucun fait saillant, sauf, en 1773, une information, suivie de condamnation, contre deux personnes de mauvaise vie, qui venaient chanter des chansons déshonnêtes sur les marches du collège et débauchaient les élèves.

LES RÉGENTS ET LES ÉLÈVES. — On a vu qu'il y eut au collège *deux* régents, de 1653 à 1674, puis *trois*, réduits à *deux* au début du xviiiᵉ siècle. En 1742, le chiffre en fut porté à *quatre* par la création d'une chaire de seconde et rhétorique ; les classes de 3ᵉ et de 4ᵉ étaient également géminées (groupées deux par deux), ainsi que celles de 5ᵉ et 6ᵉ ; la 7ᵉ était isolée. Jusqu'en 1763, les régents étaient choisis par le principal et nommés par l'évêque ; l'édit de 1763 donna au bureau d'administration le droit de contrôler le choix du principal et de proposer les régents à l'évêque. Chaque régent avait au moins deux classes à diriger, et tous enseignaient dans leurs classes les diverses matières ; il n'y avait pas de professeurs spéciaux de mathématiques, d'histoire, etc. Leur traitement annuel variait entre *cent* livres et *soixante*, avec, en plus, le casuel minime de la chapelle de l'Aumône et de Margon ; ils étaient, en outre, nourris et logés. La nourriture devait être bien maigre ; quant au logement, il était plutôt misérable (1). Aussi, en général, les régents

---

ou sera mis dans la mare du dit lieu, dans lequel le fermier n'aura aucun droit ; de livrer, chaque année, six poulets, six chapons, douze livres de beurre, deux fromages à la crème, secs et salés et affinés, une oie et une poule grasses, deux pintes de crème, deux fromages frais et un minot d'orge. »

(1 L'inventaire de 1769 nous donne la description de ces chambres et du mobilier. Quelle misère y est révélée ! Tout était à l'avenant des bâtiments, dont nous avons constaté l'état lamentable. Visitons la chambre de M. Gatineau, la mieux meublée : il s'y trouvait « une armoire fermant à clef ; deux tablettes avec une autre petite armoire à côté ; une alcôve

ne restaient-ils pas longtemps au collége ; ils cherchaient dans une cure de campagne une situation un peu meilleure et une vie plus indépendante. Lorsqu'ils mouraient au collége, ils étaient inhumés dans le chœur de l'église Saint-Jacques (1).

Le nombre des élèves du collége ne dépassa jamais la *centaine*, dont une *vingtaine* de pensionnaires (2). L'inventaire de 1769

---

avec un lit de serge verte, ciel, tente et rideaux de même étoffe ; deux tringles de fer ; un matelas de laine de six pieds de long et de deux pieds et demi de largeur, avec paillasse ; un bois de lit *vermoulu*, sans colonnes » Dans la cuisine, « une *mauvaise* table au milieu, avec une *mauvaise* bancelle ; une huche assez bonne ; une chaise à sel ; une *mauvaise* table à couper du pain avec un grand couteau à main, attaché à vis ; une *mauvaise* petite commode de sapin ; une chaudière de cuivre rouge et son couvercle ; deux grandes marmites avec *un seul* couvercle ; une rôtissoire avec une chaîne de cuivre ; une grande broche ; deux poids, l'un de fonte et l'autre de pierre ; une grande lèche-frite ; il y en a une seconde *dont il ne faut plus parler, étant hors d'état de servir ;* en plus, cent six livres d'étain commun, en *plats, assiettes, écuelles, ronds et demi-setiers.* »

(1) Le 7 janvier 1757, Eloi Fettu, prêtre, âgé de 28 ans, professeur de rhétorique au collége de Nogent, « décédé au dit collége, après s'être confessé à Me François-Bazile, principal, et avoir reçu le très saint viatique du corps de Notre-Seigneur et le sacrement de l'Extrême-onction, par les mains de M. Bouillie, professeur, a été inhumé dans le chœur de l'église Saint-Jacques par nous soussigné, doyen de l'église collégiale de Saint-Jean (Dumesnil, doyen). » — En 1759, nouvelle inhumation, dans le chœur, du professeur de 5e, Claude-Gaspard Pathle, âgé de 29 ans ; en 1760, de la sœur Marie Bouchard, « décédée après 54 ans de vocation. » En 1757, le 13 janvier, mort de Pierre Housset, écolier pensionnaire, inhumé dans la nef de Saint-Jacques.

(2) Relevons quelques signatures d'élèves, témoins sur les registres des inhumations de l'Hôtel-Dieu : 1771, Michel Gaillard, René Fettu, Nicolas-Louis Roger, étudiants au collège ; 1772, J.-B. Leroy, Jean Cabaret, Jacques Poirier, Jacques Brûlard, Michel Gaillard, Claude Lortie ; 1788, Me Clément Guyot, *élève tonsuré*, Charles-François-Joseph Mirbeau, Louis-Charles-René Cerceau, *Jean-Louis Bayet-Desmarais* (plus tard professeur, en 1814), Charles-Louis Charpentier, J.-F. Privé, tous étudiants.

compte au dortoir « vingt-quatre bois de lits avec leurs tringles de fer et dix-huit *mauvais* rideaux, et dix-sept couvertures, toutes *rapiécées* et *déchirées*. » Les internes payaient environ cent vingt (1676) à cent cinquante livres ; les demi-pensionnaires, 60 (1742). Les externes de la classe aisée payaient d'abord quinze sols par mois (1654) ; en 1742, chaque élève pensionnaire ou externe dut payer un supplément annuel de dix livres (1).

Durant ces cent cinquante années, l'enseignement reçu par les élèves du collège ne varia guère. A part les mathématiques, quelque peu cultivées, la physique, la chimie, l'histoire naturelle étaient presque complétement inconnues ; l'histoire de France était sacrifiée à l'histoire de l'antiquité. Le fond de l'enseignement était le latin ; au xviie siècle, on parlait latin, non seulement en classe, mais encore en récréation et en promenade. Les palmarès eux-mêmes étaient en latin. Au xviiie siècle, continuant l'œuvre des jansénistes, qui avaient introduit dans les classes des livres écrits en français, Rollin et plusieurs pédagogues réformateurs réagissent contre la tyrannie du latin, et l'usage du français est autorisé en dehors des classes. D'ailleurs, l'ancien règlement, proscripteur du français, était souvent violé, et le souvenir du mélange macaronique du latin et du français dans la conversation des écoliers se retrouve dans les *ex-libris* de plusieurs siècles. Nous en avons noté quelques-uns des xviie et xviiie siècles, dont Nogent n'a eu ni la primeur, ni le monopole :

> *Adspice* Pierrot pendu
> *Qui hunc librum* n'a pas rendu ;
> Si ce livre *reddidisset,*
> Pierrot pendu *non fuisset.*

---

(1) A Paris, au collège d'Harcourt, au milieu du xviiie siècle, les pensionnaires payaient 400 livres par an. Au moyen âge, avec 400 livres, on entretenait un principal, 40 boursiers et plusieurs domestiques.

On défendait alors les livres contre les larcins par des menaces plus comiques que terribles (1) ; les élèves voulaient avant tout s'amuser, et, dans les longues heures de silence, ruminaient des sentences, dont quelques-unes, transmises surtout oralement ou griffonnées sur les murs, et que nous ne reproduirons pas, sont sorties du cerveau des Martials de collége. Voici un autre *ex-libris :*

> *Si hunc librum* par aventure
> *Inveneris* en ton chemin,
> *Redde mihi* la couverture
> *Quæ facta est* en parchemin ;
> *Dabo tibi* un sou marqué
> *Ad emendum* un petit pâté.

Les suivants sont postérieurs ; le français a définitivement chassé le latin :

> Si, tenté du démon, tu dérobes ce livre,
> Apprends que tout fripon est indigne de vivre.

Ou encore celui-ci, très fréquent :

> Ce livre est à moi
> Comme Paris est au roi...

C'étaient là d'inoffensifs passe-temps, et la vie compassée des écoliers n'abolissait ni la finesse, ni la malice, ni la gaîté françaises. Dans la grande cour de récréation, aux murs de prison, on

---

(1) Les manuscrits du moyen âge ont souvent, comme en-tête, des anathèmes, très sincères, ceux-là, contre les voleurs. Le mélange du latin et du français, dans les inscriptions de ce genre, remonte au xivᵉ siècle, où l'on rencontre celle-ci :

> Qui ce livre-ci amblera (volera),
> *Propter suam malitiam,*
> Au gibet pendeu sera
> Qui ce livre-ci amblera.

jouait à la balle, aux barres, à la boule, au cheval fondu, aux
billes, à la toupie ; deux fois par semaine, le mardi et le jeudi,
avait lieu la promenade. L'assemblée des habitants de 1742 avait
fixé les vacances « au 15 août pour les grandes classes, au 25
pour les basses classes. » A en juger par la somme de 40 livres,
accordée en 1743 par l'évêque de Chartres, les livres de prix
étaient distribués moins largement que les pensums.

LA BIBLIOTHÈQUE. — L'inventaire de 1769 nous
fournit la liste des livres de la bibliothèque du collége de Nogent ;
la plupart provenaient du legs Beauchesne, et, de 1653 à 1791,
ce fut, à peu de chose près, la réserve intellectuelle des régents.

Livres religieux : *Saint Grégoire*, 1 vol. in-fol. — *Milleloquium
veritatis*, 1 v. in-f. — *Saint Ambroise*, 2 v. in-f. — *Sylvius*, 4 v.
in-f. — *La Somme de Saint Thomas*, 3 v. in-f. — *Cornelius a
Lapide* (Corneille Lapierre), 11 vol. in-f. — *Origène :* Sur l'évangile de Saint Jean, 1 vol. in-f. — *Joseph*, 1 vol. in-f. — *Marsilius*,
2 v. in-f. — *Gamache*, 2 v. in-f. — *Martyrologe romain*, 1 v.
in-f. — *Béde : Epistolæ*, 1 v. in-f. — *Denis le Chartreux*, 1 v.
in-f. — *Saint Hilaire*, 1 v. in-f. — *Saint Jean Damascène*,
1 v. in-f. — *Estius : Epistolæ*, 1 v. in-f. — *Saint Eucher*, 1 v.
in-f. — *Theophilacte*, 2 v. in-f. — *Baronius*, 2 v. in-f. —
Saint Jérôme, 4 v. in-f. — *Saint Chrysostôme*, 5 v. in-f. —
Saint Denis l'Areopagiste, 2 v. in-f. — *Tertulien*, 1 v. in-f. —
Eugippius, 1 v. in-f. — *Bellarmin : In psalmis* 1 v. in-quarto.
— *Bible des Septante*, 1 v. in-q. — *Theodorete*, 1 v. in-q. —
Conciones de vitâ et moribus de Saint Basile, in-douzo (sans
couverture).

Livres profanes : *Les Ouvrages de Cicéron*, 1 v. in-f. —
Cicéron, 3 v. in-q. — *Horace : Odes et épodes* (en parchemin),
in-octavo. — *Tacite : Annales*, 3 v. in-12. — *Horace : Odes et
épodes de la traduction de Martignac*, 2 v. in-12. — *Un vieux
Pline gothique*. — *Une Méthode grecque*. — *Calepin : Diction-*

naire, 1 v. in-f. — *Un vieux lexicon Scapula* (1). — *Deux vieux dictionnaires latins.* — *Quinze* méchants *bouquins.*

Au total, 87 volumes, dont 72 seulement ont été considérés comme dignes d'être catalogués. Sur ces 87 volumes, 56 sont des ouvrages religieux, et 16 des ouvrages profanes, parmi lesquels quatre dictionnaires. Depuis 1682, date de la mort de Beauchesne, trois volumes ont *enrichi* la bibliothèque ! Et pas un auteur grec, pas un ouvrage de sciences, de géographie ou d'histoire ! L'inventaire de la bibliothèque correspond parfaitement à ce que nous pouvons nous figurer de l'enseignement au collège Florent Buguet. La masse des 54 in-folio, intéressants et utiles au point de vue de l'exégèse religieuse, ne compense pas la pénurie du reste. Et vraiment, ce n'était pas à cette source que les intelligences des régents et des élèves pouvaient se renouveler et se vivifier.

LA PÉRIODE RÉVOLUTIONNAIRE. — La Révolution n'amena pas de changement immédiat dans l'organisation et le fonctionnement du collège. Le désir d'avoir des écoles était général, et chaque ville, quelque peu importante, voulait posséder un établissement d'enseignement secondaire. L'article 56 des *Cahiers des États généraux de la province du Perche* demandait : « qu'il fût pourvu à l'établissement de quelques maisons, pour y élever, aux frais de la nation, un certain nombre d'enfants pris dans les familles du tiers-état, dont les chefs se seraient le plus distingués dans leurs emplois, et qui auraient rendu le plus de services à l'Etat » ; et l'article 57 : « que, dans

---

(1) Scapula (Jean), employé dans l'imprimerie de Henri Estienne, fit en cachette un abrégé du *Trésor de la langue grecque* et le publia en 1580. Ce *lexicon* eut un grand succès et amena la ruine de Henri Estienne. victime de son infidèle employé.

toutes les paroisses, il fût établi des écoles *gratuites* pour l'instruction de la jeunesse. » La lecture des cahiers du tiers-état de toute la France dénote ordinairement une sagesse, une modération, une profondeur de vue admirables. Ce que proposait le tiers-état du Perche, c'était le système des *bourses nationales ;* et l'enseignement *gratuit* dans toutes les communes, si lent à conquérir, lui semblait déjà un devoir social !

Malgré ces aspirations, des raisons diverses paralysaient le présent, et l'enseignement périclitait à Nogent. Au collège, les élèves diminuèrent peu à peu, d'abord parce que l'argent se faisait plus rare ; et le peuple n'était pas le seul à souffrir du bouleversement économique.

« Nogent-le-Rotrou contient environ 7,000 âmes, et la moitié des habitants sont plongés dans la plus affreuse misère, dont la cause provient de la chute du commerce des étamines et de la rareté du numéraire... Cette ville n'offre que le tableau d'une calamité générale, et il est même étonnant de voir des personnes, autrefois commerçantes, réduites à la mendicité » (1).

D'autres raisons vinrent accélérer la ruine du collège. La question de la prestation du serment civique amena le changement du principal et de plusieurs professeurs.

« Le 20 janvier 1791, dans l'assemblée du corps municipal de la ville de Nogent-le-Rotrou, est comparu M. Martin-François-Jacques Deniau, prêtre, principal du collège et chapelain titulaire de

---

(1) *Procès-verbal de l'Assemblée municipale (janvier 1791).* — Ce triste état de choses dure longtemps. En octobre 1793, la municipalité adresse une pétition désespérée à la Convention : « Il ne lui reste plus pour dernière ressource que d'épancher sa douleur dans le sein de ses représentants, sûre que leur âme paternelle, attendrie au récit des maux de cette commune, lui dictera de prendre de promptes mesures pour venir à son secours. »

l'Hôtel-Dieu, lequel, pour se conformer à la réquisition, qui lui a
été faite par M. le Procureur de la commune, de venir déclarer
manifester son intention, relativement à la prestation du serment
décrété par l'Assemblée nationale, le 27 novembre dernier, a
déclaré qu'intimement persuadé et convaincu que toute autorité
vient de Dieu, et que, ministre d'une religion qui prêche une
entière soumission à la puissance civile, en tout ce qui ne peut
être contraire à la justice et à la vérité, il se fera toujours un
devoir de donner l'exemple de la plus parfaite obéissance à la loi;
que, dans les circonstances où le souverain exige qu'il fasse profession publique de ce principe social et qu'il la confirme en appe-
lant en témoignage le saint nom de Dieu, il doit à la conscience
et à l'édification des fidèles, au milieu desquels il prêtera son serment, de consacrer par le même zèle religieux son inviolable attachement à la foi et à la doctrine de l'église catholique, apostolique
et romaine; que ce serait abjurer le caractère sacré dont il est
revêtu, si, dans le temps où, comme citoyen, il s'engage formelle-
ment à maintenir l'ordre qui doit régir la société, il ne rendait
pas, comme prêtre, un hommage public à une sainte religion
perpétuée depuis dix-huit siècles; que, dans le sens de ces principes dont il ne s'écartera jamais et qui feront toujours la règle
de sa conduite dans l'ordre spirituel auquel il est soumis, animé
par les sentiments du plus pur et du plus vrai patriotisme, il
prêtera, au jour qui lui sera indiqué par M. le Maire, le serment
de rester fidèle à la nation, à la loi et au roi, et de maintenir la
Constitution décrétée par l'Assemblée nationale et sanctionnée par
le roi.

. « Le Maire a ajourné le susdit déclarant à dimanche prochain,
vingt-trois du courant, à l'issue de la grand'messe paroissiale en
l'église Notre-Dame de cette ville, pour y prêter le serment, suivant qu'il est ci-dessus stipulé, sous les réserves cependant par
nous, au cas qu'il puisse avoir lieu, le recevoir ou le refuser; et a,
le dit déclarant, signé avec nous. »

Le même jour, M. Binet, vicaire et professeur au collège,

demande à prêter le serment « sans modification, ni restriction et addition. » Par contre, le 22 janvier, M. Fricault, professeur au collége de Nogent et prêtre du diocése de Chartres, se désiste de sa place de professeur « et n'entend plus exercer ses fonctions ministériellement » (1). Finalement, Deniau, n'ayant pas prêté serment dans les formes voulues, fut destitué, et dix élèves partirent à la suite du principal. L'évêque avait déjà supprimé son allocation annuelle de 1,040 livres au collége.

Alors apparaît Pierre Châles (2), qui occupera une place prépondérante dans l'histoire révolutionnaire de Nogent.

« Le 11 juin 1791, Pierre-Jacques-Michel Châles, l'aîné, ci-devant chanoine de Tours, dépose sur le bureau un acte contenant provision de chapelain de l'Hôtel-Dieu et de *principal du collège* de Nogent, à lui accordée par M. Bonnet, évêque du département d'Eure-et-Loir, par acte du 18 mai dernier, les dites provisions expédiées sur la production d'un procès-verbal de l'Assemblée électorale du district de Nogent du 6 mars dernier, contenant élection de la personne du dit sieur Châles; et de celui de la même assemblée du 27 du dit mois, contenant proclamation de la dite élection ; ensemble d'un arrêté du Directoire du district de Nogent du 7 présent mois, qui constate que le dit sieur Châles est tenu de réunir les fonctions de principal à celles de chapelain de l'Hôtel-Dieu. En conséquence, a requis le dit sieur Châles que Messieurs les officiers municipaux procédassent à son installation.

« Le corps municipal décide que les quatre compagnies de la garde nationale seront requises pour l'installation officielle de Châles, le 12 juin, à 9 heures du matin, en l'église de l'Aumône. »

---

(1) Le facétieux secrétaire a écrit *Fricot* sur le procès-verbal. Fricault fut déporté par la suite. C'est à l'île de Ré que furent déportés la plupart des prêtres réfractaires ; quelques-uns furent envoyés à Cayenne.

(2) Pierre-Jacques-Michel Châles, né à Chartres le 9 juin 1753, entra dans les ordres et fut d'abord professeur de rhétorique au collège de sa ville natale. Remarqué par l'archevêque de Tours, à la suite d'attaques

Mais cette installation solennelle d'un principal, par la garde nationale sert moins les intérêts du collège agonisant que l'ambition de Châles. Désormais la politique va absorber le principal plus que ses fonctions. Le 17 juin 1791, il est député avec quelques autres par la Société des *Amis de la Constitution* (1) pour déclarer « qu'ils se sont soumis, tant en leur nom qu'en celui de leurs collègues, de faire le service de la garde nationale. »

---

contre la philosophie du xviiie siècle, Châles fut nommé chanoine de Tours, et, comme administrateur des biens du chapitre, il vint plusieurs fois dans le Perche. Il combattit d'abord la Révolution, avec l'espoir d'être un des délégués du clergé aux États généraux. Ayant échoué, il revint à Chartres en 1790 et y brigua le siège épiscopal, mais sans succès. Il avait fondé le *Correspondant d'Eure-et-Loir* et le rédigeait presque à lui seul. Ce journal accentua de plus en plus sa nuance révolutionnaire, et c'est ainsi que Châles fut choisi comme principal du collège de Nogent par l'évêque constitutionnel Bonnet. Pierre Châles avait deux frères : Pierre Claude (1759-1827), curé de la cathédrale de Chartres en 1818, et Charles-Henry (1772-1863), qui eut deux fils : Michel Châles (1793-1880), le célèbre mathématicien, et Henri-Lubin-Adolphe (1795-1868), député et maire de Chartres.

(1) La Société des *Amis de la Constitution* s'était fondée à Nogent en 1791. Comme toutes les Sociétés du même nom, elle se rattachait à la *Société des Amis de la Constitution* de Paris. En septembre 1791, les *Amis de la Constitution* de Nogent obtinrent de l'administration du district la permission de tenir leurs séances dans l'église Saint-Jean. Jusqu'alors, leurs réunions avaient lieu dans la salle d'audience, au-dessus des halles (mairie actuelle), mais, un jour, l'affluence fut telle que le plancher s'effondra ; il y eut même de nombreux blessés. Le 21 septembre 1792, le titre d'*Amis de la Constitution* fut changé, à Paris, en celui de *Jacobins, Amis de l'égalité et de la liberté*. En juin 1793, une réunion, à Valence, de 42 sociétés populaires, « déclare que les sociétés populaires ont puissamment concouru à l'établissement de la liberté et au succès de la Révolution. » La Convention, le 4 juillet suivant, approuva les déclarations de la réunion de Valence, et une loi spéciale du 27 juillet protégea ces sociétés. Elles disparurent à la suite de la loi du 25 vendémiaire 1794, qui interdit les affiliations et pétitions en nom collectif.

Et le corps municipal « rend hommage au patriotisme qui anime MM. les Amis de la Constitution. »

« Le 22 août 1791, le principal, devenu président de cette Société, requiert l'Assemblée municipale de lui accorder acte des discours qu'il vient de prononcer sur l'autel où a été célébré le service pour le repos des frères d'armes morts à Nancy. A quoi les officiers municipaux ont répondu qu'ils ne pouvaient trouver d'expression assez énergique pour féliciter M. Châles d'avoir développé dans son discours les principes de la liberté, de l'égalité, de l'union et de l'amour des lois, avec autant de précision, d'énergie et de modération, et d'avoir rappelé à la mémoire des gardes nationaux de cette ville, avec une éloquence aussi mâle, la grandeur d'âme et l'héroïsme de leurs frères d'armes, qui ont sacrifié leur vie pour le salut de la patrie. »

Cependant les cours du collège étaient suspendus depuis plus d'un mois, et la distribution des prix n'eut pas lieu. Le 25 septembre 1791, Châles comparaît devant l'assemblée et déclare « qu'étant dans les dispositions les plus fermes de mettre le collège de la dite ville en activité, autant qu'il dépendra de lui, il requérait le corps municipal de faire faire les réparations les plus urgentes à la maison du collège. » Le maire répondit que la ville n'avait plus de ressources « même pour subvenir aux besoins les plus pressants, relatifs à l'administration de l'hôtel commun. »

Dès lors Châles se mêle de plus en plus à la politique active, et, toute autre raison à part, son attitude jacobine n'est pas faite pour décider la bourgeoisie inquiète à envoyer ses fils au collège D'un autre côté, suivant le témoignage d'un contemporain, M. Bodin, « certaines personnes, qui pouvaient faire des sacrifices pour l'instruction de leurs enfants, craignaient de se compromettre et de passer pour aristocrates. » L'établissement est bientôt vide, et Châles reste le principal d'un collège « où il n'y avait plus

Cliché Léon Lesage.

L'Eglise Notre-Dame
(Autrefois chapelle de l'Aumône ; et emplacement de l'ancien Collège).

d'élèves. » M. Bodin ajoute : « Les classes d'instruction primaire seulement étaient ouvertes, et Dieu sait ce que c'était et ce qu'on y pouvait apprendre (1). »

La municipalité utilise alors les loisirs forcés du principal, « reconnu pour l'étendue de ses talents et l'ardeur de sa foi patriotique », en le chargeant d'une mission à la Convention. Le 8 octobre 1791, Châles se présente devant le Conseil municipal et fait cette déclaration :

« Messieurs, en acceptant avec joie et dévouement la commission dont il vous plaît de m'honorer, je dois vous observer que mon absence à l'époque présente pourra fournir aux ennemis du bien public, qui sont nos ennemis communs, le prétexte de s'élever et d'agir contre moi ; ils me reprocheront de quitter mon collège au moment de la rentrée des études ; ils ne manqueront pas de se liguer, de se concerter entre eux, pour, à l'occasion des derniers événements de l'Hôtel-Dieu (2) de cette ville, me susciter en mon absence une affaire criminelle. Je vous observe en outre que l'approche de la Saint-Martin va leur inspirer le projet de me traduire devant le tribunal, afin qu'à l'époque des assemblées primaires, me trouvant en état d'arrestation, je sois privé de mes droits de citoyen actif... Veillez donc, en mon absence, à ce qui peut m'intéresser. » Sur ce, la

---

(1) L'enseignement primaire fut également désorganisé par le refus des Frères de la Doctrine chrétienne de prêter serment. Des instituteurs laïques vinrent alors tenir école dans des maisons particulières, locaux fort insuffisants. En 1793, la municipalité accorda à ces instituteurs un traitement annuel de 450 livres.

(2) Il s'agit des sœurs *patriotes* de l'Hôtel-Dieu, ayant prêté le serment civique et consentant à assister aux offices de Châles, prêtre assermenté. Celui-ci, comme chapelain de l'Hôtel-Dieu, soutenait les sœurs patriotes contre leur supérieure de Paris, qui voulait les remplacer par des religieuses que Châles déclarait « gangrenées de principes empoisonnés. » Finalement, la querelle se termina, en mars 1792, par le maintien des sœurs patriotes.

4

municipalité observe au dit Châles « que ne pouvant pas encore rendre à la cité ses services et procurer son utilité en qualité d'instituteur public, puisque *l'édifice du collège est dans un délabrement pitoyable et qu'il serait même dangereux que des personnes l'habitassent sans y refaire de grandes réparations,* il pouvait, sans trahir les premiers devoirs de son état, accepter avec toute quiétude la commission dont le chargeait le corps municipal. D'après ces raisonnements, que le sieur Châles a reconnus irrésistibles, ce dernier a accepté la commission à lui déférée et a promis de s'en acquitter en son âme et conscience. »

Fac-similé de la signature de Châles
(Archives municipales)

A la fin du même mois (27 octobre 1791), l'administration du département d'Eure-et-Loir décide « que, le gouvernement spirituel des malades de l'Hôtel-Dieu paraissant distraire le sieur Châles des fonctions également importantes qu'il a à remplir comme principal du collège, *fonctions dont le public se plaint qu'il ne s'est pas encore seulement occupé* et qu'il n'est plus permis d'ailleurs d'allier avec celles de chapelain, le sieur Châles sera tenu de se renfermer dans les seules fonctions de principal du collège » (1).

____

(1) Le 20 novembre 1791, l'abbé Morin, curé de la paroisse Notre-Dame, nommé chapelain de l'Hôtel-Dieu, voulut chanter les vêpres dans l'église de l'Aumône. Châles lui ferma le livre sur le lutrin; le curé ayant entonné les vêpres, Châles l'interrompit et prit les assistants à témoin de

Nous avons souligné la constatation que le collège n'était plus habitable et que le principal semblait même ne plus croire à son existence. Plus d'élèves, plus de professeurs, des bâtiments qui s'écroulent ! Seul, Châles continue à porter son titre et à occuper la maison où habitaient ses prédécesseurs depuis 1653. Cependant, le corps municipal avait chargé les citoyens Bourdeau et Goislard de faire une enquête « sur les causes du dépérissement du collège et les moyens de le rétablir. »

Le mémoire des enquêteurs, daté du 20 novembre 179', signale d'abord la diversité des opinions dans le collège, « qui a porté le dernier coup à cet établissement », et la suspension totale des exercices, longtemps avant les vacances. Il reproche à Châles « de ne pas avoir adopté un plan provisoire pour le remplacement des professeurs et de ne pas avoir, à l'exemple de ses prédécesseurs, professé lui-même quelques classes, jusqu'à l'arrivée de ceux qu'il aurait appelés ; et, dans le choix de ses régents, de ne pas avoir cherché que des talents nécessaires à l'éducation locale. » La base de l'ancien enseignement était le latin, dont la connaissance assurait la pension gratuite dans les séminaires. Le rapport demande que le collège n'aille que jusqu'à la troisième et que les honoraires, attribués au troisième professeur, soient appliqués à une chaire de mathématiques et de dessin.

« Toutes les classes de la société profiteront de ce nouveau

------

cette intrusion. Châles, sorti un moment de l'église, y rentra avec ses partisans, dont les murmures et les huées forcèrent l'abbé Morin à se retirer dans la sacristie. A la suite de cette petite émeute, le bureau d'administration de l'Hôtel-Dieu, considérant « que, la chapelle de l'Aumône étant entretenue des deniers appartenant à l'Hôtel-Dieu, le sieur Châles, en sa qualité de principal du collège, ne peut y avoir aucun droit, lui fait défense de troubler dans l'exercice de ses fonctions le sieur Morin, chargé du gouvernement spirituel de cette maison. »

plan... L'attachement à une seule branche d'éducation (le latin) qui ne peut être profitable qu'à deux états, l'Eglise et le Barreau, concentrera les avantages du collège dans les classes aisées de la société, qui, seules, peuvent faire des sacrifices d'argent et de longues années pour acquérir des connaissances, qui ne mènent qu'à un genre de talent (1). »

Le principal peut assurer facilement le traitement de deux professeurs de latin et d'un maître de mathématiques.

« Il est notoire que les biens du collège sont affermés bien plus avantageusement depuis environ dix ans, époque où l'administration s'apercevant que les baux étaient toujours donnés à bas prix, parce que le principal qui les affermait faisait verser à son profit des pots-de-vin souvent exagérés, prit le parti de les affermer elle-même à l'enchère. A l'instant présent, le collège jouit en revenus patrimoniaux d'une somme de 2,889 livres, conformément à l'état ci-annexé, et non compris les dix livres que chaque élève paye annuellement. En rappelant donc ce collège à son institut premier d'un principal et de trois professeurs, moyennant que, suivant l'ancien usage, le principal continuera de vivre en communauté avec ses régents, espérant d'ailleurs que les talents de M. Châles lui gagneront la confiance publique et fixeront, comme par le passé, dans ce collège, un nombre quelconque de pensionnaires, qui lui procureront encore un bénéfice, il est certain qu'avec ces moyens le principal peut aisément nourrir et salarier trois professeurs, puisque ses prédécesseurs l'ont fait avec beaucoup moins.

---

(1) On croirait entendre le président du Parlement, Rolland d'Erceville, disant, avant 1789, dans un rapport sur un nouveau plan d'éducation, dont le Parlement l'avait chargé : « Les écoles publiques ne sont-elles destinées qu'à former des ecclésiastiques, des magistrats, des médecins et des gens de lettres? Les militaires, les marins, les commerçants, les artistes, sont-ils indignes de l'attention du gouvernement? Et, parce que les lettres ne peuvent se soutenir sans l'étude des langues anciennes, cette étude doit-elle être l'unique préoccupation d'un peuple instruit et éclairé? »

« Le collège se rétablira en adoptant encore dans le plan d'éducation des principes applicables à la localité, car, enfin, ce qui convient au collège d'une ville considérable, où le grand nombre d'élèves, la richesse de la dotation permettent le choix de professeurs à talents distingués, ne peut être adopté dans l'administration de celui-ci faiblement doté. »

Malgré ces velléités de réformes et ces espérances, le mémoire ci-dessus est l'oraison funèbre du collège Florent Buguet. En janvier 1792, Châles, précédemment élu président des *Amis de la Constitution*, est nommé maire (1), et ce titre remplacera celui de principal sur les actes signés de sa main. L'histoire du collège va subir une éclipse de dix années, mais, durant ce temps, son dernier principal jouera un rôle dans la grande histoire (2). Ce principal, qui, après avoir été prêtre, devient

---

(1) Châles continue encore quelque temps à exercer son ministère de prêtre. Le 14 juillet 1792, il baptise sur l'autel de la Fédération, dressé à Nogent, place du Marché, devant les corps constitués et les citoyens, deux enfants jumeaux, à qui furent donnés les prénoms de Pierre-*Fédéré* et de Nicolas-*Fédéré*. Les parrains et marraines prêtèrent le serment civique pour leurs filleuls, et l'acte est encore signé : Châles, *prêtre*. Le 23 juillet 1792, Châles lance une proclamation aux Nogentais où l'on trouve cette phrase : « Si le peuple fut si longtemps esclave et malheureux, c'est qu'aveuglé par la superstition et trompé par les prêtres, il ignora long-temps ses droits et sa force. » Le rapprochement de ces deux pièces est piquant.

(2) Le 7 septembre 1792, Châles est élu député de Nogent à la Convention, avec Giroust. Mais Giroust compte à peine alors. Châles est l'idole populaire; par contre, la bourgeoisie le redoute et le déteste. Tous sentent en lui une puissance. Dans les séances municipales où il paraît, les procès-verbaux gardent comme un frémissement de sa présence et de ses ardentes paroles. Il ne lui a manqué peut-être que l'aide des circonstances pour devenir un personnage plus important sur la grande scène révolutionnaire. A la Convention, Châles siège à la *Montagne* et il aborde rapidement la tribune. Le 28 décembre 1792, il dit, au sujet d'une intervention de l'Espagne dans le jugement du roi : « Je demande qu'à l'avenir

Conventionnel et termine ses jours aux Invalides, n'occupe-t-il pas une place à part dans la galerie des principaux de toute la France ?

Les époques de troubles ne sont pas favorables aux études, et

---

nos agents ne puissent traiter avec les têtes couronnées, sans que la République française n'ait été solennellement reconnue. Nous ne traitons plus avec les rois, mais avec les peuples. » La notoriété lui vient; il est chansonné dans un *Noël* qui court Paris, sur l'air des *Bourgeois de Chartres* :

> Mais j'oubliais Bazire,
> Tallien, Ruamps, Fréron,
> Saint-André que j'admire,
> Démosthène-Bourdon ;
> Vous *Châles*, vous Simon,
> Et vous Montault l'étique,
> Et toi, pauvre Dubois-Crancé,
> Par les Brissotins repoussé
> Et cordelier par pique.

Châles refuse pour le jugement de Louis XVI la ratification du peuple et vote la mort du roi « dans le plus bref délai. » Il est ensuite envoyé, en mai 1793, à l'armée du Nord, comme commissaire de la Convention, et, grièvement blessé à Hondschoote, il reçoit le titre de général et une pension. Si l'on en croit ses propres allusions, sa qualité de prêtre aurait entravé sa carrière politique, et l'une de ses lettres est à citer *in extenso :*

Lille, 23 brumaire an II de la République. — Châles, un des représentants du peuple, auprès de l'armée du Nord, à la Convention nationale. — « Citoyens, mes collègues, je ne sais si, en offrant mon sang à la patrie dans les champs de Werwick, j'ai suffisamment explé le malheur d'avoir été prêtre. Je ne l'étais plus depuis longtemps ou, pour mieux dire, je ne l'ai jamais été, ni de cœur ni d'esprit. J'en fais la déclaration authentique et solennelle, et je jure, sur l'autel de la raison et de la liberté, de ne jamais ambitionner d'autres titres que celui d'homme et de citoyen. Défendre les droits du peuple, maintenir par tous les moyens, qui sont en mon pouvoir, la Constitution que vous avez décrétée, rechercher et combattre tous les partisans du royalisme, du fédéralisme, tous les ennemis de la sainte Égalité, telle sera, jusqu'à mon dernier soupir, mon unique profession. Châles. » (Archives nationales. — Cité par Robinet.)

nous avons constaté que notre pauvre collège avait d'autres
raisons de mourir que l'incurie de Châles. Et le mal était général !

« Pendant que la génération présente travaillait à assurer la

---

Le *Tu es sacerdos in œternum* semble avoir poursuivi Châles. La soutane fut pour lui la tunique de Nessus; il ne sut pas, comme Talleyrand,
la transformer prestement en manteau de cour. Il revient à la Convention, le 15 ventôse an II, s'appuyant sur deux béquilles, mais le 9 Thermidor arrête définitivement son avenir politique. Au club des Jacobins, le
26 thermidor (13 août 1794), Châles et plusieurs membres protestent
contre l'élargissement de certains prisonniers aristocrates. Le même jour, il
se plaint que les patriotes ne soient plus en sûreté : « Dans toutes les
grandes communes, les muscadins et les femmes à grands bonnets, qui
avaient déserté les clubs depuis six mois, y reviennent en foule depuis le
11 et le 12 thermidor. Plus de six cents patriotes dénoncés par ces messieurs ont été arrêtés. Ils couvrent leur aristocratie sous le beau nom de
liberté de la presse; ils attaquent les comités révolutionnaires. L'envie
remue encore avec un poignard les cendres de Marat... »

Dans la séance du 12 germinal an III, André Dumont demande l'arrestation de Châles. Il est soutenu par Bourdon de l'Oise, et l'arrestation est
décidée. Quelques instants après, un membre, Saladin, s'écrie : « Vous avez
laissé sortir Châles, il va brûler ses papiers. » La Convention décrète
alors l'arrestation de Châles et de quatre autres représentants, ordonne
qu'ils seront conduits au château de Ham et que les scellés seront mis
sur leurs papiers. Le 2 prairial, Châles et 26 autres représentants, parmi
lesquels Cambon, sont mis en accusation. L'amnistie du 4 brumaire an IV
délivra Châles. Pendant la Terreur, il avait épousé la jeune veuve d'un
royaliste guillotiné, qu'il avait sauvée elle-même de l'échafaud. Revenu à
Paris, l'ex-principal se tient absolument à l'écart de la politique et ouvre
une pension dans la rue des Postes. Il végète jusqu'au retour des Bour-
bons, et il est alors obligé de s'exiler en Angleterre, comme régicide. Fut-il
du nombre des prêtres renégats, régicides, qui firent amende honorable?
Fut-il traité avec indulgence à cause de son âge et de sa blessure de
guerre? Nous l'ignorons. Toujours est-il qu'il rentra en France et mourut
en 1826 aux Invalides, où il avait réussi à se faire admettre. — Châles
eut plusieurs enfants. L'aîné de ses fils fut tué à la bataille de Dresde
(1813); le second, Philarète Châles (1799-1873), se fit un nom célèbre dans
l'érudition et la critique.

Révolution et que les partis s'en disputaient la direction, une génération naissait, destinée à hériter des travaux auxquels on se dévouait de toutes parts. Mais celle-ci était complètement négligée ; rien n'assurait ni son éducation, ni son instruction. Les pères étaient donc menacés de n'avoir point de successeurs. Pendant qu'on fondait dans le présent, on avait oublié l'avenir. Ce danger n'échappait à l'attention de personne, et tous les hommes sérieux apercevaient qu'il était une question plus pressante que celle même de la Constitution ; c'était de pourvoir à l'éducation des enfants ; sous ce rapport, les assemblées précédentes avaient tout laissé à faire (1). »

En effet, l'Assemblée Constituante et la Législative n'avaient rien tiré des projets de Talleyrand et de Condorcet ; la Constituante avait seulement décrété la conservation provisoire des établissements existants ; la Convention réunit au domaine de l'Etat les biens de toutes les corporations scientifiques et enseignantes, qu'elle supprima, se réservant de refondre et de doter tous les ordres d'enseignement. C'est ainsi que le collège de Nogent devint propriété nationale. Mais les bâtiments furent sauvegardés par la décision du Conseil des Anciens du 25 fructidor an IV, disant : « Jusqu'à l'organisation définitive du plan d'instruction, il est sursis à la vente de tous les édifices connus sous le nom de collèges, maisons d'école et généralement de tous les bâtiments et dépendances ayant servi à l'enseignement public. »

---

(1) *Histoire parlementaire de la Révolution* par Buchez et Roux. — Cf. Taine : « L'éducation à manqué pendant dix ans. Non seulement les fondations qui défrayaient l'enseignement ont été confisquées, mais le personnel enseignant, qui était presque tout ecclésiastique, a été l'un des plus proscrits entre les proscrits. Pendant que la réquisition militaire et la fermeture des écoles supprimaient les élèves, les massacres, le bannissement, l'emprisonnement, la misère et l'échafaud supprimaient les maîtres. »

COLLÈGE FLORENT BUGUET

(1653-1792)

RÉGENTS [1]

Pierre Lamy (1653-....) — Pierre Pottier (1681) — François Philippe (1681) — Jacques Charpentier (1681) — Babie (1694-....) — Pierre Ithier (1719-....) — François Demarle (1723-24) — Philippe Lesueur (1724-1728), puis principal — Pasquier (1727) — Dumesnil (1729) — François Bazile (1746-49), puis principal — Me François Baussy, clerc tonsuré (1746) — François Trenier (1746) — Louis Gadeau (1746-48) — René Deshayes (1748-53) — Charles-Louis Lheureux (1749-56) — Me Nicolas Dupont, clerc tonsuré (1751) — Me François Frapaise (1752-54) — Michel Binay, élève tonsuré (1752), professeur (1753-66) — Pierre Racine, élève tonsuré et professeur (1753-54) — Bouillie (1754-60) — Me Robert-Toussaint Lemaire (1755-59) — Éloi Fettu (1755-57) — Paul Rebours (1756-57) — Claude-Gaspard Pathie (1758-59) — Me Nicolas Gatineau (1761-79) — Julien Daniel (1761-62) — Louis Charpentier (1763) — J. Thieux (1763-70) — F. Bordeau (1766-68) — Me Jacques Riguet (1764-69) — Letertre (1769-70) — J.-F. Landais (1770-73) — Boullay (1770) — Binoist (1771-72) — Perrault (1771-72) — François Lefèvre (1772-73) — Louis Martin (1774) — J.-B. Lepoivre (1779-80) — Aumont (1780-81) — André Moulhard (1780-81) — (1784-86) — Poirier (1782-83) — Saturnin Tison (1782-89) — Etienne Hardy (1784-89) — Verdier (1787) — Fricault (1787-91) — Antoine Forest (1780-90) — Jacques Binet (1789-92).

---

(1) Cette liste n'est pas complète, et les dates sont celles des années entre lesquelles les noms paraissent sur les divers documents. Nous nous sommes servi pour la dresser des registres de l'état civil de Nogent et de Margon, et de divers procès-verbaux.

PRINCIPAUX

Guillaume Beauchesne (1)	1653-1682
Pierre Rousseau	1682-1694
Jacques Bérault	1694-1695
Jean-Baptiste Duteil	1695-1700
C. Brière (2)	1700-1702 (?)
Jean-Baptiste Duteil (deuxième fois)	1702 (?)-1714
Pierre Mullot	1714-1726
Claude Lorion	1726-1728
Philippe Lesueur	1728-1741
Jean-Baptiste Tessier	1741-1745
François Dumesnil	1745-1749
François Bazile	1749-1769
Maximilien de Bompart	1769-1771
Pierre Coessy	1771-1779
Martin Deniau	1779-1791
Pierre Châles	1791-1792

-----

(1) Beauchesne choisit Rousseau comme *procureur* ou suppléant, à dater du 1ᵉʳ octobre 1673. (Registre des plaids du comté de Nogent-le-Rotrou.)

(2) C. Brière fit probablement un intérim.

DIX ANS D'INTERVALLE

Pour remplacer le collége (1) et les Fréres de la Doctrine

(1) La Convention voulut remanier totalement l'enseignement. Les projets furent plus beaux que la réalisation, et la création d'un enseignement primaire OBLIGATOIRE et GRATUIT, proposée par Bouquier et votée le 29 frimaire an II (décembre 1793), ne put être effective, faute d'argent et de maîtres. L'enseignement *secondaire* était moins difficile à refondre. La loi du 7 ventôse an III établit les *Écoles centrales*, une par 300,000 habitants, pour l'enseignement des sciences, des lettres et des arts. Le traitement de chaque professeur était fixé provisoirement à 3,000 livres ; au-dessus de 15,000 habitants, 4,000 livres ; au-dessus de 60,000 habitants, 5,000 livres. Dans toutes les écoles centrales, les professeurs devaient donner leurs leçons en *français* et faire tous les mois une conférence publique sur les matières intéressant le progrès des sciences, des lettres et des arts les plus utiles à la société. La loi du 18 germinal an III envoie dans les départements cinq représentants du peuple pour assurer la prompte exécution des lois relatives à l'instruction publique et détermine l'emplacement des écoles centrales. Elles n'étaient pas toutes au chef-lieu, mais Chartres fut choisi dans l'Eure-et-Loir. Sous le Directoire, la loi du 3 brumaire an IV compléta la précédente et créa une *École centrale* par département, *pour remplacer les anciens colléges*. Le programme de ces écoles, divisées en trois sections, comprenait, outre les belles-lettres et les langues mortes, presque exclusivement cultivées antérieurement, les mathématiques, la physique, la chimie, l'histoire naturelle, l'histoire, la grammaire générale, la législation, le *dessin*, et même, si l'administration du département le jugeait nécessaire, les LANGUES VIVANTES. Chaque école centrale devait posséder une bibliothèque, un jardin et un cabinet d'histoire naturelle, un cabinet de chimie et physique expérimentales. Les professeurs de ces écoles devaient être choisis par un jury d'instruction. Notons aussi cet article : « Les instituteurs et professeurs publics établis par la présente loi, qui auront rempli leurs fonctions *durant vingt-cinq ans*, recevront une pension de retraite égale à leur traitement fixe. »

chrétienne (1), plusieurs pensions et écoles particulières s'installèrent dans des conditions absolument médiocres. La pension du citoyen Gannot, où l'on enseignait le latin et un peu de grec, forme la transition entre le *Collège Florent Buguet* et l'*École secondaire*, fondée en 1802. Mais le citoyen Gannot n'occupait pas les bâtiments du collège. La loi du 3 brumaire an IV disait bien : « Les communes qui possédaient des établissements d'instruction, connus sous le nom de collèges, et dans lesquels il ne sera pas placé d'école centrale, pourront conserver les locaux

---

(1) En janvier 1793, le gouvernement avait décrété la liberté de l'enseignement, moyennant une déclaration et un certificat de civisme. « Les citoyens et citoyennes qui se vouent à l'instruction seront appelés *instituteurs* ou *institutrices;* ils seront sous la surveillance de la municipalité, des parents et des citoyens, et seront salariés par la République à raison du nombre des élèves qui fréquenteront leurs écoles : 20 livres pour l'instituteur, 15 pour l'institutrice. Les premiers livres élémentaires sont : les *Droits de l'homme,* la *Constitution,* le *Tableau des actions héroïques ou vertueuses.* » La loi du 27 brumaire an III (1794) autorise « les citoyens à ouvrir des écoles particulières et libres, sous la surveillance des autorités constituées. » Un arrêté du Directoire exécutif du 17 pluviôse an VI (1798) prescrit « la surveillance des écoles particulières, maisons d'éducation et pensionnats, par les administrations municipales de chaque canton. En conséquence, chaque administration municipale sera tenue de faire, au moins une fois par mois, et à des époques imprévues, la visite des dites maisons qui se trouvent dans son arrondissement, à l'effet de constater : 1° Si les maîtres particuliers ont soin de mettre entre les mains de leurs élèves, comme base de la première éducation, les *Droits de l'homme,* la *Constitution* et les livres élémentaires qui ont été adoptés par la Convention; 2° Si l'on observe les décadis, si l'on y célèbre les fêtes républicaines et si l'on s'y honore du nom de citoyen; 3° *Si l'on donne à la santé des enfants tous les soins qu'exige la faiblesse de leur âge; si la nourriture est propre et saine; si les moyens de discipline intérieure ne présentent rien qui tende à avilir et à dégrader le caractère; si les exercices enfin y sont combinés de manière à développer le plus heureusement les facultés physiques et morales.* »

qui étaient affectés aux dits colléges, pour y organiser *à leurs frais* des écoles centrales supplémentaires. » Nogent était trop pauvre pour profiter de cette offre. En attendant de meilleurs jours, le collége avait été d'abord loué à des particuliers; il reçut ensuite une destination qui s'explique par le passage incessant de régiments se rendant en Vendée, ou en revenant. En frimaire an IV, le citoyen Dugué d'Assé, représentant du peuple, et le citoyen Vincent, chef de brigade commandant la troupe, se trouvant à Nogent, décident, après avoir visité les chambres du collége, qu'un détachement de soldats y sera logé.

« Cette disposition, dit le commissaire provisoire du Directoire exécutif, doit d'autant plus recevoir son exécution que cette maison appartient à la Nation et se trouve placée au centre de cette ville et à la réunion de diverses grandes routes. Je requiers pour l'exécution de la mesure dont je viens de parler : 1° que les locataires qui occupent le ci-devant collége soient sommés de déloger sous trois jours ; 2° que les réparations les plus urgentes soient faites après le délogement prémentionné ; 3° que les citoyens soient requis de fournir tout ce qui sera nécessaire pour le casernement en question. »

Ce n'était plus le *Cedant arma togæ*, pour parler comme les vieux régents, qui aimaient les citations latines autant que le tabac à priser. Partout les soldats remplaçaient les élèves. Le même mois, deux instituteurs, qui avaient ouvert une petite pension, rue Saint-Laurent, durent céder le bail de leur maison à la gendarmerie, sur la réquisition des représentants du peuple Honoré Fleury et Bourdon de l'Oise. La municipalité autorisa successivement le commissaire à faire signifier congé aux locataires du collége, moyennant une indemnité à fixer par experts ; elle y ordonna quelques réparations et abandonna au citoyen Pinot, casernier, la jouissance du jardin dépendant du ci-devant collége, qui fut appelé *Caserne de l'Aumône* (1). Le 5 germinal an VI (1798), l'assemblée primaire se réunit dans le « ci-devant collége », dont les travaux sont achevés, mais ces réparations étaient bien insuffisantes, puisque nous entendrons les mêmes plaintes se renouveler jusqu'à l'abandon définitif de l'établissement.

Malgré les plus graves préoccupations, les difficultés financiéres et politiques, la municipalité nogentaise, momentanément incapable de fournir à l'enseignement une aide matérielle sérieuse, manifesta, en toute occasion, l'intérêt qu'elle portait à l'éducation des enfants. Le 10 germinal an IV (1796), eut lieu à Nogent la *Fête de la Jeunesse* (2) instituée par la loi du 3 brumaire an IV, organisant l'instruction publique. L'administration municipale donna à cette cérémonie une solennité imposante. On avait élevé sur la place du Marché un autel de la patrie, où les vieillards des deux sexes avaient une place d'honneur, ainsi que les défenseurs du pays « qui avaient reçu des blessures honorables. » C'était une sorte de leçon vivante d'instruction civique pour les enfants et les jeunes gens. Le citoyen Lesueur, commissaire du Direc-

----

(1) Le nombre des soldats de passage augmentant toujours, l'assemblée municipale décide, le 23 ventôse an IV, de se servir aussi comme caserne du ci-devant auditoire. Le 23 prairial an V, la question du logement des troupes se pose de nouveau, et un membre de l'assemblée propose que le couvent de Saint-Denis soit transformé en caserne, « vu les difficultés et entraves éprouvées pour le logement des troupes. » On logea, peu après, quelques gendarmes à Saint-Denis.

(2) Il devait être célébré chaque année, dans chaque canton de la République, sept fêtes nationales, savoir : celle de la *Fondation de la République*, le 1er vendémiaire; celle de la *Jeunesse*, le 10 germinal; celle des *Epoux*, le 10 floréal; celle de la *Reconnaissance*, le 10 prairial; celle de l'*Agriculture*, le 10 messidor; celle de la *Liberté*, les 9 et 10 thermidor; celle des *Vieillards*, le 10 fructidor. La célébration des fêtes nationales de canton consistait en chants patriotiques, en discours sur la morale du citoyen, en banquets fraternels, en divers jeux publics, propres à chaque

toire exécutif de la commune, prononça un discours. Nous n'en citerons que le passage où il s'adresse aux adolescents :

« Vous avez été appelés, vous, citoyens de seize ans, pour être inscrits sur le rôle des citoyens faisant le service de la garde nationale ; vous, citoyens de vingt et un ans, pour être inscrits sur le registre des citoyens ayant droit de voter dans les assemblées primaires. Sachez donc, vous, jeunes citoyens de seize ans, qu'une nouvelle carrière s'ouvre devant vous. Jusqu'à ce moment, la Patrie s'est chargée de protéger la faiblesse de votre âge, sans vous imposer aucun devoir. Aujourd'hui que vos forces physiques ont acquis un certain degré de développement, elle vous

---

localité, et dans la distribution des récompenses. Un arrêté du 19 ventôse an IV dit : « La *Fête de la Jeunesse* doit être célébrée dans toute la République *de manière à donner à la jeunesse une grande idée de ses devoirs et à diriger son émulation vers les récompenses décernées par la patrie.* Il est nécessaire, en conséquence, d'y faire entrer : 1° l'armement des jeunes gens qui, parvenus à l'âge de seize ans, doivent, aux termes de la loi du 28 prairial an III, sur la réorganisation de la garde nationale, être inscrits sur le rôle des citoyens faisant le service de la garde nationale; 2° l'inscription des jeunes gens de 21 ans sur le registre des citoyens ayant droit de voter dans les assemblées primaires, conformément à l'article VIII de la Constitution, et la délivrance de la carte civique; 3° enfin les *récompenses nationales* à accorder, en conformité de l'article XI du titre V de la loi du 3 brumaire an IV, *aux élèves qui se sont distingués dans les écoles nationales.* » — Rappelons ici quelques articles du projet de Saint-Just sur l'éducation des enfants : « Les enfants appartiennent à leur mère jusqu'à cinq ans, *si elle les a nourris,* et à la République ensuite jusqu'à la mort. — Celui qui frappe un enfant est banni. — Les garçons sont élevés depuis cinq jusqu'à seize ans par la patrie. — Les enfants, depuis cinq ans jusqu'à dix, apprennent à lire, à écrire et à nager. Ils sont vêtus de toile dans toutes les saisons; ils couchent sur des nattes et dorment huit heures; ils sont nourris en commun et ne vivent que de racines, de fruits, de légumes, de laitage, de pain et d'eau. — L'éducation des enfants, depuis dix jusqu'à seize ans, est militaire et agricole. Ils apprennent les langues depuis seize jusqu'à vingt et un ans. — Les écoles seront dotées avec une partie des biens nationaux. »

met les armes à la main pour concourir à l'affermissement de sa Constitution et au maintien de la propriété et de la sûreté des personnes. Pénétrez-vous donc bien de l'importance de la fonction qui vous est assignée. Mettez-vous bien en garde contre la perfidie de l'ennemi de la République et de la tranquillité. Il ne manquera pas sans doute de masquer sa figure hypocrite ; il couvrira de miel les bords du vase où il vous présentera le poison. Il flattera vos penchants, applaudira à toutes vos actions. C'est à ces traits, citoyens, que vous reconnaîtrez l'ennemi de votre pays. L'homme probe, le vrai républicain ne sait point dissimuler ; ses yeux, son maintien, toute sa personne respire la franchise. Il ne craindra pas de heurter vos inclinations ni de blesser votre amour-propre ; sobre de louanges, il blâmera dans tous tout ce qui lui paraîtra répréhensible. »

Le langage tenu sur la place publique ne ressemblait pas à celui de la plupart des instituteurs et institutrices de Nogent, à en juger par les critiques des enquêteurs municipaux :

« Le 21 frimaire an VI (décembre 1797), l'administration municipale étant informée par le commissaire du Directoire exécutif que tous ceux qui se mêlent d'instruire la jeunesse en cette commune et de tenir maison d'éducation et pensionnaires, loin de se conformer aux règles prescrites par la loi sur l'organisation de l'Instruction publique du 3 brumaire an IV, continuent de les instruire suivant les préceptes du fanatisme et de la superstition, en leur faisant lire des catéchismes, des psautiers, des *Devoirs du chrétien*, la *Vie des Saints* et autres livres prohibés, au lieu de leur faire lire ceux concernant les principes républicains, arrête qu'il sera pris dans son sein deux commissaires, à l'effet de se transporter, conjointement avec le susdit commissaire, chez tous ceux qui se mêlent d'enseigner les dits enfants des deux sexes, d'y voir et vérifier tous les livres qu'ils donnent à lire, tous les exemples sur lesquels ils font écrire les dits enfants..... »

« Le 9 ventôse an VI (février 1798), l'administration municipale, considérant que la génération naissante est l'espoir de la patrie, qu'elle doit défendre un jour de tous les moyens physiques et moraux, qui font la force des républiques; considérant que l'enseignement de la jeunesse en cette commune a toujours été confié à des hommes essentiellement ennemis de la liberté et de l'égalité, et qui entretiennent leurs élèves dans les principes de l'intolérance religieuse et dans l'ignorance absolue des droits et des devoirs du citoyen; considérant que, depuis quelques années surtout, l'instruction publique est entièrement livrée à des mains mercenaires, qui lui donnent une direction tout-à-fait contraire aux intérêts du gouvernement républicain, qui ne peut se soutenir que par les lumières de la morale et de la raison, qui ont créé la liberté; considérant enfin que le jury de l'instruction publique, au lieu de donner à l'enseignement des écoles de la commune une impulsion philosophique et salutaire, capable de renverser l'empire du fanatisme et de déraciner les vieux préjugés de la superstition, est constamment resté dans une apathie coupable à cet égard, que les membres qui le composent ont fomenté, de l'aveu même de quelques instituteurs, l'ancienne routine usitée dans les écoles du fanatisme, pense qu'il est urgent de mettre un terme à des abus si révoltants. »

Le 14 floréal an IV, le jury de l'instruction publique, stimulé par les reproches de la municipalité, fait un long rapport sur les écoles. Nous en citerons quelques passages :

« L'état déplorable des écoles publiques de cette commune tient essentiellement à l'esprit de fanatisme et d'intolérance religieuse, au pédantisme et à la morgue des instituteurs et des institutrices, qu'on dirait n'avoir reçu la mission d'enseigner que de la part des prêtres, pour entretenir la génération naissante dans la stupidité, qui, seule, pouvait assurer leur puissance et pourrait encore leur ménager des espérances, si les républicains composant le jury d'instruction ne se hâtaient d'arracher de leurs mains cette arme redoutable, qui porte la mort dans le corps politique. »

En conséquence, le jury demande la fermeture de l'école des

deux frères Thierry, anciens « frères scholars ou ignorantins »,
qui, secondés par leur sœur, « parlent à leurs élèves le langage
du xiv° siècle. » Après avoir signalé les observations adressées
à d'autres instituteurs et institutrices qui ont promis d'en tenir
compte, le rapport ajoute :

« Enfin, nous avons trouvé l'institution du citoyen Claude
Gannot, maître de pension dans la dite commune, fondée sur le
plan de la meilleure éducation. Cet instituteur ayant chez lui
d'excellents maîtres pour enseigner le dessin, la danse, la musique,
les langues anciennes et les sciences exactes, ne mettant entre
les mains de ses élèves que de très bons livres d'histoire, le *Traité
des études*, par Rollin, tous les auteurs classiques et autres livres
élémentaires de géographie, de mathématiques et de morale, infiniment propres à former des hommes et des républicains instruits,
faisant exactement observer les décadis à ses élèves et ne permet-
tant pas qu'ils se servent à son égard et entre eux d'autre dénomination que de celle de citoyen, enfin, procurant à ses pensionnaires une nourriture saine, abondante et variée, avec la plus
grande propreté, mérite des encouragements de la part des autorités constituées. »

Les visites postérieures, effectuées dans les écoles et relatées
dans de nombreux procès-verbaux, enregistrent en général la
satisfaction des membres du jury d'instruction. Pour encourager
les maîtres, l'assemblée municipale les exempte, le 17 frimaire
an VII (décembre 1798), du service de la garde nationale ; la loi
de l'an IV n'exemptait que les instituteurs publics.

———

AU XIX⁰ SIÈCLE

NOUVELLE ORGANISATION DE L'EN-
SEIGNEMENT. — La situation ne change pas à Nogent
jusqu'en 1802 ; les bâtiments du collége sont occupés depuis
plusieurs années par la municipalité, qui a cédé la mairie au
tribunal, l'ancienne audience n'étant plus suffisamment logeable,
La loi du 11 floréal an X (mai 1802) (1), qui compléte en l'assou-
plissant la loi de l'an IV, va faire renaître le collège.

(1) « L'instruction sera donnée : 1⁰ dans les *écoles primaires*, établies
dans les communes ; 2⁰ dans les *écoles secondaires*, établies par des communes ou tenues par des maîtres particuliers ; 3⁰ dans des *lycées* ou des
écoles spéciales, entretenues aux frais du trésor public. »

Cette loi stipule « que six mille quatre cents élèves pensionnaires seront
entretenus par la nation dans les lycées et dans les écoles spéciales. Sur
ces six mille quatre cents pensionnaires, deux mille quatre cents seront
choisis par le gouvernement parmi les fils de militaires ou de fonctionnaires civils, judiciaires, administratifs ou municipaux, qui auront bien
servi la République..... Ces 2.400 élèves devront avoir au moins neuf ans
et savoir lire et écrire. Les 4.000 autres seront pris dans un nombre double
d'élèves des *écoles secondaires*, qui seront présentés au gouvernement
d'après un examen et un concours. Chaque département fournira un
nombre de ces derniers élèves proportionné à sa population. »

Les traitements des fonctionnaires et des professeurs des lycées furent
fixés de la manière suivante : A Paris, proviseur, 5.000 fr.; censeur, 3.500;
procureur-gérant, 3.000; professeur de 1ʳᵉ classe, 3.000; de seconde,
2.500; de troisième, 2.000; maître d'études, 1.200; maître d'exercices, 900.

Les lycées des départements étaient divisés en trois classes, et les traitements différaient suivant les classes. La 1ʳᵉ classe comprenait les lycées
de Lyon, Bordeaux, Marseille, Rouen, Strasbourg, Bruxelles, Mayence,
Turin. — Les traitements de cette catégorie étaient : proviseur, 4.000;
censeur, 2.500; procureur-gérant, 2.000; professeur de 1ʳᵉ classe, 2.000;
de 2ᵉ classe, 1.800; de 3ᵉ classe, 1.500; maître d'études, 1.000; maître
d'exercices, 800.

La 2ᵉ classe comprenait les lycées de Nantes, Versailles, Nîmes, Mont-

L'ÉCOLE SECONDAIRE. — Le 29 thermidor an X (août 1802), les Maire (1) et adjoints, « considérant que la

---

pellier, Metz, Gand, Douai, Besançon, Angers, Liège, Orléans, Caen, Toulouse, Rennes, Dijon. — Les traitements étaient : proviseur, 3,500 ; censeur, 2.000 ; procureur-gérant, 1.600 ; professeur de 1re classe, 1.800 ; professeur de 2e classe, 1.500 ; professeur de 3e classe, 1.200 ; maître d'études, 800 ; maître d'exercices, 600.

La 3e classe comprenait les lycées d'Amiens, Avignon, Cahors, Reims, Bruges, Bonn, Moulins, Alexandrie, Nancy, Grenoble, Nice, Bourges, Limoges, Rodez, Clermont-Ferrand, Pau, Pontivy, Poitiers. — Les traitements étaient : proviseur, 3.000 ; censeur, 1.500 ; procureur-gérant, 1.400 ; professeur de 1re classe, 1.500 ; professeur de 2e classe, 1.200 ; professeur de 3e classe, 1.000 ; maître d'études, 700 ; maître d'exercices, 500. Les professeurs avaient en outre un supplément de traitement prélevé sur la rétribution des élèves externes. Les proviseurs avaient un supplément prélevé sur les fonds de l'Etat, et variable également.

(Arrêté signé à Boulogne-sur-Mer, le 15 brumaire an XII.) — Le même arrêté fixe à 900 fr. le prix de la pension dans les lycées de Paris, plus 100 fr. de supplément pour frais de livres et dépenses d'études. Dans les autres lycées, le prix de la pension est de 750 fr., à Lyon, Bordeaux, Marseille ; de 650, à Rouen, Strasbourg, Bruxelles, Mayence, Turin, Nantes, Versailles, Nîmes, Montpellier ; de 600 dans les autres lycées. En plus, un supplément de 50 francs.

(1) M. Fauveau, avoué, nommé le 18 floréal an VIII (mai 1800.) — Vinrent ensuite : M. Fergon, propriétaire (9 juin 1810) ; Dugué, avoué (14 septembre 1830) ; Silvy, avoué (16 décembre 1831) ; Lelasseux, banquier (30 juillet 1833) ; Lambert, docteur-médecin (14 octobre 1840) ; Massiot, avoué (10 septembre 1843) ; Doullay, avoué (6 mars 1848) ; Massiot, avoué (4 novembre 1850) ; Œillet des Murs, ancien avocat au conseil d'Etat et à la cour de Cassation (9 août 1860) ; Massiot, avoué (9 septembre 1868) ; Doullay, avoué (14 septembre 1870) ; Lelasseux, colonel en retraite (26 avril 1873) ; Dugué, banquier (1er décembre 1873 ; Lelasseux, colonel en retraite (3 octobre 1877) ; Gouverneur, ancien imprimeur (4 février 1878) ; Bouché, ancien artiste du Grand Opéra (24 avril 1881) ; Gouverneur (30 avril 1882) ; Tournet-Desplantes, docteur-médecin (15 mai 1892) ; Villette-Gaté, industriel (14 octobre 1898). — (Annuaire du département d'Eure-et-Loir (1901), par M. A Ronce.)

population de cette commune et les établissements qui y sont fixés réclament impérieusement la recréation de l'ancien collège de Nogent, que la maison de ce collège, seul monument qui en reste, est encore dans son intégrité, demandent la convocation extraordinaire du Conseil municipal pour délibérer sur l'établissement d'une *école secondaire* en cette ville. » Cette réunion eut lieu le mois suivant, et nous en reproduisons presque en entier le procès-verbal, *charte communale* du nouveau collège :

« Aujourd'hui 13 fructidor, l'an dix de la République française,

« En l'assemblée du Conseil municipal de la ville de Nogent-le-Rotrou, convoqué extraordinairement, le citoyen maire a donné lecture : 1º du titre III de la loi du 11 floréal an X sur l'instruction publique, portant :

Article 6. — Toute école établie par les communes ou tenue par les particuliers, dans laquelle on enseignera les langues latine et française, les premiers principes de la géographie, de l'histoire et des mathématiques, sera considérée comme *école secondaire*,

Article 7. — Le gouvernement encouragera l'établissement des *écoles secondaires* et récompensera la bonne instruction qui y sera donnée, soit par la concession d'un local, soit par la distribution de places gratuites dans les lycées à ceux des élèves de chaque département qui se seront le plus distingués, et par des gratifications accordées aux cinquante maîtres de ces écoles qui auront le plus d'élèves admis aux lycées.

Article 8. — Il ne pourra être établi d'*écoles secondaires* sans l'autorisation du gouvernement. Les *écoles secondaires*, ainsi que toutes les écoles particulières dont l'enseignement sera supérieur à celui des écoles primaires, seront placées sous la surveillance et inspection particulière des préfets.

2º De l'article V de l'arrêté des Consuls, du 4 messidor dernier, qui ordonne la formation d'un état des écoles de chaque département, susceptibles d'être considérées comme *secondaires,* ainsi conçu :

« Les communes ou les instituteurs particuliers, qui voudront établir des *écoles secondaires*, présenteront leur demande au sous-préfet de l'arrondissement, qui donnera son avis : 1° sur la capacité et le moral des personnes proposées, soit pour la direction et manutention, soit pour l'enseignement ; 2° sur les inconvénients et les avantages de l'établissement proposé ; et adressera le tout au préfet qui le transmettra, avec son propre avis, au conseiller d'Etat chargé de l'instruction publique, pour être soumis à l'approbation du gouvernement.

« Et a, le citoyen maire, invité le Conseil municipal à délibérer sur l'établissement proposé.

« Le Conseil municipal, considérant que la ville de Nogent-le-Rotrou renferme une population d'environ sept mille âmes ; qu'elle est le siège de différents établissements publics ; qu'elle jouissait sous l'ancien régime d'un collège assez considérable ; que ce collège était dirigé par un principal et quatre professeurs ; que l'on y enseignait les langues latine et française et l'histoire ; qu'on y donnait même des leçons d'éloquence et de littérature ; que ce collège a procuré différents sujets, qui se sont distingués dans l'état ecclésiastique et dans le barreau ; que la privation de cet établissement n'est due qu'à l'aliénation des biens immeubles, qui formaient sa dotation, et au remboursement des différentes rentes dont il était créancier sur plusieurs particuliers ; que ses revenus s'élevaient à environ trois mille francs, compris les secours de l'ancien évêque de Chartres ; qu'il ne reste plus de tous les biens dépendants de cet établissement *que la maison occupée aujourd'hui par cette municipalité ;*

« Considérant que le gouvernement actuel, par une administration sage et éclairée, et particulièrement par le nouveau système des impôts indirects, procure aux villes le moyen d'établir de nouveaux collèges ; que l'avantage qui doit inévitablement résulter de ces établissements est trop vivement senti pour n'être pas réclamé par tous les moyens possibles ;

« Considérant en outre que la formation d'une *école secondaire* à Nogent-le-Rotrou est favorisée : 1° par l'existence de l'ancienne maison du collège ; *qui offre toutes les commodités et toutes les convenances possibles d'éducation* (1) ; 2° par les ressources qui résultent du produit de l'octroi ; que cet impôt ne peut recevoir une application plus juste et plus utile ;

« Considérant enfin qu'il n'existe aucun collège dans l'arrondissement de Nogent-le-Rotrou, à plus de dix lieues de loin ; que la suppression du ci-devant collège de Thiron, opérée en 1793, a tari dans la contrée toute espèce de ressources pour l'éducation ; que, par conséquent, une *école secondaire*, établie à Nogent-le-Rotrou, sera centralement placée et y attirera un concours prodigieux d'élèves des communes et villes voisines ;

« Arrête les dispositions suivantes :

ARTICLE I. — Il sera établi dans la ville de Nogent-le-Rotrou une *école secondaire*, au compte de cette ville.

ARTICLE II. — Le citoyen Édouard de Mondésir (2), ancien professeur de rhétorique, dont les connaissances et la capacité dans l'enseignement public sont suffisamment attestées par les succès qu'il a obtenus dans cette partie, est désigné au gouvernement pour diriger cette école.

ARTICLE III. — Il sera accordé à ce directeur trois mille francs pour subvenir à tous les frais de cet établissement, même aux appointements des professeurs qu'il présentera au choix des autorités compétentes.

ARTICLE IV. — Cette somme sera mise sur le produit de l'octroi

---

(1) On sait ce qu'il faut penser de cette appréciation optimiste, contredite d'ailleurs par la fin du procès-verbal.

(2) Pierron de Mondésir (Jean-Thomas-Michel-Edouard), né à Nogent-le-Rotrou en 1770, « de sieur Jean-Marie Pierron de Mondésir, receveur du roy pour la partie des aydes de la régie de Nogent-le-Rotrou, et de damoiselle Jeanne Robbé, son épouse », partit en Amérique en 1791, fit la traversée avec Chateaubriand et Mgr Caroll, évêque de Baltimore, dont il devint le secrétaire, et fut ordonné prêtre à Baltimore. Rentré en France en 1802, il dirige le collège de Nogent, puis le lycée de Moulins. Il revient en 1822 dans l'Eure-et-Loir comme curé du Coudray, près Chartres, se retire à Chartres en 1838 et y meurt en 1844. C'était un homme distingué, instruit et généreux.

de cette ville, ainsi que celle de *cent* francs, destinée à la distribution des prix, qui devront être décernés aux élèves qui se seront distingués dans le cours de l'année.

. ARTICLE V. — Le directeur sera tenu d'enseigner les langues latine et française, les premiers principes de la géographie, de l'histoire et des mathématiques, depuis le 1er octobre jusqu'au dernier août.

ARTICLE VI. — Il ne pourra exiger de chaque élève externe qu'une rétribution de vingt francs par an, payable par semestre et d'avance.

ARTICLE VII. — Il tiendra un pensionnat, si bon lui semble, et traitera de gré à gré avec les parents des élèves dont le moral et le physique lui seront confiés.

ARTICLE VIII. — Cette *école secondaire* occupera la maison du ci-devant collège, que le gouvernement est invité à céder en faveur de cet établissement.

ARTICLE IX. — La municipalité tiendra ses séances dans l'ancienne maison commune, qui appartient aux habitants de cette ville, et qui se trouve occupée en ce moment par le tribunal de première instance de l'arrondissement communal du dit Nogent.

ARTICLE X. — Afin que le tribunal soit pourvu d'un emplacement convenable, le Maire demeure autorisé à louer au citoyen sous-préfet, pour dix-huit ans, les halles et l'ancien auditoire, qui se trouve placé sur celles-ci, le tout appartenant à la nation, comme représentant l'émigré d'Orçay, et à y faire les distributions nécessaires pour y placer le tribunal d'une manière utile, commode et décente.

ARTICLE XI. — Le Maire est également autorisé à louer une maison pour y tenir ses séances, en attendant l'exécution des travaux indispensables à l'emplacement du tribunal dans l'ancien auditoire du ci-devant bailliage.

ARTICLE XII. — Le gouvernement est invité à abandonner la propriété et jouissance de la *métairie des Groies*, située commune de Coutretôt, dépendant des ci-devant écoles chrétiennes de la ville, dont les revenus s'élèvent à environ 400 francs et se perçoivent par un receveur de domaines, afin de subvenir aux réparations de la dite maison. ci-devant collège, qui seront pendant longtemps très dispend.·· ses, ainsi qu'aux dépenses imprévues de cet établissement. » (1)

Il fallut près d'un an pour obtenir satisfaction, mais M. de Mondésir entra en fonctions dès le 1ᵉʳ brumaire de l'an XI (23 octobre 1802). Un arrêté des Consuls du 20 ventôse an XI (mars 1803) autorisa la commune de Nogent-le-Rotrou à établir une *école secondaire* dans le local de l'ancien collège concédé à cet effet, à la charge par la dite commune de remplir les conditions prescrites par l'arrêté du 30 frimaire an XI.

Dans la séance du 23 germinal an XI (avril 1803), le Maire invita le Conseil à désigner : 1° le Directeur ; 2° les Professeurs de l'école secondaire.

« Le Conseil, après avoir mûrement délibéré, et conformé-

---

(1) Il n'est pas question, dans l'inventaire de 1769, du mobilier des classes du collège Florent Buguet. Ce mobilier scolaire devait être, comme le reste (voir p. 38), réduit à l'indispensable : des tables et des bancs. Il est question en 1812 « des anciennes *bancelles* des classes du collège, peu solides et trop basses, forçant les élèves à écrire dans une attitude gênante », et ces bancelles étaient sans doute, avec quelques tables, ce qui restait du mobilier de l'ancien collège, relégué dans un grenier, après la fermeture de l'établissement. Peut-être en avait-on vendu la meilleure partie, lorsque l'État avait réuni au Domaine les biens des maisons d'éducation. — Le 1ᵉʳ floréal an XI (avril 1803), le Conseil décide, sur la demande du directeur de l'école secondaire, que le mobilier, acquis par ce dernier, sera payé par la ville. La somme se monte à 913 francs. — En 1808, 500 francs sont votés pour le transport des meubles de l'école secondaire dans le nouveau collège, pour l'acquisition de *bancs*, *tables*, poêles et autres objets. — En 1812, il est encore soldé 432 francs pour les tables et bancs du collège. Quant aux chaires des professeurs, il est à peu près certain que l'ancien collège n'en possédait pas ; c'est en 1813 seulement que le Conseil vote 200 francs pour cette acquisition.

ment à l'article 7 de l'arrêté des Consuls du 30 frimaire dernier, propose au gouvernement : 1° pour directeur de *l'école secondaire* de la ville de Nogent-le-Rotrou, le citoyen Edouard de Mondésir, ancien professeur du collège de Baltimore ; 2° pour professeurs, les citoyens Charles Dumon, professeur de mathématiques, ayant ense:gné plusieurs années en Amérique, et François-Marie Cassanet, professeur de latin, ayant enseigné dans l'école secondaire du citoyen Chené, à Rouen.

« Le Conseil déclare que les trois candidats ci-dessus réunissent à la moralité la plus pure les talents et les connaissances nécessaires pour l'instruction, et l'attachement bien prononcé aux principes du gouvernement actuel. »

La nomination du directeur et des professeurs fut confirmée le 21 floréal an XI (mai 1803), par le ministre de l'Intérieur (1).

PREMIÈRE DISTRIBUTION DES PRIX.

— La première distribution solennelle des prix de *l'école secondaire* eut lieu fin août 1803, dans la salle de l'ancien Auditoire (2).

---

(1) Rappelons que la loi du 10 vendémiaire an IV (octobre 1795) avait créé six ministères : 1° *Justice ;* 2° *Intérieur ;* 3° *Finances ;* 4° *Guerre ;* 5° *Marine ;* 6° *Relations extérieures.* — L'INSTRUCTION PUBLIQUE, les musées et autres collections nationales, les écoles, les fêtes nationales rentraient dans les attributions du MINISTÈRE DE L'INTÉRIEUR. Le 26 nivôse an IV (janvier 1796), on créa un septième ministère, sous le nom de *Police générale de la République.* LE MINISTÈRE DE L'INSTRUCTION PUBLIQUE NE FUT CRÉÉ QU'EN 1824. Avant l'institution du *grand-maître* de l'Université (1808), un conseiller d'État dirigeait l'Instruction publique. Par arrêté du 27 fructidor an X (1802, le citoyen Fourcroy, conseiller d'État, est chargé de l'instruction publique en remplacement du citoyen Rœderer.

(2) La distribution des prix eut lieu dans la grande salle de l'ancienne Audience, mairie actuelle, jusqu'en 1809 ; en 1810, les prix furent donnés dans la salle du tribunal ; en 1811, pour la première fois, la distribution se fit dans la cour de la *caserne Saint-Denis* (appelée aujourd'hui l'abside) ; M. Fergon, adjoint, présida. Ensuite, la cérémonie eut lieu

Elle fut suivie d'un rapport du sous-préfet (1) au préfet d'Eure-et-Loir :

> « Nogent-le-Rotrou, le 7 fructidor, an XI de la République.

> « Citoyen Préfet,

« J'ai l'honneur de vous adresser le procès-verbal de la distribution des prix qui vient de se faire. Vos vues ont été parfaitement remplies ; elle a été accompagnée de toute la pompe que comporte la localité, et les habitants s'y sont portés en foule. Plusieurs discours très intéressants y ont été prononcés, parmi lesquels on a remarqué celui du citoyen Anthoine, supérieurement fait, et celui du maire.

« Cette distribution avait été précédée d'examens pendant six jours entiers et consécutifs, auxquels tous les gens instruits

dans la grande salle d'étude du collège (à présent convertie en dortoir, en face de la salle de théâtre) ; depuis 1875, l'abside vénérable voit de nouveau couronner les jeunes lauréats. — Les grandes vacances ne duraient alors qu'un mois ; vers 1815, elles commencèrent un peu plus tôt, du 15 au 20 août.

(1) M. Rocquain-Devienne (nommé le 14 germinal an VIII). — Vinrent ensuite : MM. Rouillé d'Orfeuil (8 fructidor an XI) ; Saillard (24 janvier 1814) ; Legendre (25 mai 1815) ; Saillard (rappelé le 2 août 1815) ; Tochon de Marollier (16 avril 1817) ; Dutens (23 septembre 1830) ; Desvarannes (1er février 1833) ; Moreau-Christophe (3 novembre 1833) ; de Vallée (21 novembre 1837) : Morin (A.-S.) (5 mars 1848) ; Denis-Lagarde (29 septembre 1849) ; de Vallée (rappelé le 9 mai 1852) ; du Bouillon (16 mars 1853); de Butler (18 mai 1861) ; Bernard (16 mars 1870) ; Baudelocque (12 avril 1870) ; Herbault (5 septembre 1870); Le Jouteux (?5 juillet 1871); Quantin-Buffard (24 janvier 1872) ; du Bourdieu (15 février 1873) ; Albier (15 octobre 1875) ; Chadenier (21 février 1877) ; Doncœur (24 mai 1877) ; Chadenier (rappelé le 30 décembre 1877) ; Boudet (28 février 1882) ; Ferré (29 novembre 1883) ; Daubian-Delisle (21 août 1885); Bernard (25 mai 1889); Audigier (10 avril 1893) ; Régnier (31 mars 1899). — (Annuaire départemental de 1900 par M. A. Ronce.)

se sont fait un devoir d'assister régulièrement. Les TRENTE-SIX élèves qui composent cette école ont tous été scrupuleusement examinés ; tous ont satisfait, et les trois quarts ont brillé. Tous ont déployé une intelligence et une instruction à laquelle on n'avait pas le droit de s'attendre, vu l'époque de l'établissement. Tous ont apporté une aisance qu'on ne rencontre point en pareil cas chez les écoliers. Enfin, la vérité est *qu'il est impossible de trouver des enfants mieux instruits* (1).

« Nogent est dans l'enchantement. Voilà, citoyen Préfet, la promesse que j'ai eu l'honneur de vous faire, remplie.

« Ce succès, vraiment extraordinaire, est le seul prix digne de la protection particulière dont vous honorez cette école.

« Vous avez fait un bien immense qui se prolongera dans l'avenir.

« Salut et respect. — ROCQUAIN. »

Parmi les noms qui figurent au palmarès de cette année 1803, nous avons relevé ceux de *Charles Mervé* et de *Philibert Carpentin*, de Nogent, lauréats pour la *Version française* ; ceux de *Charles Mervé*, de *Félix Mondésir*, de *Jacques Torsay*, de Nogent, de *Gabriel Guillier*, de Souancé, pour la *Version latine.*

Le prix d'excellence, attribué à l'élève « qui s'est le plus distingué aux compositions pendant tout le cours de l'année », fut décerné à l'élève de seconde, *Alexandre Giroust* (2), de Nogent.

Le succès de l'*école secondaire* fut tel que les locaux devinrent vite insuffisants (3), et, sur la demande du bureau d'administration,

---

(1) Souligné sur l'original.

(2) Né à Nogent, le 9 novembre 1790, décédé en Russie pendant la campagne de 1812. Alexandre Giroust était le fils unique du conventionnel Giroust.

(3) « L'école secondaire de Nogent-le-Rotrou soutient la juste réputation qu'elle s'est acquise, et cet établissement mérite les plus grands éloges. » (Registre du Conseil général du département. — An XIII.)

le Conseil municipal décida, le 18 germinal an XII, la construction d'un nouveau bâtiment, qui devait comprendre les classes, une salle d'étude et un dortoir. Les dépenses étaient évaluées à quatorze mille francs.

Un an et demi avant cette délibération, qui, nous le verrons plus loin, resta sans résultats, le gouvernement, préoccupé à juste titre de réorganiser l'enseignement *secondaire,* avait pris un arrêté, le 30 frimaire an XI, relatif aux concessions des locaux destinés à l'établissement des *écoles secondaires,* à la surveillance de ces écoles et au paiement des frais d'instruction.

« Les Consuls de la République, sur le rapport du ministre de l'Intérieur, le Conseil d'État entendu, arrêtent :

ARTICLE PREMIER. — Pour parvenir à obtenir régulièrement la concession des locaux promis aux communes et aux instituteurs particuliers par l'article VII du 11 floréal an X, les communes et les instituteurs justifieront, par des certificats des directeurs de l'enregistrement, que les locaux, dont ils demanderont la jouissance pour l'établissement des *écoles secondaires,* ne font point partie des domaines nationaux définitivement réservés à un autre service public, en vertu d'une décision formelle et spéciale du Gouvernement.

II. — Les bâtiments invendus qui ont servi à l'usage des collèges ou de tous autres établissements d'instruction publique, et qui ne seront point compris dans l'exception indiquée à l'article ci-dessus, seront, de préférence, concédés aux *écoles secondaires; les autres domaines nationaux disponibles ne seront concédés que subsidiairement, et à défaut de biens collégiaux* (1).

---

(1) Malgré cet article, Nogent obtiendra en 1806 la concession des biens nationaux provenant de l'abbaye de Saint-Denis, et la ville bénéficiera en outre de la vente des *biens collégiaux.*

III. — Il sera dressé par le directeur des domaines un état des domaines mentionnés dans l'article précédent, ainsi que des revenus qu'ils produisent ; cet état, certifié véritable par le sous-préfet de l'arrondissement et le préfet du département, sera transmis au ministre de l'Intérieur, qui proposera ses vues au Gouvernement sur la meilleure destination et l'emploi le plus utile des biens et revenus.

IV. — Les communes ou les instituteurs particuliers dont les écoles seront érigées en *écoles secondaires*, et auxquels il sera fait concession d'un local, en jouiront pendant tout le temps que l'établissement sera jugé digne d'être maintenu école secondaire ; ils seront tenus de mettre le bâtiment en état, de le réparer et de l'entretenir.

« Ces frais, ainsi que ceux de premier établissement, seront à la charge personnelle des particuliers qui auront formé ces établissements (1).

« Quant aux *écoles secondaires* fondées par les communes, les

---

(1) Citons les *écoles secondaires* particulières du citoyen Leveau, à Châteaudun ; du citoyen Jourdain, à Châteaudun ; du citoyen Vivier, à Brou ; du citoyen Debancour, à La Loupe. (Arrêté du 5 frimaire an XI.) En 1804, il y avait déjà 46 lycées, 378 écoles secondaires et 371 pensions particulières. — Outre le collège, Nogent possède, de 1806 à 1820, un pensionnat particulier, celui du citoyen Rocton, qui « envoie ses élèves au collège, leur sert de répétiteur et enseigne les principes de la morale. » En 1807, ce pensionnat a onze pensionnaires et deux demi-pensionnaires. — Déjà en 1780, M. Billard, professeur libre, « répète les élèves qui vont au collège (de Nogent). Il enseigne en outre l'écriture, la géographie, la musique vocale et instrumentale, sous forme de récréation. La propreté et la bonne nourriture sont deux principaux objets de son attention. » — « Dans les villes qui possèdent un lycée ou collège, les pensions ne pourront que répéter les leçons du lycée ou du collège, jusqu'aux classes de grammaire et aux éléments de l'arithmétique et de la géométrie inclusivement. Elles devront envoyer leurs enfants au lycée ou au collège. » (Décret du 9 novembre 1811.)

mêmes frais pourront être acquittés, soit par le produit d'une souscription volontaire, soit sur les bénéfices des pensions et rétributions payées par les élèves, soit enfin sur les revenus libres de la commune.

V. — Tous les frais d'instruction des *écoles secondaires* établies par les communes seront prélevés sur le prix des pensions et rétributions des élèves, pensionnaires et externes ; en cas d'insuffisance, il pourra être fait, chaque année, sur les revenus libres des communes, un fonds qui sera spécialement employé à augmenter le traitement des professeurs qui n'auraient pas été convenablement rétribués.

VI. — Les maires auront la surveillance générale des *écoles secondaires*, sous l'autorité du sous-préfet et du préfet.

« Ils veilleront particulièrement : 1° à ce que l'enseignement donné dans les dites écoles comprenne au moins tous les objets prescrits par l'article VI de la loi du 11 floréal an X ;

« 2° A ce qu'il n'y ait jamais moins de trois professeurs dans chaque école, y compris le directeur, qui pourra faire lui-même les fonctions de professeur ;

« 3° A ce que le mode d'enseignement et le règlement relatif à la discipline de l'école s'accordent, autant qu'il sera possible, avec le mode d'enseignement et le règlement de discipline des lycées.

VII. — Les recettes et dépenses des *écoles secondaires* communales seront administrées, comme les autres dépenses et revenus des communes, par les maires et les conseils municipaux des lieux où seront ces établissements.

« Les règlements, ainsi que la nomination des chefs et professeurs de ces écoles, seront soumis à l'approbation du ministre de l'Intérieur. »

Voici maintenant un document postérieur, beaucoup plus

intéressant. C'est le règlement des *écoles secondaires* elles-mêmes :

> « Saint-Cloud, le 19 vendémiaire an XII de la République.

« Le Gouvernement de la République, sur le rapport du ministre de l'Intérieur, le Conseil d'Etat entendu, arrête ce qui suit :

ADMINISTRATION

« ARTICLE PREMIER. — Il y aura dans chaque ville, où il sera établi une école secondaire communale, un bureau d'administration de cette école.

« Ce bureau sera composé du sous-préfet, du maire, du commissaire du Gouvernement près le tribunal d'arrondissement s'il y en a un, de deux membres du Conseil municipal, du juge de paix de l'arrondissement et du directeur.

II. — Ce bureau remplira ses fonctions gratuitement. Il s'assemblera tous les mois, et plus souvent s'il le juge convenable.

III. — Il exercera sa surveillance sur toutes les parties de l'école.

IV. — La première nomination du directeur et des professeurs des écoles à établir se fera de la manière suivante :

« Le bureau présentera au ministre de l'Intérieur deux sujets pour chaque place.

« Cette présentation sera transmise par le sous-préfet, avec son avis, au préfet du département, qui donnera en même temps son avis sur les deux sujets, et le ministre nommera l'un d'eux.

V. — Les écoles une fois organisées, lorsqu'une place de directeur ou de professeur vaquera, le bureau d'administration présentera deux sujets ; et le ministre de l'Intérieur, sur l'avis du sous-préfet et du préfet, nommera l'un des deux candidats.

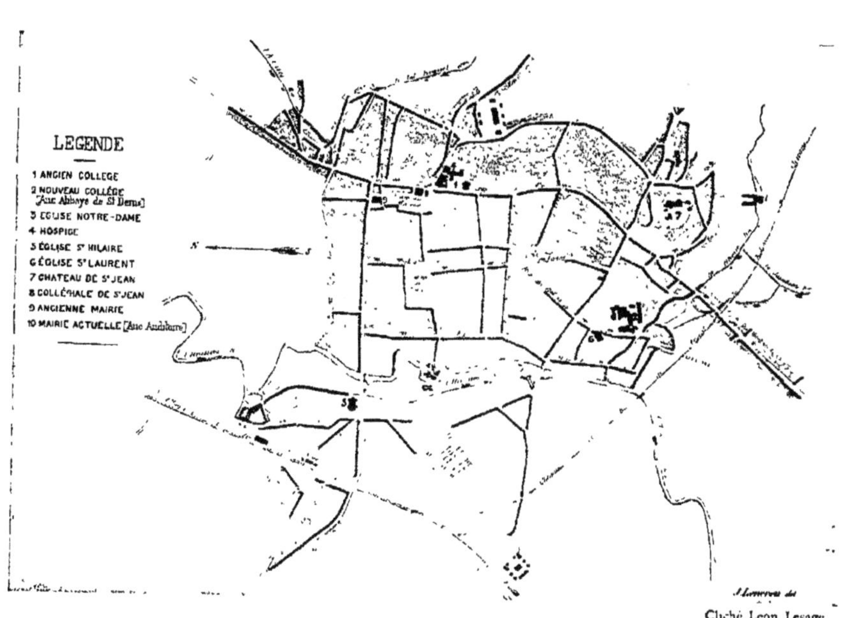

Plan de NOGENT-LE-ROTROU (1906).

Cliché Léon Lesage.

VI. — Le sous-préfet, et à son défaut le maire, sera le président du bureau d'administration ; les autres membres rempliront tour à tour les fonctions de vice-président et de secrétaire, de trois mois en trois mois.

VII. — Il y aura un registre coté et paraphé par le président, sur lequel seront transcrites toutes les délibérations du bureau.

« En cas de partage d'opinions, la voix du président sera prépondérante (1).

---

(1) On remarquera l'étendue des attributions accordées au bureau d'administration, dont l'importance, déjà grande avant la Révolution, ira en diminuant dans le cours du xix⁰ siècle. — Sous l'ancien régime, l'édit de 1763 avait décrété un *règlement pour les collèges ne dépendant pas des Universités* : « ... Comme les écoles des Universités, fixées dans un certain nombre de villes, ne pouvaient servir qu'à ceux qui étaient en état de les fréquenter, la jeunesse se trouvait privée partout ailleurs du secours et des avantages de l'éducation publique. Pour y remédier, la plupart des villes ont obtenu l'établissement de collèges particuliers. Tout a concouru à la dotation de ces collèges : le clergé, à celle de la plupart, par l'application des prébendes préceptoriales et par *l'union des bénéfices ecclésiastiques* (ce fut le cas à Nogent en 1674) ; les corps municipaux, par les engagements à en soutenir les charges ; les particuliers, par leurs dons et leurs libéralités ; les rois même, par leurs grâces et leurs bienfaits... » L'édit crée un BUREAU D'ADMINISTRATION pour chaque collège, excepté « pour ceux des congrégations régulières ou séculières. » Ce bureau « composé de divers ordres de personnes, soit du clergé, soit des officiers de justice, soit du corps municipal et des notables habitants du lieu » devait rendre « un compte exact de l'établissement des collèges, de leur situation » et veiller aux biens, aux revenus, « au choix des sujets pour les places à remplir, à la discipline pour les études et pour les mœurs... » — Ces attributions furent en partie conservées par la loi du 11 floréal an X et le décret du 14 juin 1809. Les dispositions de la loi et du décret, tombées peu à peu en désuétude, furent modifiées par le décret du 20 janvier 1886.

Chaque collège communal est pourvu d'un bureau d'administration composé de quatre membres de droit : l'inspecteur d'Académie, président ; le préfet ou le sous-préfet ; le maire ; le principal ; quatre autres membres sont nommés pour trois ans par le ministre, sur la présentation

DISPOSITIONS GÉNÉRALES

VIII. — L'instruction dans les écoles communales secondaires sera donnée à des élèves pensionnaires et à des élèves externes.

IX. — En conséquence, il pourra y avoir, près chaque école secondaire, un pensionnat qui sera établi dans les bâtiments de l'école.

« Ce pensionnat sera au compte du directeur, avec qui il sera fait des conventions par le bureau d'administration.

X. — Le prix de la pension des élèves sera fixé par le bureau d'administration, ainsi que la rétribution que devront payer les externes.

XI. — Il y aura des places gratuites dans les écoles secondaires communales.

XII. — Les jeunes gens qui jouiront de ces places seront entretenus aux frais du directeur, sur le bénéfice des pensionnats.

XIII. -- Il y aura une place par vingt-cinq élèves pensionnaires. Ces places seront données à des élèves qui auront obtenu le plus de succès et qui se seront fait remarquer par une bonne conduite, ou à des fils de militaires ou de fonctionnaires publics civils, judiciaires, administratifs ou municipaux, habitants des communes où seront établies les écoles.

---

du recteur, après avis du préfet. Deux de ces membres sont choisis parmi les conseillers municipaux de la ville.

Le bureau d'administration se réunit une fois par trimestre, surveille et contrôle l'administration matérielle des collèges, le service économique, l'hygiène, la nourriture ; il donne son avis sur les dépenses du mobilier, les travaux de construction, la création de nouvelles chaires. Il examine les projets de budget, et le compte administratif des recettes et des dépenses lui est soumis chaque année. Les délibérations du bureau doivent être approuvées par le ministre...

« Les questions d'études, de discipline intérieure et de personnel ne rentrent pas dans les attributions du bureau d'administration... »

XIV. — Les élèves gratuits seront nommés par le ministre de l'Intérieur, sur une présentation double, qui sera faite par le bureau d'administration et transmise par le préfet du département, avec son avis et celui du sous-préfet.

XV. — Les classes vaqueront un jour par semaine, qui pourra, sur l'arrêté du bureau d'administration, être partagé en deux demi-jours.

XVI. — Les vacances auront lieu depuis le 15 fructidor jusqu'au 15 vendémiaire suivant (1).

XVII. — Les professeurs des écoles secondaires communales porteront, dans leurs fonctions et dans les cérémonies publiques, habit français complet noir, chapeau français (2).

« Le directeur aura de plus une broderie noire en soie au collet (3).

DIRECTEUR ET PROFESSEURS

XVIII. — Le directeur sera le chef de l'école. Il surveillera toutes les parties de l'enseignement et assurera l'exécution des règlements.

XIX. — Il rendra compte tous les mois au bureau d'administration de l'état de l'école.

XX. — Les professeurs seront chargés de l'instruction des élèves pendant les classes.

------

(1) Du 1er septembre au 1er octobre.

(2) Le chapeau français était le chapeau haut de forme.

(3) Dans les lycées, les trois membres du conseil d'administration portaient l'habit français complet noir, manteau noir jeté en arrière, avec collet et bordure de soie verte, cravate pendante en batiste blanche, chapeau français.

Le proviseur avait de plus une broderie noire au collet et à la bordure de son manteau. Les professeurs portaient le même habit, manteau noir, avec un collet vert sans broderie ; cravate et chapeau pareils à ceux des membres du conseil d'administration. Les maîtres d'étude devaient être vêtus en noir. (Arrêté du 5 brumaire an XI.)

XXI. — Ils donneront l'exemple de l'exactitude à se rendre aux classes aux heures prescrites.

« Ils ne pourront se faire remplacer que dans les cas de maladie, et après en avoir prévenu le directeur, qui fera ou approuvera le choix du remplaçant.

XXII. — Ils enseigneront les parties pour lesquelles ils seront engagés, conformément au présent réglement.

XXIII. — Ils mettront entre les mains de leurs élèves les ouvrages adoptés pour les lycées.

ENSEIGNEMENT

XXIV. — Aux termes de l'article VI de la loi du 11 floréal an X, l'instruction, dans les écoles secondaires établies par les communes, aura pour objet les langues latine et française, la géographie, l'histoire et les mathématiques.

XXV. — L'enseignement des langues latine et française, de la géographie et de l'histoire, se divisera en six classes dénommées ainsi qu'il suit : 6ᵉ, 5ᵉ, 4ᵉ, 3ᵉ, 2ᵉ et 1ʳᵉ (1).

« Il en sera de même pour les mathématiques.

XXVI. — Les élèves feront deux classes par an.

XXVII. — En conséquence, il y aura, chaque année, deux examens, l'un au 15 fructidor, et l'autre au 1ᵉʳ germinal.

« Les élèves qui n'auront pas les connaissances suffisantes pour passer à une classe supérieure resteront dans la même classe.

« Les examens seront faits par le directeur et le professeur de la classe pour laquelle les élèves se présenteront.

« Si le directeur est en même temps professeur, il s'adjoindra

---

(1) On est revenu récemment à cette dénomination de *première*, qui remplace l'ancienne rhétorique.

un autre professeur pour l'examen des élèves qui se présenteront à sa classe.

XXVIII. — Chaque professeur fera deux classes par jour, une le matin et une le soir.

XXIX. — Dans les écoles où, conformément à l'article VII de l'arrêté du 30 frimaire an XI, il n'y aura que trois professeurs, deux seront pour les langues latine et française, la géographie et l'histoire, et le troisième pour les mathématiques.

« Le premier professeur fera les sixième et cinquième classes.

« Dans la sixième, on enseignera les éléments de la grammaire latine et française ; on commencera à expliquer les auteurs latins les plus faciles, et on montrera à chiffrer.

« Dans la cinquième, on continuera l'explication des auteurs latins et français ; on y joindra la lecture de quelques auteurs français les plus à la portée des jeunes gens, et analogues aux auteurs latins qu'on aura mis entre leurs mains ; on leur fera apprendre par cœur les morceaux les plus intéressants ; on exercera les élèves à pratiquer les quatre règles de l'arithmétique sur les nombres entiers seulement.

« Le deuxième professeur fera les quatrième et troisième classes.

« Dans la quatrième, on continuera l'étude des langues latine et française et de l'arithmétique, et on enseignera les éléments de la géographie.

« Dans la troisième, on expliquera les poètes latins les plus faciles à traduire, et on ne lira ou apprendra que les poètes français du même genre ; on donnera en outre les éléments de la chronologie et de l'histoire ;

« Le troisième professeur fera les cinquième et sixième classes de mathématiques ;

« Dans la sixièm , on enseignera l'arithmétique jusqu'aux fractions décimales exclusivement et les éléments de l'histoire naturelle.

« Dans la cinquième, le reste de l'arithmétique, les premiers éléments de physique, et quelques propositions de géométrie, nécessaires pour la pratique des opérations les plus faciles du toisé et de l'arpentage.

« Dans les écoles où il y aura quatre professeurs, le quatrième continuera l'enseignement du latin et du français ; il fera en conséquence les deuxième et première classes.

« Dans la deuxième, on poursuivra l'étude des langues latine et française ; on développera la géographie ; on enseignera l'histoire avec plus de détails, jusqu'à la fondation de l'empire français ; on traitera de la mythologie et de la croyance des différents peuples dans les différents âges du monde.

« Dans la première, on complétera l'étude du latin et de la géographie ; on enseignera l'histoire de France ; on y joindra une idée succincte des divers genres de compositions littéraires.

« Dans les écoles où il y aura cinq professeurs (1), le cinquième fera les quatrième et troisième classes de mathématiques.

« Dans la quatrième, on enseignera la première partie des éléments de géométrie et d'astronomie ; dans la troisième, la seconde partie des éléments de géométrie et d'astronomie ; on y joindra les premiers principes de la statique et la description succincte des machines simples.

---

(1) De 1803 à 1805, il y eut au collège (l'*école secondaire* était le collège sans en porter le nom) *trois* professeurs, y compris le principal ; en 1806, *cinq*, toujours y compris le principal ; de nouveau *trois* en 1807 et 1808 ; *cinq* en 1811. De 1820 à 1847, on compte en moyenne *six* professeurs. De 1846 à 1861, M. Paraingaux, principal, ne fait plus de classe. De 1861 à 1872, M. Poirel, principal, occupe une chaire (rhétorique et seconde) ; M. Prieur, son successeur, reste en même temps professeur pendant quatre ans (1872-76) ; puis il se renferme uniquement dans ses fonctions de principal, ainsi que M. Debrée et, plus tard, M. Peschet. Ce dernier est professeur de philosophie de 1885 à 1890. Ensuite, MM. Klein et Mussot sont en même temps principaux et professeurs.

« Dans les écoles où il se trouvera six professeurs, il y aura un professeur de belles-lettres latines et françaises, qui fera deux classes par jour.

« Chaque classe durera un an, de manière qu'en deux ans le cours des belles-lettres latines et françaises soit terminé.

« S'il y a sept professeurs, le septième fera les deuxième et première classes de mathématiques.

« Dans la deuxième, on enseignera les éléments d'algèbre et ceux de chimie.

« Dans la première, la trigonométrie, l'application de l'algèbre à la géométrie, les éléments de minéralogie ; on y joindra les principes généraux de physique, de l'équilibre des fluides, et quelques notions d'électricité et de magnétisme.

« S'il y a huit professeurs, l'enseignement sera en tout semblable à celui des lycées.

XXX. — Pour exercer la mémoire des élèves, on leur fera apprendre par cœur les plus beaux morceaux des auteurs latins et français qu'ils auront lus ou expliqués.

XXXI. — Il pourra y avoir, dans les écoles secondaires communales, des maîtres de langues étrangères, de dessin et d'arts d'agrément, quand le bureau d'administration le jugera convenable et possible.

ÉLÈVES PENSIONNAIRES

XXXII. — Les élèves pensionnaires porteront un habit ou une redingote de drap vert, doublés de même couleur, collet et parements couleur ponceau, chapeau rond jusqu'à quatorze ans, chapeau français après cet âge ; boutons blancs, en entier de métal, portant les mots *École secondaire* au milieu, et autour, en légende, le nom du lieu où sera l'école (1).

____

(1) Les élèves des lycées portaient l'habit, la veste et la culotte bleus, avec collets et parements bleu céleste, le chapeau rond jusqu'à quatorze

COMMUNICATION DES ÉLÈVES AVEC LE DEHORS

XXXIII. — Aucun élève pensionnaire ne pourra sortir de l'école, sous quelque prétexte que ce soit, sans une permission du directeur.

XXXIV. — Les élèves n'auront de correspondance qu'avec leurs parents ou les personnes qui leur en tiendront lieu.

XXXV. — Les lettres arrivant de la poste ou apportées par des commissionnaires seront remises par le portier au directeur, qui les fera passer aux élèves.

ORDRE GÉNÉRAL DES EXERCICES

XXXVI. — Pour éviter le désordre et la confusion, les élèves, dans tous les mouvements qui se feront pendant la journée, marcheront sur deux rangs.

---

ans, le chapeau français, après cet âge ; les boutons jaunes, en entier de métal, portant le mot lycée au milieu, et autour, en légende, le nom du lieu où était le lycée. A Paris, le bouton portait en outre le numéro du lycée. — En 1810, Napoléon, visant dans les moindres détails le commerce de l'Angleterre, décida « qu'il ne serait plus confectionné pour les élèves des lycées et collèges de vêtements en drap bleu et que cette couleur serait remplacée par d'autres, où il n'entrerait aucune production des colonies. »

La commission réunie à ce sujet adopta les modèles suivants : « L'uniforme des élèves des lycées sera composé d'un habit de drap gris fer, veste et culotte pareilles ; collet, revers et parements couleur ponceau et taillés droits sans aucune découpure, comme pour l'infanterie de ligne ; doublure de serge de même couleur que les revers, poches dans les plis de l'habit. — « Celui des élèves des collèges sera aussi de drap gris de fer, collet couleur ponceau, revers et parements couleur de l'habit, avec liseré couleur du collet, doublure de serge gris de fer, poches dans les plis de l'habit. » — Rien n'était changé aux chapeaux et boutons.

— Le décret du 15 novembre 1811 dit : « A compter du 15 janvier 1812, les élèves pensionnaires des collèges porteront un habit bleu. » Ce dernier uniforme subsistera jusque vers 1860.

XXXVII. — Les exercices de la journée seront distribués ainsi qu'il suit :

A cinq heures et demie, lever pour les jours ordinaires ; et à six heures, pour les jours de congé, de dimanches et de fêtes.

JOURS ORDINAIRES

A six heures, prière et étude jusqu'à sept heures et demie ;

A sept heures et demie, déjeuner jusqu'à huit ;

A huit heures, classe jusqu'à dix ;

A dix heures, étude jusqu'à onze heures et demie ;

A onze heures et demie, leçons d'écriture et de dessin jusqu'à midi et demi ;

A midi et demi, dîner jusqu'à une heure et quart ;

A une heure et quart, récréation jusqu'à deux heures ;

A deux heures, étude jusqu'à trois heures ;

A trois heures, classe jusqu'à cinq heures moins un quart ;

A cinq heures moins un quart, goûter ;

A cinq heures, étude jusqu'à sept heures ;

A sept heures, récréation jusqu'à sept heures et demie ;

A sept heures et demie, souper et récréation ;

A neuf heures moins un quart, prière en commun ;

A neuf heures, coucher ;

A neuf heures et quart, toutes les lumières seront éteintes.

JOURS DE CONGÉ

Prière et étude depuis six heures et demie jusqu'à huit heures ;

A huit heures, déjeuner et récréation jusqu'à neuf heures et demie, ensuite étude jusqu'à onze heures ;

A onze heures, récréation jusqu'à midi et demi ;

A midi et demi, dîner ; immédiatement après le dîner, départ pour la promenade, en hiver, jusqu'à cinq heures, en été, jusqu'à sept heures ;

En hiver, étude depuis cinq heures jusqu'à sept et demie.

Les autres exercices comme à l'ordinaire.

JOURS DE DIMANCHES ET DE FÊTES

Les élèves se rendront à l'office immédiatement après le déjeuner, c'est-à-dire à huit heures et demie ;

Après l'office, récréation jusqu'à dix heures et demie ;

A dix heures et demie, étude jusqu'à midi ; à midi, dîner et récréation jusqu'à une heure ;

A une heure, office ; immédiatement après l'office, départ pour la promenade.

XXXVIII. — Tous les jours, pendant les repas pris au réfectoire, il sera fait une lecture, et les élèves garderont le plus grand silence.

ÉLÈVES EXTERNES

XXXIX. — Les élèves externes seront présentés au directeur par leurs parents ou répondants.

XL. — Il leur sera donné une carte d'entrée, sans laquelle ils ne pourront être admis dans les classes.

XLI. — Ils seront tenus d'avoir une mise décente ; mais ils ne pourront porter l'uniforme des élèves pensionnaires, ni assister ni prendre part aux récréations.

XLII. — Ils seront soumis à l'inspection du directeur.

XLIII. — Si un élève se conduit mal, le directeur en fera son rapport au bureau d'administration, qui décidera s'il y a lieu ou non à l'exclusion.

XLIV. — Les élèves paieront leur rétribution par trimestre et d'avance.

XLV. — On ne rendra rien à ceux que leur inconduite fera exclure dans le cours d'un trimestre.

EXERCICES RELIGIEUX

XLVI. — Il y aura, autant qu'il sera possible, une chapelle dans l'intérieur de l'école, pour la célébration des offices, les jours de dimanches et de fêtes.

XLVII. — Dans ce cas, un des prêtres de la paroisse, dans laquelle se trouvera l'école, remplira les fonctions d'aumônier.

XLVIII. — S'il ne peut y avoir de chapelle, les élèves seront conduits à l'église de la paroisse.

XLIX. — Ils s'y rendront dans l'ordre prescrit par l'article XXXVI et observeront en route et dans l'église la plus grande décence.

L. — Si, dans la ville où il y aura une école secondaire communale, il se trouve un ou plusieurs édifices affectés à des cultes différents, les élèves qui suivront ces cultes y seront conduits avec le même ordre.

LI. — S'il n'y a point de ces édifices, on fera aux élèves non catholiques romains une instruction sur la morale de l'évangile.

LII. — Le directeur avisera aux moyens de faire instruire les élèves dans leur religion, d'après le vœu de leurs parents.

EXERCICES PUBLICS ET PRIX

LIII. — A la fin de chaque année, il y aura des compositions générales pour les prix de toutes les classes, et des exercices sur toutes les parties de l'instruction.

LIV. — Les sujets des compositions seront donnés par le directeur, de concert avec les professeurs ; les prix seront décernés par le bureau d'administration, qui pourra s'adjoindre tels examinateurs qu'il jugera à propos.

« Les exercices se feront en public et en présence des membres du bureau d'administration.

LV. — Il y aura, pour chaque classe, un premier et un second prix, et jamais plus de quatre accessits.

LVI. — La distribution solennelle des prix se fera le 14 fructidor de chaque année.

PEINES ET RÉCOMPENSES

LVII. — Les peines consisteront dans des surcroîts de travail, dans des privations de récréation ou de promenade, dans les arrêts et la prison.

LVIII. — Les peines légères, telles que le surcroît de travail, les arrêts et la privation de récréation ou de promenade, pourront être ordonnées par les professeurs.

« Celle de la prison ne le sera que par le directeur.

LIX. — Il y aura, outre les prix portés à l'article LIII, des prix pour la bonne conduite et l'exactitude à remplir ses devoirs.

LX. — Le ministre de l'Intérieur est chargé de l'exécution du présent arrêté, qui sera inséré au *Bulletin des Lois.*

 « Le premier Consul, BONAPARTE. Par le premier Consul : le Secrétaire d'État, HUGUES B. MARET; le ministre de l'Intérieur, CHAPTAL. »

Le projet de réparer l'ancien collège fut-il mal accueilli par l'administration supérieure ou des propositions nouvelles amenèrent-elles le Conseil municipal à installer l'établissement dans de plus vastes locaux ? Toujours est-il que le Conseil municipal eut à délibérer sur le transfert de l'école secondaire dans l'abbaye de Saint-Denis.

Dans le cours du xviiiᵉ siècle, la décadence du prieuré de Saint-Denis s'était précipitée. En 1788, la communauté fut dissoute, mais les cinq religieux restants, sécularisés par le pape, continuèrent à demeurer au couvent jusqu'en 1791. En 1800, les bâtiments abandonnés furent vendus comme biens nationaux à un particulier, nommé Rouvray. Celui-ci fit abattre la tour de l'église et utilisa en outre les matériaux de la plus grande partie de l'édifice lui-même, dont le délabrement était complet (1). La ville, en rachetant les bâtiments encore debout, sauva de la destruction totale le chœur et l'abside de l'église, conservés jusqu'au triforium; le couloir ogival du xıv⁰ siècle, qui conduit dans les cours de récréation; et d'autres constructions des xvı⁰ et xvıı⁰ siècles, dépendant aujourd'hui du collège, du tribunal et de la prison. C'est le 25 brumaire an XII (novembre 1803) que le Conseil municipal se prononça favorablement pour l'exécution des travaux dont le devis s'élevait à 15,798 fr. 17 centimes.

« Le Conseil municipal, considérant que la translation du collège dans la ci-devant abbaye de Saint-Denis est extrêmement avantageuse à cette commune; que l'instruction publique y gagnera d'autant plus que *l'école secondaire* de cette ville pourra recevoir dans ce nouveau local le développement nécessaire et indispensable à son maintien et à sa prospérité;

« Considérant en outre que ce nouveau bâtiment, construit et distribué d'après les plans et devis du sieur Morin, architecte, offrira tous les agréments et toutes les commodités que l'on peut désirer, tant pour les directeurs et professeurs que pour les pensionnaires et élèves; que son exposition au midi, séparée de toute communication à l'extérieur, garantit la salubrité si précieuse pour la santé des élèves; qu'enfin il y a deux cours très vastes, bien closes, et un jardin très spacieux;

---

(1) Déjà, le 24 décembre 1790, un procès-verbal de l'assemblée municipale constate qu'en dehors du logement des religieux « le surplus du local n'offre plus qu'un manoir inhabitable, tant par sa détérioration qu'à cause de la distribution claustrale, et que, pour le rendre manable, il faudrait faire des sacrifices considérables. »

En 1801, le Conseil municipal décide que douze particuliers, qui se sont logés à l'insu de la municipalité dans la caserne Saint-Denis, seront expulsés dans les dix jours.

« Considérant que cette commune serait dans l'impossibilité
d'acquitter les frais de cette construction, si elle n'avait la
certitude que le gouvernement lui abandonnera le local de
l'ancien collége;

« Considérant que le prix qui procédera à la vente de son
emplacement et de ses bâtiments peut être par aperçu porté à
douze mille francs, ce qui fait les trois quarts du montant du
devis du nouveau bâtiment;

« Estime qu'il y a lieu d'établir le collége de la ville de
Nogent-le-Rotrou à l'abbaye de Saint-Denis du dit Nogent,
invite M. le Préfet d'Eure-et-Loir à solliciter du gouvernement
la concession au profit de cette ville des bâtiments et emplacement du collége existant actuellement; ensemble l'autorisation
de les vendre à son profit, pour les fonds en provenant être
employés à la construction du nouveau collége. »

Mais il y a loin des projets à leur réalisation, et l'école
secondaire occupa encore plusieurs années les bâtiments du vieux
collége dont les jours étaient désormais comptés.

En 1805, l'école secondaire avait plus de soixante éléves, et,
le 5 fructidor, le directeur, M. de Mondésir, faisait imprimer le
premier prospectus de la maison :

ÉCOLE SECONDAIRE COMMUNALE
DE NOGENT-LE-ROTROU

« L'école de Nogent-le-Rotrou, ouverte depuis le 1ᵉʳ brumaire
an XI par l'administration municipale de cette ville, a été érigée
en *école secondaire* communale par arrêté du gouvernement du
20 ventôse, même année, faveur également honorable et avantageuse, puisqu'elle donne aux éléves le titre d'enfants adoptifs du
gouvernement et les admet à concourir aux places gratuites des
lycées. La nomination du directeur a été confirmée, le 21 floréal

an XI, par le ministre de l'Intérieur, et son Excellence a, depuis cette époque, nommé les professeurs.

« Outre le directeur, qui lui-même enseigne, il y a *quatre* (1) professeurs : un pour la série mathématique et trois pour la série littéraire.

INSTRUCTION PUBLIQUE

« L'instruction publique embrasse les objets spécifiés dans la loi du 11 floréal an X, savoir : les langues latine et française, les premiers principes de la géographie, de l'histoire et des mathématiques.

« Le plan des études est celui que le gouvernement a adopté pour les lycées ; les ouvrages pour l'enseignement des classes de mathématiques et les livres classiques pour celles de latin sont absolument les mêmes.

« Le directeur promet un cours de langue grecque et de belles-lettres pour ceux des élèves qui, n'étant pas en état de passer aux lycées, voudraient finir leur éducation classique à Nogent.

« Les dimanches et fêtes, les élèves tant externes qu'internes reçoivent une instruction sur la morale et la religion.

« Pour être admis à l'école, il faut savoir lire couramment et écrire lisiblement.

« Avant de suivre le cours d'étude prescrit par la loi, les élèves sont ébauchés dans une classe préparatoire, où ils reçoivent des leçons de lecture et d'orthographe et les premiers éléments des grammaires latine et française.

« Le Conseil municipal a fixé une rétribution annuelle de *vingt francs* par élève, qui se paye par semestre, et d'avance, au directeur de l'école.

---

(1) On remarquera l'augmentation du nombre des professeurs depuis 1803. Le nombre des élèves avait presque doublé.

PENSIONNAT

« L'ordre prescrit par l'arrêté du gouvernement du 19 vendémiaire an XII, tant pour le régime intérieur que pour les différents exercices, y est exactement observé. Outre des salles d'études réglées et une surveillance continuelle, qui font contracter aux élèves l'habitude du travail et de la bonne conduite, le pensionnat offre encore plusieurs avantages particuliers.

« Il y a un officier instructeur attaché à la maison pour enseigner aux élèves internes l'exercice, le maniement des armes et l'école de peloton.

« Des arrangements pris avec des maîtres de natation, d'écriture, de dessin, d'escrime, de danse et de musique y rendent cette partie de l'éducation bien moins dispendieuse qu'elle n'est en ville.

« Les élèves ont aussi une belle occasion d'apprendre la langue anglaise, que deux de leurs professeurs savent par principes et parlent familièrement entre eux à table et dans les récréations.

« Un des professeurs peut enseigner l'allemand. La même table réunit le directeur, les professeurs et les élèves. Le prix de la pension est de 500 francs pour les *onze* mois de l'année scolaire ; celui de la demi-pension, de 22 fr. 50 cent. par mois.

« Les pensionnaires se fournissent de lit, de couvert et de linge. Le blanchissage et toute dépense extraordinaire, en cas de maladie, sont à la charge des parents.

« Le maître nageur prend pour la natation douze francs ; celui d'écriture, un franc par mois ; celui de dessin, de musique, d'escrime et de danse, 10 francs par vingt leçons.

« Le maître de musique prend pour la musique vocale ou instrumentale, le violon ou la clarinette, par mois de 20 jours : 6 fr. ; le maître d'escrime, 5 fr. ; le maître de danse, 4 fr.

« L'établissement repose sur des bases solides ; l'enseignement y est en pleine activité, et l'émulation est à son comble.

« L'autorisation du gouvernement, la protection qu'il accorde et les récompenses qu'il promet, l'approbation des magistrats sous la surveillance desquels l'école est placée par la loi, et le zèle qui les anime à perfectionner leur noble ouvrage ; l'intérêt général témoigné aux instituteurs, et les raisons qu'ils auront toujours de le justifier sont la caution que le directeur de l'école offre à ses concitoyens et les motifs de confiance qu'il prend la liberté de suggérer aux pères de famille.

« Le Directeur de l'école, Edouard MONDÉSIR. »

La circulaire de M. de Mondésir montre quelles transformations la Révolution avait apportées dans un petit collège de province. La part beaucoup plus large faite aux sciences, l'introduction des langues vivantes, le détail des exercices physiques, l'annonce d'une école de peloton, tout cela est la conséquence des idées semées par les législateurs de la Révolution, recueillies et quelque peu modifiées par le premier Consul, qui y a mis son empreinte autoritaire. L'empereur veut que ses collèges soient des pépinières de soldats, et peut-être songe-t-il déjà au « classement militaire de la nation », à ces conscriptions successives, dont la première aurait été celle des élèves des lycées et collèges ; dont la dernière aurait enrôlé jusqu'aux conseillers d'État sexagénaires.

L'officier instructeur, mentionné sur le prospectus, était un Nogentais, M. Lecointe, ancien lieutenant. Le général Huet (1),

(1) Huet (Pierre) (1749-1810), né et mort à Nogent-le-Rotrou, fils d'un peigneur de laine. Commandant du 2e bataillon des volontaires d'Eure-et-Loir en 1792, il eut Marceau sous ses ordres. En 1793, il battit les Autrichiens sous les murs de Bitche. Général en 1794, il fit partie de l'armée de la Moselle, puis il fut mis à la tête des départements de la Seine-Inférieure et de l'Eure, pour défendre les côtes et organiser l'approvision-

retiré à Nogent-le-Rotrou, vint organiser l'instruction militaire à l'école secondaire. Un des élèves de cette époque, devenu général, lui aussi, et député de Nogent après avoir pris sa retraite, a rappelé éloquemment l'enthousiasme guerrier qui animait sa génération, et célébré le patriotisme enflammé qui embrasait tous les cœurs :

« Nogent, notre chère patrie, a toujours fourni à la France des appuis et des défenseurs dans tous ses jours de péril : aux grandes guerres de la République, le général Huet, ce vétéran de nos illustrations militaires, cet enfant du peuple nogentais, anobli par la gloire, dont nous avons suivi d'un si avide regard la démarche guerrière et la fière attitude quand il venait présider à l'organisation militaire du collège, dans ces temps où l'Europe était un champ de bataille et la France une armée.

« Et puis, après lui, dans une autre période, quand les splendeurs impériales vinrent abriter sous les plis de leur manteau de pourpre les glorieux lambeaux des soldats de la République, le baron Marin Dubuard (1), cet autre enfant de nos faubourgs,

---

nement de Paris. C'est alors qu'il eut, dit-on, Bignon comme secrétaire. Retraité sous le Consulat, Huet mourut des suites de ses nombreuses blessures. — Bignon (Louis-Pierre-Edouard) (1771-1841) fut plus tard ambassadeur et pair de France. Les lettres du général Huet, publiées en 1816, ont été presque certainement rédigées par Bignon.

(1) Dubuard (Jean-Marin) (1769-1837), né à Nogent-le-Rotrou, fils d'ouvrier, et presque illettré, fut d'abord berger. Engagé volontaire dans l'artillerie en 1787, il était brigadier au siège de Toulon dans la compagnie du capitaine Bonaparte. Il fit la campagne du Rhin, puis celle d'Egypte : parti sous-officier, il fut nommé lieutenant sur le champ de bataille d'Aboukir. Après la campagne d'Italie de 1800, il fut nommé capitaine en 1802 et fit les campagnes de 1804, 1805, 1806 et 1807, puis celle d'Espagne et celle de 1809. A Wagram, il faisait partie de la batterie de cent pièces qui détermina la victoire, et fut nommé officier de la Légion d'honneur et major-colonel dans l'artillerie de la garde. En 1810, il retourna en Espagne et participa ensuite à la campagne de Russie, pendant laquelle il eut une partie de la cuisse emportée par un boulet, à

blasonné par l'Empire, mais ennobli surtout par ses exploits, réputé l'un des plus braves dans une armée qui comptait tant de braves.

« Cité généreuse, toujours fidèle à tous les sentiments du cœur ! Notre enfance s'est associée à tous les respects pour le vieux soldat qui rapportait à la jeunesse, avec l'exemple de sa vie laborieuse, les enseignements de sa vieillesse. Et vous, mes contemporains, mes émules, trop rares aujourd'hui, dans ces luttes plus douces, plus pacifiques, où pourtant déjà nous sentions aussi l'aiguillon de la gloire, vous vous rappelez avec quelle enthousiaste admiration nous écoutions les récits homériques de ce brave général Marin, qui, dans ses narrations de bataille, traitait quelquefois la grammaire en ennemie, mais qui parlait d'Aboukir, du grand désert, de Saint-Jean d'Acre, d'Héliopolis, de Marengo, dont il avait reçu le glorieux surnom, d'Eylau, d'Austerlitz et de Wagram. Combien nos jeunes cœurs palpitaient à ces nobles récits, qui pénétraient dans nos âmes comme un écho lointain de la gloire et de la renommée promises dans l'avenir ! C'est ainsi que les générations qui se suivent allument au foyer de celles qui les ont précédées le flambeau des grandes pensées et des généreuses inspirations (1). »

Malojaroslawetz; il fut sauvé par le dévouement de ses soldats qui le cachèrent dans un caisson, et c'est ainsi qu'il échappa aux périls d'une retraite désastreuse. Il termina sa carrière militaire par la campagne de France, où il fut de nouveau blessé. Avant de partir pour l'île d'Elbe, Napoléon nomma Dubuard général et commandeur de la Légion d'honneur, mais Louis XVIII refusa de ratifier cette nomination. En 1814, Dubuard prit sa retraite, avec 20 campagnes et 8 blessures. Il était connu de toute l'armée sous le nom de colonel *Mitraille*. C'était le cri de guerre qu'il poussait lorsqu'il menait ses batteries, suivant sa tactique, à une faible distance de l'ennemi. Il avait épousé la vicomtesse de Flavigny en 1810, à la Fère; il y mourut en 1837.

(1) Discours du général Le Breton, en 1857, le jour de l'inauguration de la statue du général de Saint-Pol, ancien élève du collège. — Le général Le Breton (Casimir-Eugène), né à Saint-Omer en 1791, mort à Paris en

LE NOUVEAU COLLÈGE. — Après quinze mois d'attente, les vœux du Conseil municipal étaient exaucés, et l'autorisation impériale donnait au collége les bâtiments désaffectés de l'abbaye de Saint-Denis, en même temps que la plus grande partie des vastes jardins et cours du monastère. Les élèves,

1876. Son père, Mathurin Le Breton, originaire du Perche, receveur d'enregistrement, était propriétaire à Luigny du château de la Chauverie. Le jeune Le Breton s'engage en 1813 dans les gardes d'honneur ; grièvement blessé d'un coup de lance à la bataille de Dresde (1813), il est nommé chevalier de la Légion d'honneur en 1814. Il va en Afrique comme colonel de 1841 à 1843 et se distingue contre les Kabyles. En 1847, il est maréchal de camp (général de brigade) et commandeur de la Légion d'honneur ; c'est lui qui enlève, en 1848, les positions formidables des insurgés au clos Saint-Lazare et à la barrière Poissónnière. Sa tranquille et superbe bravoure n'eut d'égale que sa générosité après la lutte. Représentant de l'Eure-et-Loir en 1848 et 1849, et conseiller général, il est placé en 1851 à la tête du commandement militaire de l'Eure-et-Loir. Peu après, il est élu député de la Vendée, et, nommé genéral de division en 1852, il opte pour le mandat législatif. En 1863, il est choisi par la Chambre comme questeur et il conserve ces fonctions jusqu'au 4 septembre. Il se retira alors à Luigny. Le général Le Breton n'a pas eu la mort glorieuse du général de Saint-Pol, mais il est trop oublié. C'est une mâle et noble figure qu'on doit considérer avec respect, car il fut non seulement un intrépide et magnifique soldat, mais un homme profondément loyal et bon. Si les républicains de l'Eure-et-Loir eurent peu à souffrir des mesures de répression brutale qui suivirent le coup d'État, c'est parce que le général Le Breton, quoique partisan sincère de l'Empire, s'opposa de toutes ses forces, au risque de se compromettre, à l'emprisonnement et à la déportation de ses adversaires. Aussi, sa longue vieillesse fut-elle entourée de l'universelle sympathie. Que sa mémoire le soit aussi ! — Le général Le Breton s'était marié deux fois. Une fille de son premier mariage a épousé le général Félix Douay (1816-1879), commandant le 7e corps en 1870. La fille du général Douay a épousé le comte Walewski, fils de l'ambassadeur, ministre des Affaires étrangères, président du Corps législatif sous le second Empire. En secondes noces, le général Le Breton épousa madame de Schreiber, née des Vaux de Saint-Maurice.

si à l'étroit dans l'insalubre collège, allaient enfin respirer un air pur, devant un horizon de collines et de prairies, près du ruisseau de la Rhône, chanté par Remy Belleau.

« Au palais des Tuileries, le 7 mars 1806.

« Napoléon, Empereur des Français, Roi d'Italie ;

« Sur le rapport de nos ministres de l'Intérieur et des Finances ; notre Conseil d'État entendu,

« Nous avons décrété et décrétons ce qui suit :

ARTICLE PREMIER. — Les bâtiments de l'ancienne abbaye de Saint-Denis de Nogent-le-Rotrou, département d'Eure-et-Loir, sont affectés à l'établissement d'une caserne, d'un tribunal de première instance, d'une maison d'arrêt et d'une *école secondaire communale*.

2. — Conformément aux devis et aux plans annexés au présent décret, il sera procédé dans la forme usitée pour les travaux publics, devant le sous-préfet de Nogent-le-Rotrou, à l'adjudication au rabais des ouvrages à faire aux dits bâtiments de l'abbaye de Saint-Denis, pour la formation des établissements mentionnés dans l'article premier.

3. — Les travaux relatifs au service militaire et à la construction de la caserne seront dirigés et surveillés par les officiers du génie.

4. — Le prix des travaux relatifs à l'établissement de la maison d'arrêt, du tribunal de première instance et de la caserne, sera acquitté sur les fonds disponibles provenant des centimes addi-tionnels de l'exercice de l'an X.

5. — Attendu l'impossibilité dans laquelle se trouve la commune de Nogent-le-Rotrou de subvenir aux dépenses à faire pour l'école secondaire, dépenses évaluées par devis à 15,798 fr. 17 c., la dite commune est autorisée à vendre à son profit l'ancien

collége, estimé, par approximation, douze mille francs (1), et le surplus sera acquitté sur les économies qu'elle pourra faire annuellement sur ses revenus.

6. — Nos ministres de l'Intérieur, de la Guerre, des Finances et du Trésor public sont chargés, chacun en ce qui le concerne, de l'exécution du présent décret, qui sera inséré au *Bulletin des Lois*.

« NAPOLÉON. »

Par l'Empereur :

Le Secrétaire d'État, Hugues B. MARET.

A la date du 7 mars 1806, tombe donc le centenaire du décret officiel qui ouvrait au collége de nouvelles destinées. Mais l'installation complète n'était pas l'œuvre d'un jour : elle demanda plus de deux ans (2).

La même année, on voulut donner plus de solennité à la distribution des prix, et, le 27 août, la municipalité prit un arrêté à ce sujet :

« Le maire et les adjoints, considérant qu'il est de leur devoir de donner à cette intéressante cérémonie toute la pompe et l'éclat que les ressources de cette commune permettent, arrêtent ce qui suit :

ARTICLE PREMIER. — Samedi prochain, à trois heures et demie de relevée, les corps constitués de cette ville seront invités de se réunir à la mairie, pour assister à la distribution des prix de

____

(1) L'adjudication de l'ancien collège eut lieu le 6 août 1807. Il fut vendu 11.875 francs.

(2) Le *collège Saint-Denis*, ainsi qu'il fut appelé assez longtemps, remplaçait définitivement le collège Florent Buguet. — Le tribunal, placé dans l'ancienne maison commune, fut transféré dans les bâtiments voisins du collège le 1ᵉʳ octobre 1809. Puisque nous sommes dans les éphémérides locales, signalons que la compagnie des sapeurs-pompiers de Nogent fut organisée aussi en 1809.

l'*école secondaire* de cette ville, qui aura lieu dans la ci-devant audience,

ART. II. — A cet effet, et attendu que M. le Sous-Préfet est absent pour cause d'opérations relatives à la conscription de la présente année, il fera écrire à chacun des dits corps constitués, pour se trouver à cette mairie à l'heure sus-indiquée.

ART. III. — La musique de la ville sera invitée d'assister à la cérémonie. »

Un autre procès-verbal, dont certains termes font sourire, raconte la cérémonie :

« Aujourd'hui, 30 août 1806, à quatre heures de relevée, les corps constitués de la ville de Nogent-le-Rotrou se sont réunis à la mairie, M. le Sous-Préfet étant absent pour cause d'opérations relatives à la conscription.

« Le cortège, accompagné de la gendarmerie, précédé des tambours et de la musique, s'est rendu au local de l'enseignement secondaire, et, de là, à la ci-devant audience, local désigné pour la distribution des prix.

« Les différents corps placés, l'orchestre a exécuté des symphonies analogues à l'objet de la réunion *(sic)*.

« M. Devienne, législateur, représentant M. le Sous-Préfet, a prononcé un discours dans lequel, en développant tous les avantages de l'instruction, il a fait sentir combien elle influait sur les mœurs et la prospérité des empires.

« Ensuite, M. le Maire, dans un discours pathétique et précis, a présenté le tableau des progrès de chaque cours; il a fait envisager à chacun des élèves l'inappréciable avantage de redoubler d'efforts, de zèle et d'application pour acquérir les connaissances et les talents nécessaires à l'homme qui veut se rendre utile à sa patrie.

« Cette intéressante cérémonie a été terminée par la distribution des prix (1). »

---

(1) Le 1ᵉʳ septembre 1808, le procès-verbal de la distribution des prix signale la présence à cette cérémonie du colonel Le Tort et de plusieurs offi-

Cependant, M. de Mondésir ne tarda pas à être en butte à des attaques personnelles, qui entravèrent le succès du collége (1). Le Préfet intervint par cette lettre *personnelle*, datée du 28 novembre 1806, adressée au sous-préfet de Nogent (2) :

« Je suis instruit, Monsieur, que les intrigues contre l'école secondaire de Nogent-le-Rotrou se renouvellent avec plus d'activité encore et qu'il n'est aucune espèce d'injustices, de vexations et de désagréments que l'on ne fasse éprouver au directeur personnellement.

« Pour la ruine de cet établissement, on flétrit la réputation de celui qui le dirige et on cherche à le perdre dans l'opinion publique.

« Le curé de Notre-Dame (3) est celui de tous qui paraît le poursuivre avec le plus d'acharnement et fait courir le bruit qu'il a reçu de M. l'Évêque de Versailles (4) une lettre qui contient des

---

ciers de la garde impériale, de passage à Nogent. Après le discours du procureur impérial, qui présidait, la distribution des récompenses fut faite « aux acclamations de l'auditoire et au bruit des fanfares. » — Le Tort (Louis-Michel, baron), né à Saint-Germain-en-Laye en 1778, brillant officier de cavalerie, nommé général de division après Montmirail (1814), fut tué le 15 juin 1815 à Fleurus.

(1) « L'*école secondaire* de Nogent a vu diminuer le nombre de ses pensionnaires et de ses externes; ce dépérissement ne peut être imputé au chef de l'établissement qui est plein de zèle et de talent, *mais aux obstacles qu'il éprouve*, à la difficulté de trouver des coopérateurs capables de le seconder et peut-être aussi à la concurrence de deux écoles secondaires, dont une seule paraît suffire, dans ce département, aux besoins de l'instruction. » (Registre du Conseil général du département d'Eure-et-Loir — 1807.)

(2) *A lui seul*, dit l'en-tête de la lettre, émanant du *Bureau particulier* de la préfecture.

(3) L'abbé Champroux (1736-1819).

(4) De 1803 à 1821 il n'y eut plus d'évêque à Chartres. Le département d'Eure-et-Loir dépendait du diocèse de Versailles. C'est ce qui explique que l'évêché de Versailles entretenait des boursiers au collège de Nogent. (Voir la statistique du collège.) Ces boursiers portaient la soutane et semblaient ainsi destinés d'avance à l'état ecclésiastique.

plaintes sur la conduite du directeur de l'école. En supposant
l'existence de cette lettre, de quel droit M. l'Évêque s'établirait-il
le surveillant d'un établissement qui lui est étranger et le censeur
d'un homme qui, à raison de ses fonctions, n'est point considéré
comme ecclésiastique, et qui, sous ce rapport, n'est pas placé sous
sa juridiction ?

« Le même curé a fait venir le jour de la Toussaint, dans la
sacristie, tous les élèves de l'école, et il les a fortement répri-
mandés, sous le prétexte qu'ils ne s'étaient pas comportés dans
l'église avec la décence convenable. On m'assure cependant que
les élèves n'avaient pas donné lieu à une pareille réprimande et
que le curé s'est servi de ce moyen pour mortifier et déconsidérer
le directeur.

« Enfin, un des marguilliers est venu réclamer auprès du directeur le droit dû à la fabrique pour chacun de ses élèves qui
n'avaient pas payé l'année dernière. Le directeur peut-il être tenu
à ce payement ? Peut-il être responsable de la négligence de
quelques parents ? A-t-il le droit d'imposer aux parents, sans y
avoir été autorisé par le bureau, l'obligation de payer à la
fabrique la rétribution qui peut être due par leurs enfants ? Il est
évident que c'est encore une mauvaise difficulté, qu'on a voulu
lui susciter. C'est une exception qu'on a voulu établir contre lui
seul et à son désavantage, puisque les écoliers des autres maisons
d'éducation sont reçus gratis dans le chœur.

« Veuillez bien, Monsieur, prendre des renseignements sur ces
faits et aviser aux moyens de faire cesser toutes ces manœuvres
de l'envie et de l'ignorance.

« Le chef d'un établissement a besoin d'être soutenu et encouragé, et, s'il ne trouve pas dans la bonne volonté et l'énergie des
auto.ités locales la protection à laquelle il a droit, je ne pourrai
me dispenser de faire connaître au Gouvernement les ennemis
d'une école avouée par lui et la nature des vils moyens employés
pour le renverser.

« Je vous renouvelle l'assurance de mon affectueux dévouement.

« Delaître. »

CRÉATION DE L'UNIVERSITÉ. — Par la loi du 10 mai 1806 fut fondée l'*Université impériale,* mais ce n'est que par le décret du 17 mars 1808 qu'elle fut organisée. Le même jour, Louis de Fontanes (1), président du Corps législatif, était nommé grand-maître de l'Université.

Nous reproduisons ou résumons les articles les plus intéressants de ce décret :

« ARTICLE PREMIER. — L'enseignement public, dans tout l'Empire, est confié exclusivement à l'Université.

2. — AUCUNE ÉCOLE, AUCUN ÉTABLISSEMENT QUELCONQUE D'INSTRUCTION NE PEUT ÊTRE FORMÉ HORS DE L'UNIVERSITÉ IMPÉRIALE ET SANS AUTORISATION DE SON CHEF.

3. — Nul ne peut ouvrir d'école ni enseigner publiquement, sans être membre de l'Université impériale et gradué par l'une de ses Facultés. Néanmoins, l'instruction dans les séminaires dépend des archevêques et évêques, chacun dans son diocèse. Ils en nomment et révoquent les directeurs et professeurs. Ils sont seulement tenus de se conformer aux règlements pour les séminaires, par nous approuvés.

4. — L'Université impériale sera composée d'autant d'Académies qu'il y a de cours d'appel.

5. — Les écoles appartenant à chaque Académie seront placées dans l'ordre suivant : 1° les *facultés;* 2° les *lycées;* 3° les *collèges,* écoles secondaires communales, pour les éléments des langues anciennes et les premiers principes de l'histoire et des sciences ; 4° les *institutions,* écoles tenues par des instituteurs particuliers, où l'enseignement se rapproche de celui des collèges ; 5° les *pensions,* appartenant à des maîtres particuliers ; 6° les *petites écoles,* écoles primaires.

. . . .

---

(1) Fontanes (Louis de) (1757-1821), littérateur et homme d'État, ami de Chateaubriand, député au Corps législatif en 1802, et président de cette assemblée en 1804, grand-maître de l'Université en 1808, sénateur en 1810, fait comte par Napoléon et marquis par Louis XVIII.

31. — Les emplois de maîtres d'étude et de pension ne pourront être occupés que par des individus qui auront obtenu le grade de bachelier dans la faculté des lettres.

« Les principaux et les régents des collèges devront avoir le grade de bachelier dans les facultés des lettres ou des sciences, suivant qu'ils enseigneront les langues ou les mathématiques. .

32. — Il est créé parmi les gradués, fonctionnaires de l'Université, des titres honorifiques destinés à distinguer les fonctions éminentes et à récompenser les services rendus à l'enseignement.

« Ces titres seront au nombre de trois, savoir : 1° les *titulaires ;* 2° les *officiers de l'Université ;* 3° les *officiers des Académies.* A ces titres seront attachées : 1° des pensions qui seront données par le grand-maître; 2° une décoration qui consistera dans une double palme brodée sur la partie gauche de la poitrine. La décoration sera brodée en or pour les titulaires, en argent pour les officiers de l'Université, et en soie bleue et blanche pour les officiers des Académies (1).

.   .   .   .

36. — Seront de droit officiers des Académies les proviseurs, censeurs et professeurs des deux premières classes des lycées, et les principaux des collèges.

« Le titre d'officier des Académies pourra aussi être accordé par le grand-maître aux autres professeurs des lycées, ainsi qu'aux régents des collèges et aux chefs d'institution, dans le cas où ces divers fonctionnaires auraient mérité cette distinction par des services éminents.

.   .   .   .

38. — Toutes les écoles de l'Université impériale prendront pour

---

(1) Ces distinctions furent réduites à deux, à partir de 1850 : les *officiers d'Académie,* portant le *ruban* violet et la double palme (une branche de palmier, l'autre de laurier, croisées en haut et en bas) en *argent*; les *officiers de l'Instruction publique* portant la *rosette* violette et la double palme en *or.* En 1866, on étendit cette décoration en dehors de l'enseignement.

base de leur enseignement : 1° les préceptes de la religion catholique ; 2° la fidélité à l'Empereur, à la monarchie impériale, dépositaire du bonheur des peuples, et à la dynastie napoléonienne, conservatrice de l'unité de la France et de toutes les idées libérales, proclamées par les Constitutions.

. . . .

46. — Les membres de l'Université seront tenus d'instruire le grand-maître et ses officiers de tout ce qui viendrait à leur connaissance de contraire à la doctrine et aux principes du corps enseignant dans les établissements d'instruction publique.

47. — Les peines de discipline qu'entraînerait la violation des devoirs et des obligations seront : 1° les *arrêts ;* 2° la *réprimande ;* 3° la *censure ;* 4° la *mutation* pour un emploi inférieur; 5° la *suspension des fonctions ;* 6° la *réforme ou la retraite ;* 7° la *radiation.*

. . . .

101. — A l'avenir, et après l'organisation complète de l'Université, les proviseurs et censeurs des lycées, les principaux et régents des collèges, ainsi que les maîtres d'étude de ces écoles *seront astreints au célibat et à la vie commune.*

« Les professeurs des lycées pourront être mariés et, dans ce cas, ils logeront hors du lycée. Les professeurs célibataires pourront y loger et profiter de la vie commune.

102. — Aucune femme ne pourra être logée ni reçue dans l'intérieur des lycées et des collèges.

. . . .

128. — Le costume commun à tous les membres de l'Université sera l'habit noir, avec une palme brodée en soie bleue, sur la partie gauche de la poitrine.

129. — Les régents et professeurs feront leurs leçons en robe d'étamine noire. Par-dessus la robe, et sur l'épaule gauche, sera

placée la chausse, qui variera de couleur, suivant les facultés, et de bordure seulement, suivant les grades (1). »

On voit que tout était prévu, trop bien prévu, car la liberté, non seulement du fonctionnaire de l'Université mais de l'homme lui-même, subissait de rudes atteintes. Ce régime, mi-caserne, mi-couvent, complétait en l'aggravant celui de 1804, car le règlement de 1804 n'imposait pas le célibat aux régents des colléges, et les arrêts n'étaient pas suspendus sur les têtes de tous les professeurs comme sur celles de leurs élèves. Bien plus, un membre de l'Université ne pouvait démissionner sans la permission du grand-maître ; autrement, il était révoqué et « condamné à une détention proportionnée à la gravité des circonstances » et pouvant atteindre un an. Si Napoléon a surtout favorisé l'enseignement secondaire (2), sa main n'en pesait pas

---

(1) La robe du professeur était un souvenir du Moyen âge, où les maîtres avaient pour enseigner une robe noire, avec un capuchon fourré de menu vair. — La chausse placée sur l'épaule était *jaune* pour les lettres, *rouge* pour les sciences ; elle était bordée aux extrémités d'*un* rang d'hermine pour les *bacheliers*, de *deux* pour les *licenciés*, de *trois* pour les *docteurs*. A Nogent, l'article 129 ne fut pas appliqué, et la robe n'y fut même portée dans les cérémonies officielles qu'après 1850. — La distinction entre les *professeurs* (des lycées) et les *régents* (des collèges) subsista jusqu'en 1867, mais les noms de professeur et de régent s'employèrent indifféremment dans les collèges depuis 1848.

(2) Taine a reproduit ce jugement de Lamennais : « Napoléon, ne connaissant le pouvoir que sous la forme du pouvoir le plus absolu, le despotisme militaire, essaya de partager la France en deux catégories ; l'une, composée de la masse du peuple, destinée à remplir les vastes cadres de son armée et disposée, par l'abrutissement où il voulait la maintenir, à une obéissance passive, à un fanatique dévouement ; l'autre, plus élevée en raison de sa richesse, devant conduire la première selon les vues du chef, qui les dominait également et, pour cela, être formée elle-même dans les écoles où, en même temps qu'on la dressait à une soumission servile et pour ainsi dire mécanique, elle acquérait les connaissances relatives à l'art

moins lourdement sur l'Université, qui n'était plus comme au Moyen âge la fille de l'Église, mais la fille du conquérant. La discipline des lycées et collèges était militaire. Les élèves marchaient au pas et en silence, même dans les mouvements nécessités par les différents exercices de la journée. Dans les lycées et les grands collèges, le tambour remplaçait la cloche, trop monastique et inutile en l'espèce, le collège devant être *pour les élèves* l'antichambre de la caserne. En outre, les études scientifiques et surtout philosophiques étaient sacrifiées aux belles-lettres et aux langues anciennes, moins dangereuses aux yeux de Napoléon qui abhorrait les « idéologues ». L'empreinte consulaire et impériale a persisté longtemps dans l'Université, et il en reste quelques traces, tout au moins extérieures, le port de la robe, par exemple, dans les cérémonies officielles. Les décorations actuelles étaient en germe dans le décret de 1808, et, en exigeant de tous les professeurs des titres décernés par les Facultés, le Gouvernement avait par là de sérieuses garanties qu'on a constamment et justement renforcées. Tout n'était donc pas à supprimer dans cette œuvre, puissante malgré ses défauts, et on s'explique qu'elle ait eu une durée séculaire aussi brillante.

Le 27 avril 1808, M. de Mondésir recevait sa nomination universitaire de *principal du collège*, et le nom d'*école secondaire* disparaissait.

---

de la guerre et à une admin'.tration toute matérielle; les liens de la vanité et de l'intérêt devaient ensuite l'attacher à sa personne et l'identifier, en quelque sorte, à son système de gouvernement. » Taine ajoute : « Atténuez d'un degré cette peinture trop sombre, et elle est vraie. » En 1806, Napoléon dit au Conseil d'État : « Je sais que les jésuites ont laissé un grand vide sous le rapport de l'enseignement, un très grand vide ; je ne veux pas les rétablir, ni aucune corporation qui ait son souverain à Rome. Je veux une corporation de jésuites qui n'aient d'autre ambition que celle d'être utiles et d'autre intérêt que l'intérêt public. »

UNIVERSITÉ IMPÉRIALE

« Le grand-maître de l'Université impériale, comte de
l'Empire, à M. Mondésir, directeur de l'école secondaire communale de Nogent-le-Rotrou.

« Monsieur, les Inspecteurs généraux qui viennent de par-
courir votre département m'ont fait connaître vos principes,
l'esprit qui vous anime et les services importants que vous avez
déjà rendus à l'instruction publique. Ils ont pensé que l'établissement qui vous a été confié devait prospérer entre vos
mains; je me plais à confirmer ce premier jugement. Je vous
admets donc à faire partie de l'Université impériale, en qualité
de principal du collège de Nogent-le-Rotrou. Je suis persuadé
que vous justifierez cette preuve de confiance et d'estime par
un nouveau zèle et de nouveaux efforts. Vous sentirez toute
l'importance de vos fonctions sous le double rapport de l'enseignement et de l'administration, et vous serez jaloux de contribuer à remplir les vues nobles et bienfaisantes de Sa Majesté.

« Les diplômes de grade et d'emploi qui vous sont nécessaires vous seront délivrés dans le plus bref délai possible.

« Recevez, monsieur le Principal, l'assurance de ma considération. »

« Paris, 27 avril 1808.

« FONTANES. »

C'est en octobre 1808 que la rentrée s'effectua dans le nouveau
collège. Il y avait plus de deux ans que le décret impérial, cité
plus haut, avait affecté au collège, portant encore alors le nom
d'école secondaire, une partie de l'abbaye de Saint-Denis, mais
les travaux d'appropriation traînèrent en longueur. M. de Mondésir
demeura encore près de trois ans à la tête du collège, avant d'être
nommé, en février 1810, proviseur du lycée de Moulins (1).

---

(1) Le 25 février 1810, un décret impérial déclara loi générale de l'Empire l'Édit de 1682 sur la Déclaration du clergé de France, touchant la

PRINCIPALAT DE L'ABBÉ BEULÉ. —
M. Fauveau, maire, écrivit alors au préfet que, sur la demande
du Conseil de l'Université, M. Mondésir avait désigné comme
successeur l'abbé Beulé (1), curé de Saint-Hilaire.

« Sur la demande de M. Mondésir, le maire lui a remis un
certificat attestant la capacité, la moralité et les services rendus
au collège par l'abbé Beulé. M. le sous-préfet déclare qu'il préfé-
rerait M. L'Ecuyer, quoiqu'il reconnaisse la supériorité de talent
de M. Beulé. Le maire se défend d'avoir eu l'initiative de cette

---

puissance ecclésiastique. Cette déclaration affirmait l'indépendance du pouvoir temporel à l'égard de la papauté. A deux reprises différentes, le
Conseil municipal de Nogent, stimulé par les circulaires préfectorales du
8 mars et du 10 avril 1811, invita le principal « à donner lecture le plus
souvent possible dans son collège de la doctrine de l'église gallicane. » Les
pauvres élèves n'avaient pas encore assez des aridités du thème latin ; ils
devaient savoir, entre autres articles, « que les décrets du concile de Constance sur l'autorité des conciles œcuméniques subsistent dans toute leur
force. » Napoléon Iᵉʳ imitait Louis XIV, déclarant dans son Édit : « que,
dans tous les collèges et maisons des Universités où il y aura plusieurs
professeurs, soit qu'ils soient séculiers ou réguliers, l'un d'eux sera chargé
tous les ans d'enseigner la doctrine contenue en la dite déclaration, et,
dans les collèges où il n'y aura qu'un seul professeur, il sera chargé de
l'enseigner l'une des trois années consécutives. » Outre ces incursions dans
le domaine religieux, les professeurs devaient non seulement lire en classe
les bulletins de victoire de l'empereur, mais donner des sujets de devoirs
incitant les élèves à célébrer Napoléon et le gouvernement impérial.

(1) Beulé (André-François) (1766-1839), né et mort à Nogent-le-Rotrou.
Prêtre réfractaire en 1791, il exerce son ministère à Rouen, tout en ven-
dant de la dentelle pour détourner les soupçons. En 1801, il fut chargé par
le premier Consul et plusieurs évêques d'une mission spéciale auprès du
pape, au sujet du Concordat. Après avoir prêché quelques missions, il fut
vicaire à Saint-Laurent de 1803 à 1807, un moment curé de Langey, puis
curé de Saint-Hilaire, à Nogent, et principal du collège. En 1815, l'abbé
Beulé fonda à Nogent le couvent de l'Immaculée-Conception, pour l'instruction des sourds-muets. Il en fut jusqu'à sa mort le chapelain et le
supérieur.

Le Porche Saint-Denis et l'Eglise Saint-Laurent.

Le Général Le Breton.

Cliché Léon Lesage.

Statue du Général de Saint-Pol.

nomination qui n'est point de son ressort. En tout cas, il n'en aurait pas désigné un autre et il a engagé M. Mondésir à employer son crédit pour décider Mᵍʳ l'évêque à consentir à la nomination de l'abbé Beulé. »

« Le collège de Nogent n'a que six pensionnaires dont *deux* partent. Il faut donc pour relever le collège un homme désintéressé, très instruit et d'une moralité rassurante. Où le trouver? Cela est difficile, les hommes, en général, briguant les emplois plutôt par spéculation que pour tout autre motif. Que peut-on nous donner à Nogent? Un professeur quelconque, qui aura sans doute de l'instruction, mais qui n'aura point de fortune, qui sera dépourvu de tout, et dont le premier mobile sera l'intérêt. L'abbé Beulé, au contraire, est du très petit nombre de ces hommes qui ne courent point après la fortune. Il en attend une assurée et suffisante de sa mère, qui la lui sacrifie déjà en partie ; il mettra toute sa gloire à relever un établissement précieux. Et comment douter, M. le Préfet, des efforts que fera l'abbé Beulé pour faire prospérer notre établissement, quand on le voit aller dîner et souper tous les jours chez sa mère pour nourrir et habiller les pauvres de sa paroisse ! Je ne disconviendrai pas avec vous, M. le Préfet, que l'abbé Beulé a des défauts, mais où trouver un homme parfait? Cela est difficile, je le répète, pour ne pas dire impossible. On objectera peut-être que l'abbé Beulé dirigera les jeunes gens plutôt vers l'état ecclésiastique que vers les autres professions de la société. Cela peut être vrai jusqu'à un certain point, mais ces premières dispositions ont d'autant moins d'inconvénients que l'âge et le monde les font perdre facilement. En outre, le collège de Nogent a été de tout temps plus particulièrement composé de jeunes gens qui, d'abord, étudiaient pour se faire prêtres, et, ensuite, se dévouaient à la profession que leur goût déterminait. Enfin, les personnes riches de notre ville ont toujours envoyé et envoient encore leurs enfants dans les grands collèges, dès la quatrième ou la cinquième classe de latin. L'abbé Beulé

est un excellent maître de mathématiques et se livrerait exclusivement à l'enseignement de cette science exacte, indépendamment de l'impulsion et de la direction qu'il donnerait aux
autres professeurs. Je sais même que plusieurs personnes sont
décidées à mettre leurs enfants au collège de Nogent, si l'abbé
Beulé en est le principal, et que le département de l'Orne en
enverra beaucoup... »

Cependant l'évêque de Versailles recommandait un autre
candidat au grand-maître de l'Université :

« Monseigneur, M. Beulé, curé à Saint-Hilaire de Nogent-le-
Rotrou, m'apprend que vous avez jeté les yeux sur lui pour en
faire un principal du collège de cette ville. Je viens conjurer
votre Excellence de vouloir bien ne pas me l'enlever. C'est un
pasteur plein de zèle et de talent pour ramener les brebis égarées
aux devoirs de la religion. Il jouit de toute la confiance et de toute
la considération qu'il peut désirer, au milieu de son troupeau qui
serait consterné s'il venait à le perdre. Les sujets sont si rares
aujourd'hui, surtout pour des paroisses aussi importantes que la
sienne, qu'il me serait d'une difficulté extrême, pour ne pas dire
impossibilité, de le remplacer. D'ailleurs, vous ne le conserverez
pas longtemps, parce qu'il a un attrait particulier pour les missions, qui, à la vérité, sont suspendues en ce moment, mais que
nous sommes bien fondé à espérer qui seront un jour rétablies.

« Mais, comme il n'est pas juste que vous soyez privé d'un bon
sujet pour la place intéressante que vous lui avez destinée, j'ai
une autre proposition à vous faire pour le remplacer. Nous avons
à Versailles un maître de pension, M. Ossude, qui est lui-même de
Nogent-le-Rotrou, qui a même été employé autrefois dans ce
collège à l'éducation de la jeunesse ; il n'est pas d'ailleurs placé à
Versailles conformément à son mérite et à ses talents. Comme
nous y avons déjà un lycée et plusieurs autres maisons, son
absence n'y ferait pas un vide remarquable, au lieu qu'à Nogent-
le-Rotrou je ne connais personne qui serait plus propre que lui à
relever les études dans une ville qui n'a que ce collège pour

l'instruction de ses enfants. M. Ossudè jouit ici de l'estime générale et sous le rapport des mœurs et sous celui de l'émulation
qu'il sait inspirer à ses élèves. Je viens donc vous proposer de le
substituer à M. Beulé, et par là tous les intérêts de l'Église et de
l'État seront ménagés.

« Je prie votre Excellence d'agréer, etc...

« † Louis, évêque de Versailles »

M. de Fontanes répond le 15 mars 1810 qu'il a rempli le vœu
des autorités et des habitants en nommant M. Beulé principal;
au surplus, il ne sera enlevé ni à l'Église ni au diocèse, puisque
ses fonctions au collége ne l'empêcheront pas de remplir celles de
son ministère.

L'évêque de Versailles réplique le 20 mars :

« Je vois, Monseigneur, que vous persistez dans la nomination
de M. Beulé à la principalité de Nogent-le-Rotrou et que vous
le préférez à celui que je vous avais indiqué pour le remplacer.
Je prie votre Excellence d'observer que, si tous les bons sujets
que j'ai placés dans des cures m'étaient enlevés de cette manière,
l'Université s'enrichirait facilement aux dépens des diocèses.
Cependant, je vous prie d'observer que les sujets deviennent si
rares de plus en plus que nous ne saurions plus comment pourvoir aux cures d'une manière avantageuse et que la plupart des
postes finiraient par rester vacants. Il en sera autrement, lorsqu'au
bout d'un certain nombre d'années nous serons au niveau de nos
affaires, mais, jusque-là, considérez, je vous prie, que j'ai moins
de ressources que vous pour remplir les postes vacants. Vous
pouvez choisir entre les prêtres et les laïcs, et je n'ai pas cette
alternative à ma disposition.

« J'espère donc que vous aurez égard à ces considérations, et je
prie votre Excellence d'agréer le témoignage de mon sincère et
respectueux dévouement.

« † Louis, évêque de Versailles. »

« P.-S. — Je crois que vous pensez comme moi qu'il ne doit y avoir qu'une âme et qu'un cœur, c'est-à-dire une parfaite harmonie, entre l'Université, et le clergé, surtout quand elle a un chef attaché à la religion tel que vous ; nos intérêts sont les mêmes et les résultats doivent y correspondre (1). »

Cette lettre était inutile. L'abbé Beulé avait été nommé la veille. Un autre arrêté nommait MM. Itasse, régent provisoire d'humanités ; L'Écuyer, de première année de grammaire ; Bonnet, de deuxième année. Mais la concorde ne dura pas longtemps entre l'abbé Beulé et la municipalité. Le nouveau principal avait, avec les plus hautes qualités, un caractère peu traitable dont les effets éclatèrent bien vite. Le 12 février 1811, M. Fauveau lui écrit :

« Mon ami, j'apprends avec surprise que tu viens de porter la pension à 640 francs. Je ne puis le croire ; je te crois trop l'ami de ton pays pour prendre une mesure qui bien sûrement détruira l'ouvrage que tu as si bien commencé. D'un autre côté, ce serait un acte de mépris pour le bureau administratif qui a fixé la pension à 400 francs, et dont l'arrêté a été confirmé par le grand-maître.

« J'attends de toi un retour sur un pareil acte, si tu avais eu l'imprudence de le prendre sur toi.

« Ton ami, Fauveau. »

Le conflit s'aggrava, et le comique se mêla quelque peu à des questions plus sérieuses. La pendule de l'abbé Beulé avançait souvent. Or, les différents exercices du collège étaient réglés par cette pendule. De là, des retards fréquents pour les externes ; et, malgré les réclamations, l'abbé Beulé s'entêta à se conformer aux indications de sa pendule désordonnée. M. Fauveau prit de nouveau sa plume et écrivit au sous-préfet le 2 mars 1811 :

« Les inconvénients dont j'avais eu l'honneur de vous entre-

---

(1) Archives nationales.

tenir, relativement à l'heure de l'entrée des classes du collège
de cette ville, se renouvellent. M. le Principal n'exécute point
ce qu'il m'avait fait promettre. Il fait bien sonner l'appel des
externes quinze minutes avant l'heure fixée pour l'ouverture
des classes, mais, quand les écoliers se présentent pour entrer,
ils trouvent la porte fermée, et elle ne s'ouvre précisément
qu'à l'instant où le professeur entre en classe, de manière que
l'élève qui retarde d'une minute ne peut entrer ; non seulement
il est privé de cet avantage, mais encore le Principal lui inflige
une peine qui me paraît réprouvée par la justice; c'est que, s'il
est le premier de sa classe, il se trouve le dernier et perd par
cette mesure tout le prix de son application et de ses heureuses
dispositions.

« M. le Principal tient toujours à se régler sur une pendule
qui se trouve dans l'intérieur du collège; c'est un pensionnaire
qui est réglementaire *(sic)* et qui souvent, par un caprice de
jeune homme ou autrement, peut l'avancer ou la retarder.
D'ailleurs, le son de la cloche qui appelle est à peine entendu
de la place Saint-Denis, par la raison que les corps de bâtiments qui se trouvent entre cette place et la cloche en rompent
le son et empêchent, surtout par certains temps, qu'on ne l'en-
tende bien clairement. Enfin, Monsieur, les externes, qui, par
le désir de s'instruire, perdent un temps précieux à attendre,
sont obligés d'être exposés aux injures de l'air, tandis que la
ville et M. le Préfet ont désigné la première cour du collège
pour les externes, et la seconde pour les internes.

« Je sollicite d'autant plus vivement l'assistance de votre
autorité dans cette circonstance, que je regarde la résistance de
M. le Principal à l'adoption de la mesure que vous lui avez
proposée comme une guerre déclarée aux enfants des principaux
habitants de cette ville, qui ont contribué et contribuent tous les
jours aux moyens nécessaires à l'entretien et à la dotation d'un
établissement aussi intéressant.

« Je considère donc comme un point important à l'éducation
de la jeunesse de cette ville et comme une justice qui lui est

due : 1º que l'heure de la classe soit réglée sur l'horloge de la paroisse de Saint-Laurent, qui est une horloge publique, et qui s'entend du collège et de tous les quartiers voisins; 2º qu'il y ait un intervalle de quinze minutes ou de dix au moins entre l'heure indiquée pour l'ouverture des classes et l'entrée du professeur; 3º que les enfants qui arriveront au son de la cloche, qui annoncera l'ouverture de la classe, puissent circuler dans la cour extérieure ou entrer dans une des classes, s'il fait mauvais; 4º si la communication des pensionnaires avec les externes déplaît à M. le Principal ou engendre des inconvénients, les premiers se promènent, pendant le quart accordé pour entrer, dans la seconde cour qui se trouve en face de la salle d'étude, qu'on peut rendre à sa primitive destination, en conservant même la chapelle, parce qu'en distrayant une petite partie de cette pièce pour l'exercice du culte, ce qui restera sera encore suffisant pour la salle d'étude.

« Il est bien pénible pour moi, monsieur le sous-préfet, d'avoir à lutter contre un de mes concitoyens, un ancien ami, par la seule raison que je veux empêcher les enfants de cette ville d'être privés des secours de l'instruction publique; privation qui est la conséquence toute naturelle d'une mesure aussi déraisonnable que contraire à toute justice, car il est inouï qu'on exige qu'un élève externe, qui demeure à un quart de lieue du collège, se trouve précisément et à la minute à l'ouverture de la porte, dont l'heure n'est fixée que par le son d'une cloche qui ne dure pas plus de deux minutes, et qui est réglé sur une pendule placée dans l'intérieur d'un appartement, ou bien que cet élève passe un temps considérable dans la rue pour saisir le moment où il entrera... »

Ce ne fut pas le dernier incident de la querelle survenue entre le maire et le bureau d'administration, d'une part, et l'abbé Beulé. Celui-ci ayant destitué un professeur de son autorité privée, le bureau d'administration imposa au principal l'obligation de reprendre ce professeur, et l'abbé Beulé démissionna en octobre

1811. Un inspecteur général vint faire une enquête et donna tort au principal, qui consentit néanmoins à reprendre ses fonctions. Le sous-préfet conclut ainsi son rapport de 1811, concernant le collège :

« Le soussigné n'a certainement, quant à présent, aucune plainte à former positivement contre le sieur Beulé; au contraire, il ne peut que faire l'éloge du désir qu'il lui suppose de tout faire pour le mieux et de travailler à la prospérité de l'établissement à la tête duquel il est placé, mais, d'un autre côté, il voudrait trouver en lui un caractère moins entier et plus disposé à raisonner de tout ce qui a rapport à son école avec ceux qui ont su le choisir pour collaborateur, puisque le soussigné l'a présenté au grand-maître pour faire partie du bureau d'administration, ce qui n'est pas même d'usage pour les établissements de même nature.

« Avec un peu moins d'austérité, de sévérité de la part du sieur Beulé pour le régime intérieur de son établissement, et moins d'éloignement pour les membres du bureau d'administration, éloignement qu'il est loin de démontrer extérieurement, cet établissement ne manquerait pas de prospérer (1). »

---

(1) PROGRAMME DES CLASSES DU COLLÈGE EN 1811. — Le sieur Lhérondeau fait les 3ᵉ et 4ᵉ classes de latin. — 1ᵉʳ et 2ᵉ trimestres : on explique *Orationes Ciceronis in Catilinam* et *Sallustius*. — 3ᵉ trimestre : *Virgile*. — 4ᵉ trimestre (M. Itasse, professeur) : *Cicéron, Pro lege Manilia; Virgile, Énéide* (3ᵉ livre).

Le principal fait la 5ᵉ classe de latin. — 1ᵉʳ et 2ᵉ trimestres : on explique *Cornelius Nepos* et *Phœdrus*. — 3ᵉ trimestre (M. Bonnet, professeur) : *Selectæ e profanis*. — 4ᵉ trimestre : *Quintus Curtius*.

Le sieur L'Écuyer fait la 6ᵉ. — 1ᵉʳ et 2ᵉ trimestres : *Epitome historiæ græcæ*. — 3ᵉ trimestre : *De viris illustribus*. — 4ᵉ trimestre : *Appendix de diis; Cornelius Nepos*.

Le sieur Chalmel fait la 7ᵉ. — 1ᵉʳ et 2ᵉ trimestres : on étudie la grammaire latine de Lhomond et les premiers principes de la langue française. — 3ᵉ trimestre : on explique l'*Epitome historiæ græcæ*. — 4ᵉ trimestre : mêmes auteurs (MM. Mansion, 1ʳᵉ classe élémentaire; Maillard,

Le collège eut en 1812 la visite de l'inspecteur général Frayssinous (1), qui témoigna sa satisfaction « pour la bonne tenue et le régime bien ordonné de l'établissement. » Mais, avant la fin de l'année scolaire, l'abbé Beulé donna sa démission de principal pour raisons de santé. Un de ses anciens élèves, l'abbé Brière, a retracé le tableau de ce principalat avec une sincérité d'accent et un élan de reconnaissance qui font honneur à l'élève autant qu'au maître. Mais les impressions de l'enfant n'ont-elles pas idéalisé pour toujours dans son esprit et dans son cœur la physionomie de l'abbé Beulé ? La réalité ramène ces louanges à de plus justes proportions, et la vérité historique, s'appuyant sur des textes et des témoignages irréfutables, nous montre la nature fort peu docile et, par certains côtés, impénétrable du principal Beulé. Question de caractère, qui laisse intactes et très belles son auréole de charité et sa réputation d'intelligence supérieure.

« A cette époque, le collège de cette ville était tombé dans un tel état de dépérissement qu'il n'existait pour ainsi dire plus. On cherchait un homme qui pût le relever de ses ruines et y faire refleurir la discipline et les études. L'élève de l'ancienne Univer-

---

2ᵉ classe élémentaire, professeurs) ; M. Itasse, professeur de grec, explique pendant le 4ᵉ trimestre les *Fables d'Esope.*

Pendant le 2ᵉ trimestre, le principal « attachant à la maison un maître d'écriture et de calcul (M. Maurin) et un maître de grammaire (M. Rocton), confie cette école primaire à deux instituteurs dont les talents sont généralement connus. »

Le principal fait les mathématiques pendant le 4ᵉ trimestre, mais il n'est question nulle part ni d'histoire, ni de géographie, ni de langues vivantes, etc... (Extrait de l'*État de situation politique de 1811*, rédigé par M. Rouillé d'Orfeuil, sous-préfet.)

(1) Frayssinous (Denis, comte de) (1765-1841), célèbre prédicateur, inspecteur général de l'Université, dont il devint le grand-maître en 1822, ministre des Affaires ecclésiastiques et de l'Instruction publique de 1824 à 1828, précepteur du duc de Bordeaux en 1833.

sité de Paris, le docte prêtre qui n'ignorait pas plus Horace et
Virgile que l'Ecriture sainte et l'antiquité ecclésiastique, se présentait à la pensée de tous. Mais on eut bien de la peine à vaincre
ses résistances. Il semble qu'il prévoyait les peines qui l'attendaient dans ce nouveau genre de vie. A sa voix, l'enceinte déserte
du collège fut bientôt remplie; de toutes parts, ou se rendait à
cette école, où présidait un chef si digne et si renommé. Dès la
première année, elle comptait plus de cent élèves internes (1), qui
vinrent de tous les lieux d'alentour rivaliser avec les enfants de la
cité. Comme tant d'autres, je fus attiré par la réputation du
maître et je pris ma place sur ces bancs où nous étions si serrés.
Soyez à jamais béni, mon Dieu, de m'avoir prédestiné aux leçons
d'un tel précepteur! Ce bienfait de votre Providence est le plus
grand, j'ose le dire, que j'aie reçu de vous, et jamais ma gratitude
ne pourra l'égaler.

« J'en atteste mes anciens condisciples; avec quel soin la religion et les lettres ne nous étaient-elles pas enseignées! Je dis la
religion d'abord, car elle formait la base essentielle de notre éducation. On ne se contentait pas de nous en donner une idée légère
et superficielle; on l'imprimait bien avant dans nos âmes : son
histoire, ses dogmes, ses preuves, ses pratiques, tout ce qui la
concerne nous était profondément inculqué, et ce que nous avions
le plus besoin de connaître, c'est-à-dire Dieu et son culte, était
aussi ce que nous connaissions le mieux. Ne croyez pas cependant
qu'on négligeât les sciences humaines... M. Beulé nous donnait
l'instruction personnellement, le plus qu'il pouvait. J'ai eu le
bonheur d'être son écolier, et c'est de sa bouche savante que j'ai
appris les rudiments des langues. Sa méthode était admirable et ne
se traînait pas dans les ornières de la routine... Du reste, il pen-
sait toujours à former notre cœur, en formant notre esprit, et peu
de classes se passaient sans qu'il tendît à son but par des réflexions,

---

(1) L'impitoyable statistique réduit considérablement ce chiffre. L'abbé
Beulé ne vit pas au collège plus de 60 pensionnaires, et le total annuel
des élèves ne dépassa jamais 102 sous son principalat.

des traits d'histoire, des plaisanteries auxquelles il se laissait aller comme par hasard, mais que sa sagesse avait pourtant calculées et prévues. Il exerçait sur nous une surveillance active et de tous les moments, mais il la dissimulait sous les plus joyeuses apparences. Il se mêlait à nos récréations, il prenait part à nos jeux, même les plus enfantins, et vous eussiez dit que ce prêtre si grave y trouvait autant de plaisir que nous; il entrait dans nos conversations, il écoutait nos petites disputes, nous l'en faisions volontiers l'arbitre... Qui peut dire les florissantes destinées qu'eût obtenues un établissement ainsi dirigé, s'il fût resté entre les mains de celui qui l'avait comme fondé parmi nous (1)? »

M. BOUCHARD. — Le 5 septembre 1812, le sous-préfet de Nogent demande instamment au grand-maître de l'Université la nomination d'un nouveau principal. Enfin, M. Bouchard, maître de pension à Orléans, fut nommé en octobre, et il écrivit le 17 au grand-maître :

« Monseigneur, prompt à me conformer aux intentions bienveillantes de votre Excellence, je viens de me rendre au collège de Nogent-le-Rotrou. L'accueil que j'y ai reçu de la part tant des autorités locales que des notables de la ville me fait apprécier vos bontés en ma faveur, me console de la perte de mon établissement d'Orléans et me prouve que, dans une administration paternelle, le mal ne se fait sentir que pour céder au bien. Le collège était devenu désert par la *désertion* de M. Beulé. Aujourd'hui, il est fréquenté par *soixante* élèves dont une moitié de pensionnaires (2)... »

M. Bouchard demande, le mois suivant, au grand-maître de ratifier le choix qu'il a fait de plusieurs régents : Huguet, mathé-

_____

(1) *Éloge funèbre de M. l'abbé Beulé* (6 juillet 1839).
(2) Archives nationales.

matiques; Mansion, humanités; L'Écuyer, 2⁹ grammaire; Vassal, 1ʳᵉ grammaire; Lecomte, classe élémentaire; Collet de Brunelières, premier maître élémentaire.

L'inspecteur Frayssinous écrit alors au grand-maître :

« Monseigneur, je n'ai à transmettre à votre Excellence que des renseignements favorables sur les cinq régents proposés par M. Bouchard, principal du collège de Nogent-le-Rotrou. Tous ont une excellente conduite et tous aussi, quoique sous divers degrés de talent et d'instruction, ont la capacité requise. Quelques-uns, il est vrai, sont un peu jeunes (1), mais il ne s'agit pas d'en faire des chefs d'établissement, et, d'ailleurs, j'ai remarqué que les jeunes gens portent dans l'enseignement un zèle, un amour de bien faire qui produit les effets les plus heureux; je ne croirais donc pas que la jeunesse de quelques-uns des sujets proposés dût être un obstacle à leur nomination.

« Frayssinous. »

---

(1) M. Lecomte, entre autres, n'avait que 17 ans à peine. Alexandre Lecomte, né à Nogent en 1796, fut sous-principal du collège avant d'entrer au grand séminaire de Versailles, où il resta comme professeur de philosophie avant d'exercer les mêmes fonctions au grand séminaire de Chartres en 1821. En 1824, il remplaça, comme chanoine et curé archiprêtre de la cathédrale, le frère de l'ex-principal Châles, l'abbé P.-Claude Châles, interdit par l'autorité ecclésiastique. L'abbé Lecomte fut le guide du jeune abbé Pie, plus tard évêque de Poitiers et cardinal. Il mourut en 1850, après avoir refusé plusieurs fois l'épiscopat, pour lequel le désignaient ses rares qualités intellectuelles et morales. — Sur les 19 élèves signalés comme le plus souvent nommés dans le palmarès de 1811, sept sont devenus prêtres, parmi lesquels l'abbé Lecomte; l'abbé Dallier, né à Nogent en 1795, qui fut supérieur du grand séminaire de Versailles à 28 ans et mourut doyen du chapitre de Versailles en 1875; l'abbé Brière, né à Chartres en 1798, qui fut curé de Saint-Laurent et de Notre-Dame, à Nogent, et curé de la cathédrale de Chartres. Il mourut en 1866. — Un autre lauréat de l'année 1811 fut Elphège Mirbeau, de la famille de l'écrivain connu, Octave Mirbeau.

M. Bouchard resta onze ans principal et compta, chaque année, environ cent élèves, malgré certaines manœuvres hostiles pour

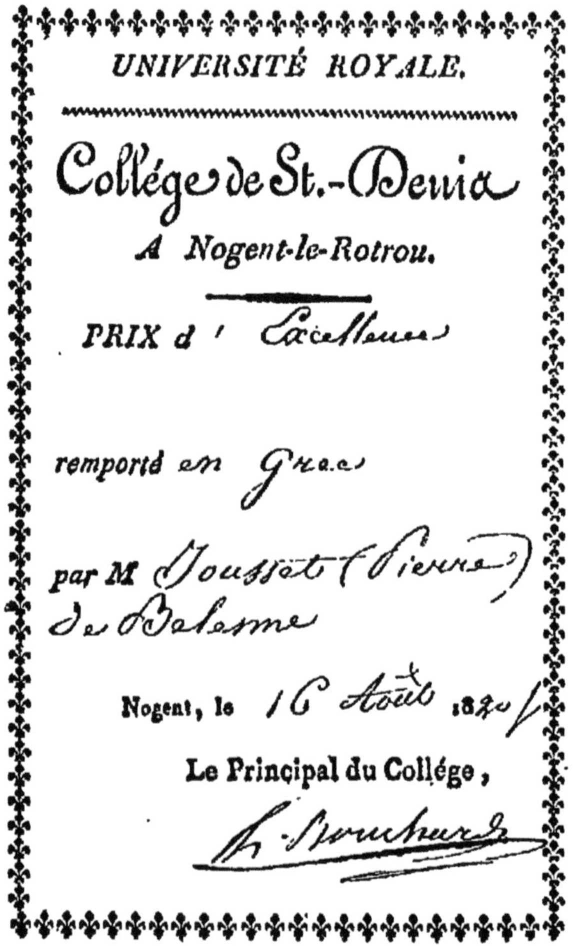

Fac-similé (réduit) d'une étiquette de prix (1)

faire disparaître le collége. La Restauration n'osa pas détruire l'Université, mais elle chercha à mettre l'enseignement dans

____

(1) Jousset (Pierre-Gatien) (1802-1892), né à Longny, mort à Bellême,

les mains du clergé (1). « Les premiers jours de la Restauration,
sept proviseurs, six censeurs, trois économes, cinquante-sept
professeurs, dix-huit principaux, cent quatre régents et un grand

---

d'une très ancienne famille du Perche, dont le nom, avant la Révolution,
était Jousset de Belesme. Son père, ami de Barrère, chirurgien des armées
de la République, blessé à Fleurus, dut renoncer à la médecine et vint
s'installer comme pharmacien, d'abord à Longny, puis à Bellême. Pierre
Jousset quitta le collège de Nogent pour aller faire sa philosophie au Mans.
Étudiant en médecine à Paris, il fut l'élève de Roux et de Rostan et le
camarade de Littré, de Bouchardat, de Geoffroy Saint-Hilaire, dont il
resta l'ami. Républicain d'avant-garde et désigné pour la déportation à
Lambessa, après le coup d'État, il fut sauvé par un de ses amis, procureur
impérial à Paris, M. Portier. Le docteur Jousset a laissé, outre le souvenir
de sa science médicale, de son indépendance et de sa générosité, une foule
d'opuscules très recherchés sur le Perche et sur les sujets les plus divers.

(1) Sous la Restauration, les lycées deviennent *collèges royaux*, et les
anciens collèges sont appelés *communaux*. « Les bases de l'éducation des
collèges sont la religion, la monarchie, la légitimité et la charte... L'évêque diocésain exercera, pour ce qui concerne la religion, la surveillance
sur tous les collèges de son diocèse. Il les visitera lui-même ou les fera
visiter par un de ses vicaires généraux et provoquera auprès du Conseil
royal de l'instruction publique les mesures qu'il aura jugées nécessaires...
Il sera distribué des médailles d'or aux professeurs des collèges qui se
seront distingués par leur conduite religieuse et morale et par leur succès
dans l'enseignement. » (Ordonnance royale du 27 février 1821.) — Le même
jour, l'abbé Nicolle, membre du Conseil royal de l'Instruction publique,
est nommé recteur de l'Académie de Paris. — Déjà l'ordonnance royale
du 17 février 1815 avait décidé que « les chefs d'institution et maîtres de
pension, établies là où il y a des collèges, seraient tenus d'envoyer leurs
pensionnaires comme externes aux leçons des collèges » et que « l'école
secondaire *ecclésiastique* qui a été ou pourrait être établie dans chaque
département (ordonnance du 15 octobre 1814) serait exceptée de cette obligation, mais que la dite école ne pourrait recevoir aucun élève externe. »
— C'est le 26 août 1824 qu'une ordonnance royale créa un ministère des
Affaires ecclésiastiques et de l'Instruction publique. Le comte Frayssinous, évêque d'Hermopolis, pair de France, premier aumônier du roi,
fut nommé, le même jour, titulaire du nouveau ministère.

nombre de maîtres d'étude furent destitués, suspendus ou déplacés ; plus de trois cents élèves boursiers furent renvoyés ; dans les premiers mois de 1816, on comptait déjà plus de six cents ecclésiastiques en exercice dans les établissements d'instruction publique (1). » Déjà, sous l'Empire, la philosophie et l'histoire étaient négligées et très strictement limitées ; la Restauration accentua cette méfiance envers la libre recherche des idées et des faits. La philosophie fut réduite à la *logique*; et cet enseignement était donné en *latin* ; l'histoire fut bannie des classes supérieures. Les exercices religieux occupèrent une large place dans l'enseignement secondaire (2) ; les exercices militaires

---

(1) Kilian. — Tableau de l'enseignement secondaire. — L'École normale supérieure, l'École polytechnique furent un moment supprimées.

(2) L'enseignement primaire était encore plus soumis à la surveillance du clergé. Citons quelques paragraphes du règlement adopté le 21 août 1821, pour les écoles du canton d'Authon (E.-et-L.), par le Comité d'instruction publique du canton, réuni sous la présidence de M. Boniteau, curé :

« Article I. — Dans chaque local, à l'endroit le plus convenable, il sera placé un crucifix, devant lequel les enfants se mettront à genoux pour faire à la fin de chaque école les prières ci-après : École du matin : *Pater noster, Ave Maria, Credo*, les Actes de Foi, d'Espérance et de Charité, *Confiteor* et l'Acte de Contrition. — Tout chrétien doit savoir ces prières. A l'école du soir : *Notre Père, Je vous salue, Marie, Je crois en Dieu*, les Actes de Foi, d'Espérance et de Charité, *Je confesse à Dieu*, l'Acte de Contrition. On y ajoutera les Commandements de Dieu et de l'Église, qu'on ne peut avoir trop présents à l'esprit. •

Art. III. — Tous les mercredis et samedis, l'école du soir sera employée en entier à apprendre aux élèves à prier Dieu, ainsi qu'à répéter et à expliquer une leçon ou deux de catéchisme du diocèse.

Art. VIII. — Les instituteurs donneront l'exemple de l'entier accomplissement des préceptes de la religion. Ils useront de toute leur influence pour que leurs écoliers assistent aux offices de l'Église les dimanches et fêtes... Autant que possible, les élèves assisteront journellement à la messe, conduits par les instituteurs.

furent supprimés, et les tambours furent remplacés par des cloches. Cependant Nogent conserva son clairon, et la cloche ne fut installée que vers 1840.

Le collège de Nogent subit en 1824 un assaut qui faillit l'emporter. Le grand-maître de l'Université, Frayssinous, usait de toute son influence en faveur du clergé séculier, avant de protéger la rentrée des Jésuites, expulsés depuis 1762. Le Conseil municipal de Nogent, travaillé par de sourdes menées, réduisit pour 1825 de 4,000 à 2,500 francs la subvention accordée au collège. A la suite de ce vote, qui désorganisait les études en donnant aux régents un traitement de famine, M. Bouchard n'attendit pas la fin de l'année scolaire et donna sa démission (1). Alors le chemin fut lit ', et le danger apparut nettement.

Art. IX. -- Les instituteurs ne souffriront dans leurs écoles que les livres ci-après désignés : 1° l'Alphabet latin et français ; 2° le Psautier ; 3° la Vie de Jésus-Christ, précédée de l'abrégé de l'Ancien Testament ; 4° les Devoirs du chrétien ; 5° le Catéchisme du diocèse ; 6° la Civilité ; 7° l'Instruction de la jeunesse ; 8° les Épîtres et lés Évangiles des dimanches et fêtes et du carême, avec des réflexions ; 9° l'Imitation de Jésus-Christ ; 10° le Catéchisme historique de Fleury ; 11° l'abrégé de l'Histoire sainte par Lhomond ; 12° la Vie des Saints ; et enfin tous autres livres qui seraient prescrits par le Conseil royal de l'instruction publique. »

Le 6 septembre 1821, l'Inspecteur d'Académie écrit à M. Boniteau :

« Monsieur le Curé, j'ai mis sous les yeux de M. le Recteur de l'Université le règlement que vous vous proposez d'adopter. Il ne saurait trop vous engager à en presser l'exécution dans toutes vos écoles.

« Agréez, Monsieur le Curé, l'expression de ma profonde vénération.

« L.-G. TAILLEFER. »

(1) M. L. Bouchard-Huzard (1784-1841) se livra ensuite à l'agriculture, puis dirigea à Paris une importante maison d'imprimerie et de librairie. Il mourut officier de l'Université et chevalier de la Légion d'honneur. Il n'oublia pas Nogent et donna à plusieurs reprises des volumes de choix aux bibliothèques de la ville et du collège. Le collège possède un portrait lithographié de M. Bouchard, offert par son fils.

Le collège resta plusieurs mois sans principal, circonstance très favorable aux malveillants desseins.

La séance du 18 juillet 1824 fut une journée décisive pour le collège et l'enseignement laïque, qui n'avaient plus en haut lieu l'appui nécessaire. Il s'était déjà trouvé au Conseil une majorité pour réduire la subvention annuelle ; c'était un acheminement insensible et dissimulé vers la suppression du collège. Mais, le 18 juillet 1824, les libéraux se ressaisirent.

« Le 18 juillet 1824, M. le Maire a donné lecture : 1° d'une lettre du sieur Verguin, vicaire général, supérieur du séminaire de Chartres, en date du 1er juin dernier, par laquelle cet ecclésiastique, au nom de Monseigneur de Montals (1), évêque nommé de Chartres, propose l'établissement dans cette ville d'un petit séminaire, dans lequel seraient admis des élèves tant ecclésiastiques que laïcs, et demande, à cet effet, la cession tant des bâtiments du collège que ceux des casernes qui y sont adjacents ; 2° d'une autre lettre de mon dit sieur Verguin du 5 du courant, par laquelle il déclare, toujours au dit nom de Monseigneur de Montals, qu'il est disposé à consentir *à tous les arrangements que lui propose la ville* et qui seront conciliables avec l'établissement, et notamment que l'on pourrait y admettre des externes et des demi-pensionnaires, et, à cause des élèves laïcs, que les maîtres de dessin et de musique y seraient admis ; que les frais à faire pour l'établissement et ceux d'entretien des bâtiments seraient à la charge du dit établissement, qui ne jouirait des bâtiments qu'à

---

(1) Claude Clausel de Montals (1770-1857), évêque de Chartres de 1824 à 1853. Monseigneur de Montals combattit ardemment pour la liberté de l'enseignement, telle que la loi Falloux la consacra. Il fut un des violents adversaires du délicat philosophe Jouffroy, alors professeur de l'Université. En 1850, Monseigneur de Montals publia un mandement où il critiquait si vertement un mandement de Monseigneur Sibour, archevêque de Paris, engageant les prêtres à s'abstenir de toute intervention dans les discussions politiques, que l'archevêque déféra son suffragant à un concile provincial.

titre d'usufruitier, et quant aux secours de la ville, *il espère que l'on voudra bien continuer tout ou partie de ceux qui étaient affectés au collège*, à moins que la ville ne préférât établir quelques bourses et demi-bourses pour les élèves, même séculiers, à sa présentation ; 3° d'une lettre de M. le sous-préfet de l'arrondissement du 28 juin dernier par laquelle ce magistrat annonce à M. le Maire *que M. le Préfet verrait avec plaisir l'établissement projeté avoir lieu à Nogent...* »

Après une mûre délibération, sur la demande de la majorité des membres du Conseil, le vote fut secret. Sur 27 votants, 11 se prononcèrent pour le petit séminaire et 16 pour le collège. La proposition était rejetée ; le collège était sauvé ! Avant de se séparer, le Conseil émit le vœu, qui a comme un parfum d'ironie, « que Mgr de Montals voulût bien s'entendre avec son Excellence le grand-maître de l'Université pour procurer promptement au collège de cette ville un principal capable par ses vertus et son mérite de le faire prospérer, et que Mgr de Montals voulût bien continuer, comme jusqu'à présent, à envoyer au collège de cette ville des élèves ecclésiastiques (1). »

M. PERREAU. — M. Perreau, nommé principal en novembre ou même en décembre 1824, recueillit une succession tout à fait mauvaise. Le 25 janvier 1825, il écrit au maire « qu'à son arrivée au collège l'établissement était dépourvu de toute espèce de mobilier et *entièrement désert de pensionnaires*, qu'il lui a fallu meubler cet établissement à ses frais, qu'il a fait des sacrifices pour relever le collège et le ramener autant que possible

---

(1) Inutile demande! Non seulement les boursiers de l'évêché quittaient le collège à la fin de l'année scolaire, mais le principal constate un an après, dans son rapport d'octobre 1825, que « les séminaires de Chartres et de Terminiers lui enlèvent beaucoup de pensionnaires ». Ceux-ci, de 35 en 1824, n'étaient plus que 12, et après bien des efforts, en avril 1825.

vers l'état prospère dont il était déchu ; que notamment il avait diminué d'un cinquième le prix de la pension. Il réclame donc les avantages que la ville faisait à son prédécesseur. » Le maire observe qu'il a reconnu depuis longtemps l'insuffisance du crédit de 2,500 francs, et qu'il a vainement demandé des secours au ministre des Affaires ecclésiastiques et de l'Instruction publique.

« Le Conseil, considérant qu'au mois de mai 1824 le traitement du principal du collège fut réduit de 4,000 à 2,500; qu'à cette époque le collège était pourvu d'un bon nombre de pensionnaires et la pension fixée à 500 francs ; que le bénéfice résultant du pensionnat permettait de faire cette économie, que depuis la retraite de M. Bouchard, la nomination de son successeur ayant été trop tardive, les classes ne purent être ouvertes que longtemps après le jour fixé pour la rentrée; qu'il s'en est suivi qu'à l'arrivée de M. Perreau il ne se trouvait plus de pensionnaires; que, malgré son zèle et son activité soutenus, il n'a pu jusqu'à présent parvenir à rappeler plus de 24 pensionnaires ou demi-pensionnaires; arrête pour seconder M. Perreau que, pour la présente année, le traitement du principal serait fixé comme précédemment à 4,000 francs, et qu'il l'autorise à percevoir de chaque élève externe une rétribution de 30 francs au lieu de 20 (1). »

Malgré ces efforts, le collège ne remonte pas; une hostilité

---

(1) En 1829, le professeur de rhétorique, sous le pseudonyme de Beaupré, dans une spirituelle épître, restée manuscrite, sorte de revue d'événements récents, dit à propos des conseillers municipaux :

> N'ont-ils pas au collège accordé des monts d'or?
> Si, dans un triste état, celui-ci reste encor,
> Aux membres du Conseil il ne faut pas s'en prendre,
> D'autant plus que la cause est facile à comprendre;
> Car que peut devenir une telle maison
> Avec un principal qui dit oui, qui dit non,
> Selon que son caprice ou le pousse, ou l'arrête,
> Et dont les quatre vents bouleversent la tête?

ouverte continue à l'envelopper, à tel point que l'inspecteur d'Académie écrit au sous-préfet la « note particulière » suivante non datée, signée seulement d'initiales, et dont nous croyons pouvoir fixer l'envoi entre 1824 et 1828, plutôt vers cette dernière date, alors que M. de Vatimesnil, le successeur de Frayssinous, réagissait un peu contre les tendances précédentes :

« Je n'ai pu lire, sans un vif intérêt et sans une vraie douleur, l'extrait de la dernière délibération du Conseil d'administration du collège (1). Je ne crois pas malheureusement que le Conseil royal puisse faire droit à la demande de M. le Principal que cette délibération a pour but d'appuyer. J'étais loin de penser que les obstacles au zèle éclairé et à la bonne volonté de cet estimable fonctionnaire dussent venir de ceux-là mêmes dont les suffrages devaient lui être assurés par ses excellents principes, par sa conduite antérieure et par ses habitudes journalières.

« J'ai su, non par lui mais par une voie étrangère, que des démonstrations d'hostilité avaient été manifestées même du haut de la chaire de vérité, qui ne devrait jamais retentir que des expressions de la paix et de la charité, et que les choses avaient été poussées jusqu'au scandale.

« De plus, on aurait été jusqu'à chercher à abuser du tribunal de la pénitence pour détourner du collège. On se refuse à ajouter foi à de tels excès, mais s'ils étaient bien constatés, il serait de mon devoir d'employer tous les moyens de les faire cesser. Jusqu'à ce qu'il nous ait été fourni des preuves évidentes que le principal aurait donné lieu à ces dispositions malveillantes, nous nous empresserons à lui faire rendre la justice qu'il nous a paru mériter jusqu'ici.

« Je ne balancerai pas à m'adresser directement à Monseigneur

---

(1) Le registre des délibérations de cette époque est perdu. Beaucoup de dossiers existant aux archives de la sous-préfecture ont été détruits en 1870. Les Allemands, à défaut de paille, s'en sont servis pour faire la litière de leurs chevaux.

l'Evêque. Je sais combien il est loin de ses intentions toutes épis-
copales et toutes paternelles d'autoriser une pareille conduite dans
aucun de ses subordonnés. Il veut bien m'honorer de sa confiance,
et je lui ferai connaître la vérité. Mais j'ai besoin, monsieur le
sous-préfet, que des autorités graves puissent constater et confirmer les faits odieux qui m'ont été rapportés. Permettez-moi de
compter sur votre amour pour la justice et sur votre bienveillance
envers le chef d'un établissement, qui a dû beaucoup déjà à votre
zèle, pour m'aider à déjouer les menées ourdies afin de le décou-
rager et l'empêcher de remonter un collège qui avait besoin d'un
directeur aussi éclairé et aussi exercé pour lui redonner quelque
existence.

« L. G. T. » (1)

Le 30 juillet 1828, le ministre de l'Instruction publique écrit
au maire « que le collège de Nogent est loin de répondre à
l'attente de l'Université et aux espérances de la ville ; qu'une des
causes du dépérissement de cette utile école est dans la modicité
de la dotation qu'elle reçoit ; que les traitements sont beaucoup
trop faibles pour que les régents puissent vivre honorablement... »
Le Conseil, « bien que l'excédent de recettes pour le budget de
1829 ne soit que de 193 francs, espérant que le produit de l'octroi
sera considérablement augmenté par la récolte des pommes à
cidre, décide de porter la dotation à 6,000 francs... »

En outre, il est décidé « que cette somme de 6,000 francs sera
répartie entre les régents par le bureau d'administration du
collège et payée *individuellement* en mandats délivrés par le
maire. » Cette innovation était importante ; le traitement des
régents n'était plus soumis ainsi à l'arbitraire du principal qui
pouvait favoriser tel ou tel au détriment des autres.

Le prospectus du collège en 1828, plus explicite que celui de
M. de Mondésir, donne une idée assez précise de l'enseignement

---

(1) L. G. Taillefer.

secondaire et de l'éducation à Nogent, à cette époque. On remarquera que ce prospectus s'occupe d'une manière beaucoup plus complète que le premier du trousseau des pensionnaires et des objets à leur usage. Il n'est pas question d'uniforme spécial pour les élèves ; celui-ci n'apparaîtra qu'en 1832.

UNIVERSITÉ DE FRANCE

ACADÉMIE DE PARIS

COLLÈGE COMMUNAL

de

NOGENT-LE-ROTROU

L'établissement appartient à la ville ; il offre d'autant plus de garanties qu'il est surveillé par le bureau d'administration, qui s'en occupe d'une manière toute particulière, et que la ville elle-même vient de faire de grands sacrifices en sa faveur.

Le collège, situé de la manière la plus heureuse, se trouve à l'extrémité de la ville et tout à fait isolé ; on y respire un air pur et très favorable à la santé ; une cour spacieuse et plantée d'arbres permet aux élèves d'y passer la récréation ; un dortoir vaste et bien aéré ne laisse rien à désirer sous le rapport de la propreté et de la salubrité ; il est éclairé pendant la nuit ; des maîtres de quartier y couchent et y exercent la plus exacte surveillance.

La religion étant la base de toute éducation, c'est un ecclésiastique qui est spécialement chargé de cette partie importante ; le principal et les régents se font un devoir d'y concourir de tous leurs moyens.

La surveillance la plus exacte est exercée dans tous les moments ; jamais les élèves ne sont livrés à eux-mêmes.

On admet les élèves de tout âge ; les plus jeunes sont l'objet de soins particuliers ; une nourriture saine, bien préparée, assure la santé des élèves ; s'il en est qui tombent malades, ils trouvent à l'infirmerie tous les soins désirables, sous la direction d'un médecin attaché à l'établissement. Les parents sont libres néanmoins d'en envoyer un de leur choix ; les visites sont à leur charge.

Les sorties sont rares ; elles sont la récompense des progrès que font les élèves, de leur application et de leur bonne conduite. Les enfants ne sont jamais confiés qu'à leurs père et mère ou aux personnes qui justifient d'un pouvoir signé des parents.

Tous les trois mois, et plus souvent s'il est nécessaire, des bulletins sont envoyés aux parents pour les informer de la santé, des besoins, de la conduite et des progrès de leurs enfants.

L'année scolaire est de dix mois et demi ; elle commence au 1er octobre et finit au 15 août ; les vacances commencent à cette époque et sont de six semaines.

ENSEIGNEMENT

Celui de la religion précède, accompagne et domine tous les autres enseignements.

Il y a plusieurs cours d'études appropriés à l'intelligence des élèves ou à la volonté des parents. Ces cours sont au nombre de trois :

Le premier, qui constitue le cours des études, comprend tous les genres d'écriture, la mythologie, la géographie, l'histoire sacrée, l'histoire profane, les mathématiques, l'histoire ancienne et moderne, le français, le latin et le grec, depuis les premiers éléments jusqu'à la rhétorique inclusivement.

Dans le second cours, on apprend tout ce qui fait partie du premier, à l'exception du latin et du grec, remplacé par l'étude d'une rhétorique française, de l'arpentage et de la tenue des livres.

Le troisième cours enfin, ou cours préparatoire, a pour objet
la lecture, l'écriture, l'arithmétique, l'histoire sainte, le catéchisme, la grammaire et les premières notions de la géographie
et de l'histoire de France.

Il y a un maître pour ceux qui ne savent que lire et écrire
imparfaitement.

Chaque cours a ses régents particuliers ; chaque classe a le sien.
Les maîtres d'écriture, de dessin et de musique, attachés à l'établissement, sont très avantageusement connus par les progrès
rapides qu'ils font faire à leurs élèves. Les leçons de danse, d'escrime et des autres arts d'agrément sont payées par les parents.

DISPOSITIONS GÉNÉRALES

Le collège reçoit trois espèces d'élèves : 1º des pensionnaires
qui sont à demeure ; 2º les demi-pensionnaires qui sont de deux
sortes : ceux qui viennent au collège à sept heures du matin, y
prennent leurs repas, et s'en retournent à sept heures du soir ;
ceux qui entrent au collège à huit heures et demie du matin, en
sortent à quatre heures après midi, et n'y font qu'un repas ; 3º des
externes qui n'entrent au collège que pour assister aux classes, et
s'en retournent chez eux quand ces classes sont terminées.

CONDITIONS DE LA PENSION

La pension entière est de 400 francs pour l'année scolaire ; la
rétribution universitaire est le vingtième du prix de la pension,
et cette rétribution est la même pour tous les élèves du collège
indistinctement, quel que soit le cours d'études qu'ils y suivent.

Les paiements se font d'avance et par dixièmes, conformément
à l'arrêté de son Excellence, du 15 septembre 1827 :

Trois dixièmes pour octobre, novembre et décembre ;

Trois dixièmes pour janvier, février et mars ;

Trois dixièmes pour avril, mai et juin ;

Un dixième pour juillet et mi-août.

Les termes de paiement sont 1ᵉʳ octobre, 1ᵉʳ janvier, 1ᵉʳ avril, 1ᵉʳ juillet.

Les trois premiers sont de 124 fr. 50 cent.; le quatrième est de 41 fr. 50 cent. Le mois est dû en entier, quel que soit le jour de l'entrée ; les parents qui retireraient leurs enfants avant l'expiration du trimestre n'auront rien à réclamer sur ce qu'ils auraient payé (1).

L'abonnement pour le blanchissage et les menus raccommodages de linge et d'effets est de 36 francs par an ; les parents sont libres néanmoins de s'en charger.

L'abonnement pour le papier, l'encre et les plumes est de 15 francs par an. Les parents sont encore libres de fournir ces objets à leurs enfants.

Chaque pensionnaire doit apporter en entrant : 1º son acte de naissance; 2º son extrait de baptême; 3º un certificat qui atteste

---

(1) Conditions pécuniaires de 1803 à 1906

ANNÉES	PENSION	1/2 PENSION	EXTERNAT		OBSERVATIONS
			LIBRE	SURVEILLÉ	
1803 à 1824	500 fr.	250 fr.	20 fr.		Non compris la rétribution universitaire de 20 francs par élève.
Boursiers de l'évêché	400				
1825 à 1848	400	160 à 200	20 (50 en 1831)		
1848	400	200	40		
1872	450	225	40	60 fr.	
1877	450 à 500	225 à 250	30 à 60	70 à 80	Y compris la rétribution *collégiale* de 50 à 100 fr., payée par chaque élève et qui fait retour à la ville.
depuis 1896	480 à 580	230 à 330	30 à 80	50 à 100	

qu'il a fait ou n'a pas fait sa première communion ; 4° un certificat de petite vérole ou de vaccine. Si l'élève a fréquenté d'autres collèges, il doit être porteur de certificats des chefs de ces établissements.

Il doit être muni d'une malle fermant à clef, avoir des peignes, des brosses, un couvert, une timbale ou un verre, un vase de nuit, etc.

Le lit est fourni par le collège moyennant 15 fr. une fois payés.

Etat du trousseau que doit apporter chaque élève en entrant :

12 chemises ;
12 serviettes ;
 2 paires de draps, trois s'il est possible ;
12 mouchoirs ;
 6 cravates, dont 2 noires ;
 6 bonnets de nuit ;
12 paires de bas ;

2 habillemᵗˢ complets d'été ;
2 habillements complets d'hiver ;
3 paires de souliers ;
2 peignoirs ;
Une éponge et une brosse à dents ;
Un livre d'église.

Le linge, s'il n'est pas neuf, doit être au moins en bon état, et marqué d'un numéro que l'on prie les parents de se faire indiquer d'avance.

La demi-pension est de 225 francs par an pour le premier et le second cours d'études, et pour tous ceux qui prennent tous leurs repas au collège, quel que soit le cours d'études qu'ils y suivent.

Elle est de 160 francs pour ceux qui suivent le troisième cours d'études et qui ne prennent qu'un repas au collège.

La demi-pension se paye aussi d'avance par dixièmes et aux mêmes époques que la pension entière.

Les demi-pensionnaires apportent en entrant une serviette, un couvert, une timbale ou un verre.

Le prix de l'externat est de 20 francs par an, non compris la rétribution universitaire, qui se paye au même taux que celle des pensionnaires.

OBSERVATIONS

On fait observer à messieurs les parents qu'il n'est pas de faiblesse plus funeste ni de plus fausse économie de différer d'un mois la rentrée de leurs enfants ; le 1er octobre, les cours sont en pleine activité, et tous les instants que perd dès lors un élève sont presque toujours irréparables.

Présenté au bureau d'administration du collége par le principal, ce 15 août 1828.

PERREAU,

Officier de l'Université.

« *En cas d'augmentation considérable des grains, on ne trouvera pas extraordinaire que le principal réclame une légère indemnité qui sera fixée, s'il y a lieu, par le bureau d'administration.*

« Vu et approuvé par les membres du bureau d'administration du collége de Nogent-le-Rotrou, ce 20 août 1828 :

« TOCHON DE MAROLLIER, sous-préfet ; ROYER, président honoraire du Tribunal ; FERGON, maire ; DUGUÉ, adjoint ; JOUVET, adjoint.

« Permis à M. Perreau de faire imprimer le dit prospectus.

« Ce 21 août 1828.

« *L'Inspecteur de l'Académie,*

« L.-G. TAILLEFER. »

M. DELALANDE. — M. Perreau fut remplacé en 1830 par M. Delalande, maître de pension à Bellême, où il n'avait pas réussi. M. Delalande n'eut pas plus de chance à Nogent. Il eût pu faire un excellent régent, mais il n'était pas né principal. Il se débattit, comme M. Perreau, au milieu des difficultés financières et administratives. Il prit le collége avec trente-six pensionnaires et le laissa avec *six*.

En 1830, le Conseil municipal émit le vœu que le principal s'abstînt de faire une classe ou, dans le cas contraire, la fît gratuitement. En 1831, un cours gratuit de dessin (1) est établi à la Mairie pour les ouvriers, et le Conseil vote dans ce but une somme de 300 francs. Il encourageait ainsi le professeur de dessin du collège, qui n'avait aucun traitement régulier, étant payé, comme les autres professeurs d'arts d'agrément, par les élèves qui suivaient son cours. La même année, le Conseil décida la création d'une *école mutuelle* (2) gratuite qu'on installa au collège

---

(1) En 1836, on porte à 400 francs le traitement du professeur de dessin afin qu'il soit attaché au collège, que son cours soit suivi par tous les élèves sans augmentation de rétribution et qu'un cours gratuit pour les ouvriers soit fait deux fois par semaine à la mairie.

Le traitement de 400 francs (500 fr. en 1845) du professeur de dessin fut maintenu jusqu'en 1848. Les élèves du collège payaient d'abord 10 francs par an pour suivre ce cours ; en 1848, cette rétribution fut portée à 20 francs. C'est en 1874 que fut décidée la gratuité des langues vivantes, du dessin, de la musique vocale, de la gymnastique. Le traitement du professeur de dessin fut alors élevé à 1.000 francs ; à 1.100, en 1880 ; à 1.200, en 1883 ; à 1.400, en 1889. Les 200 francs accordés par la ville pour le cours de dessin gratuit aux ouvriers furent incorporés en 1891 au traitement du professeur de dessin du collège, mais ce traitement a été ramené à 1.400 francs en 1901, le cours municipal n'existant plus depuis assez longtemps. — Les premiers professeurs de dessin furent MM. Mélland (1782-1831), né à Margon, près Nogent, élève du grand peintre David ; Baltard, frère de l'architecte qui construisit l'escalier d'honneur de l'Hôtel de Ville, les Halles centrales, etc., et mourut membre de l'Institut.

(2) L'enseignement *mutuel*, appelé aussi méthode *lancastrienne* (du nom de l'anglais Lancastre qui l'avait propagée), eut une grande vogue en France sous la Restauration, où s'organisèrent près de deux mille *écoles mutuelles*. Le roi Louis XVIII donnait chaque année 50.000 francs sur sa cassette pour le développement de cet enseignement. Il consistait à faire donner une partie des leçons par les élèves les plus instruits, qu'on appelait *moniteurs*. A Nogent, il y avait un directeur et un sous-maître ; chaque division avait un moniteur, et les deux plus forts de l'école étaient des *moniteurs généraux*.

dans une partie des bâtiments de la caserne (l'abside actuelle) ;
le reste continua à servir de dépôt d'étalons, dépendant du haras
du Pin, et de magasins pour les Contributions indirectes. Le
principal fut d'abord chargé d'acquitter le traitement du directeur
de cette école, et la rétribution payée par chaque élève fut élevée
en conséquence de 20 à 50 francs. Cette augmentation fut si
critiquée qu'en 1832 on revint à la rétribution de 20 francs (1).
En 1835, le collège ayant besoin de locaux pour s'agrandir,
l'école mutuelle, devenue *école primaire supérieure,* conformément
à la loi de 1833, fut transférée rue Bourg-le-Comte, dans la maison
précédemment occupée par un instituteur libre, M. Meunier. Le
18 avril 1835, le Conseil décide, à la suite de la démission de
M. Vigneau, directeur de cette école, d'ériger en école primaire
supérieure (2) le cours de français du collège, professé jusqu'alors
par un ou deux maîtres d'étude ; de donner à l'instituteur
400 francs de traitement et d'accorder dans cette école 25 places
gratuites aux élèves indigents. M. Delalande, principal, assuma
la direction de cette école, qui dura jusqu'en 1874, et comprit
toujours un certain nombre de pensionnaires. C'est aussi en 1835
que M. Delalande inaugura gratuitement la chaire de philosophie
du collège, tout en continuant à enseigner, dans les hautes classes,
les mathématiques et les sciences physiques et naturelles (3).

---

(1) En 1832, le collège compta comme élève Alexandre Dumas fils. Son
père, le grand romancier, avait à Nogent un beau-frère, M. Letellier,
directeur des Contributions indirectes, et le jeune Alexandre fut envoyé à
Nogent, chez son oncle, pendant le choléra.

(2) En 1836, le cours supérieur de l'école primaire avait comme *moniteur* un élève des classes supérieures du collège, M. Olivier, de Mortagne,
qui devint procureur du roi, puis procureur général à Poitiers, et enfin
premier président de la Cour d'appel de Caen.

(3) Sauf dans les classes supérieures, chaque professeur enseignait les
mathématiques dans sa classe respective; il en était de même pour l'histoire et la géographie. La chaire d'histoire ne fut créée à Nogent qu'en

M. Delalande dispersait trop ses efforts : qui trop embrasse mal étreint ! D'autre part, son principalat fut troublé par quelques incidents mouvementés, parmi lesquels nous raconterons celui des uniformes et celui de la bibliothèque (1).

Le bureau d'administration avait décidé en 1834 de fonder au collège une bibliothèque et de demander dans ce but une cotisation aux professeurs et aux élèves. Le principal crut pouvoir imposer au personnel et aux élèves une contribution obligatoire et déchaîna ainsi le mécontentement des familles et des régents.

1876. Quant aux langues vivantes, l'anglais fut longtemps enseigné, dans un cours accessoire payant, par un professeur chargé d'une autre classe ou par un maître d'étude. Ainsi M. Gatineau, professeur de mathématiques, occupa en même temps la chaire d'anglais pendant quelques années ; le professeur de sixième également. Le professeur de mathématiques élémentaires fut en même temps professeur de philosophie pendant plus de vingt ans, et il faisait aussi le cours de physique, chimie et histoire naturelle. On demanda plusieurs fois le concours de notables de la ville qui faisaient bénéficier gracieusement les élèves de leur savoir : en 1832, M. Lebourdais, pharmacien, fait le cours d'histoire naturelle et M. Rouillier, juge d'instruction, un cours élémentaire de droit. M. Th. Malgrange, ancien notaire, fait le cours d'anglais de 1848 à 1855. On rencontre plus tard les noms de M. le Dʳ Tournet-Desplantes, pour l'hygiène ; de M. Georges Audigier, sous-préfet, pour le droit.

(1) Le 8 pluviôse an II (26 janvier 1794), la Convention avait décrété l'institution d'une bibliothèque publique par district. Cette mesure, provoquée par les adresses de nombreuses sociétés populaires, ne fut guère exécutée. A Nogent, néanmoins, le fonds de la bibliothèque municipale se constitua pendant la Révolution avec une partie de la bibliothèque de l'abbaye de Thiron, dont l'ensemble comprenait 2.574 volumes qui furent partagés entre Chartres et Nogent, Chartres ayant la meilleure part, par suite de l'influence du conventionnel Châles qui n'oubliait pas sa ville natale. Jusqu'en 1835, aucun crédit n'exista pour cette bibliothèque dont le principal était bibliothécaire. L'organisation régulière date de 1835, où un crédit annuel de 200 francs fut inscrit au budget communal. La bibliothèque de la ville a été minutieusement réorganisée en 1905 par un érudit nogentais, M. Gustave Daupeley ; elle comprend 5,943 volumes.

Ces derniers écrivirent au principal et au sous-préfet des lettres très dignes sur la limite des droits de l'administration à leur égard. Devant les protestations des parents et la résistance des régents, le principal annula sa circulaire impérative, prit à son compte les volumes déjà commandés (les classiques latins de la collection Panckoucke, avec la traduction en regard; les ouvrages de Guizot, Michelet, Augustin Thierry, des Michels, Heeren, etc...) (1) et les mit à la disposition des régents. Ainsi se termina la querelle. La bibliothèque du collège (2) naquit donc au milieu d'une tempête qui ballotta sous-préfet, principal, bureau d'administration, régents et parents, à en juger par les nombreuses lettres du dossier, où l'ironie, le mécontentement, le dépit, se dissimulent sous une politesse froide rentrant ses griffes.

L'incident des uniformes est antérieur d'un an ou deux et fut beaucoup moins grave. Le bureau d'administration ayant voulu astreindre les pensionnaires et demi-pensionnaires à porter un uniforme, certains parents refusèrent de se soumettre à ce règlement, qui resta lettre morte. Pourtant, l'uniforme fut généralement adopté par les pensionnaires; il consistait, en 1832, en *un frac bleu de roi boutonnant sur le devant, avec un pantalon et une casquette de même couleur;* les boutons portaient le nom du collège; en 1835, on substitua à la casquette un chapeau *rond, en soie ou en feutre* (3). Les jours de classe, les élèves portaient une blouse

---

(1) Le libraire du collège, à cette époque, était un ancien élève de l'établissement, M. François Filleul de Pétigny (1796-1860), esprit audacieux et mordant, qui a laissé un nom dans l'histoire locale et occupe aussi une place modeste en littérature par sa traduction d'ouvrages du chanoine Schmid, par ses nombreux livres pour les enfants et ses chansons nogentaises.

(2) Au collège, la bibliothèque des professeurs compte environ 850 volumes; celle des élèves, 730.

(3) L'uniforme fut modifié sous le second Empire : les élèves portèrent le pantalon noir, la tunique noire non boutonnée avec une rangée de bou-

bleue avec une ceinture en cuir noir. En somme, le régime intérieur n'avait guère changé depuis le premier Empire. Le lever
avait lieu à 5 heures 1/2, au son du clairon; après la prière, dite
tout haut au dortoir, chaque élève étant agenouillé au pied de
son lit, on descendait à l'étude. Au déjeuner du matin, pain sec
et eau; de même à 4 heures. A midi, dîner; le soir, à 8 heures,
souper. C'était le concierge du collège qui faisait le pain nécessaire à l'établissement. Vie simple et frugale! Pendant le repas,
un élève, monté sur une tribune, lisait dans la *Vie des Saints* la
biographie du saint du jour et des extraits de l'*Histoire romaine* ou
de l'*Histoire ancienne* de Rollin. Ce rôle était dévolu alternative-
ment aux élèves doués d'une voix bien timbrée, et pas un ne s'y
dérobait, car le repas du lecteur, servi après les autres, était plus
copieux. Un jour, de-concert avec quelques camarades, le lecteur composa une vie fantaisiste qu'il débita avec aplomb, attribuant au saint des aventures dont la sacrée Congrégation de
Rome n'avait, certes, jamais eu connaissance. Mais le principal
arriva à l'improviste, et le lecteur passa un mauvais quart d'heure.
Sans doute il alla méditer ensuite sur son impertinence dans un
des cachots du collège, qui se trouvaient à l'entrée du cloître, près
de la cuisine, là où sont maintenant les armoires servant de
garde-manger.

Alors la cour du collège était loin d'avoir la superficie d'aujourd'hui. Elle formait, devant l'ancienne porte d'entrée, un
long rectangle ne dépassant pas la maison du principal; à droite,
se trouvait un vivier (comblé après 1870) bordé d'un mur, et, au
delà, un immense jardin s'étendant jusqu'aux limites des cours et
ardins actuels; à gauche, étaient les classes. Les élèves, grands

---

tons de cuivre, le gilet blanc et le képi galonné avec macaron central.
Depuis 1890, le costume est plus simple : veston ou redingote, suivant les
âges, et casquette plate.

et petits, étaient mêlés en récréation, où les bârres, la toupie, les *canelles* (billes), suivaient invariablement le cours des saisons. Un des contemporains, M. A. Tramblay, le vénérable doyen de l'Association, se souvient du cercle extasié qui se formait autour de lui, lorsqu'ayant rapporté de Paris, en 1839, des allumettes chimiques, nouvellement inventées, il en allumait une de temps en temps avec orgueil, plus heureux et plus fier que Prométhée. Déjà une musique existait au collége, dirigée par M. Krempel, ancien musicien de la Grande Armée; le père *Guslin* enseignait à manier le fleuret, et le maître de danse Cersault était le moniteur des grâces. Ce fut aussi à ce moment qu'apparurent les plumes métalliques, mais l'ancienne plume d'oie ne quitta pas tout d'un coup les boîtes des écoliers, amis pourtant du changement. Que de vieux régents et de maîtres d'école, que de notaires cérémonieux, cravatés de blanc et vêtus de noir, restèrent fidèles à la plume d'oie, cet objet élégant dont la taille était un art, dont la légéreté et jusqu'au bruit sur le papier auraient manqué aux vieilles habitudes ! O plume d'oie de Corneille, de Molière, de La Fontaine, de Pascal, de Bossuet, de Voltaire, de Jean-Jacques et de Chateaubriand ! Plume, d'où jaillit la jeune gloire de Victor Hugo ! Tu fus la flèche ailée de la haute et souveraine pensée, qui, durant cinq siècles, combattit pour la vérité et pour l'idéal ! Tu fus, comme le style antique et la plume de métal, une arme plus bienfaisante que nuisible, l'instrument de beauté et de grandeur qui nous donna tant de chefs-d'œuvre ! Lorsque M. Chauvin, professeur d'écriture au collége, dédaigneux de la nouvelle venue, la plume de métal, avait tracé des modèles de calligraphie avec sa plume d'oie experte et victorieuse, il répétait amoureusement : « C'est plus beau que de la gravure ! » Et la malice des élèves — cet âge est sans pitié ! — fit de ces mots une rengaine répétée sans cesse, et hors de propos.

Le collége fut honoré en 1837 d'une visite spéciale de M. de

Salvandy, député de l'arrondissement, ministre de l'Instruction publique. En souvenir de sa réception au collége, M. de Salvandy offrit à l'établissement quelques appareils de physique : une machine pneumatique, une machine d'Atwood, une machine électrique, construites par Pixii. Jusqu'alors les élèves ne connaissaient comme appareils que les rares gravures de leurs livres.

En 1841, le Conseil municipal vota un crédit supplémentaire pour compléter le don ministériel. Le cabinet de physique se trouvait au premier étage de la maison du principal, alors très exiguë, où l'on accédait par un perron, du côté du réfectoire. Cette maison fut rebâtie en 1841. En 1842, l'Inspecteur général, administrateur de l'Académie de Paris, demanda au Conseil de rétribuer un régent par classe (les classes étaient géminées depuis 1833-34), mais le Conseil refusa. En 1845, M. Ragon, inspecteur général, constate qu'au point de vue de l'instruction le collége de Nogent est au premier rang de l'Académie de Paris. La même année, à la distribution des prix, après le discours de M. Gatineau sur *la Volonté*, l'élève Genet, ayant obtenu en rhétorique le prix de discours français, lut devant l'assistance la copie couronnée. Le sujet était : *Alexandre-le-Grand, roi de Macédoine, haranguant son armée avant le départ pour l'expédition d'Asie* (1). Cependant, la discipline se relâchait tellement au collége que le Conseil, en votant le budget de 1845, appela sur ce point l'attention de la municipa-

---

(1) Entre 1845 et 1848, le collége eut comme élève Paul Gréard, frère de M. Octave Gréard, le regretté vice-recteur et académicien. M. Gréard père était directeur des Contributions indirectes à Nogent-le-Rotrou, où Octave Gréard, élève du lycée de Versailles, revenait tous les ans chargé de couronnes. Dans ses lettres, Octave Gréard appelait familièrement son frère « notre petit d'Artagnan. » La famille Gréard fut cruellement éprouvée à Nogent par la mort d'une charmante jeune fille, Mlle Catherine-Françoise-Claudine Gréard, sœur d'Octave et de Louis, née à Courville le 7 juillet 1826, décédée à Nogent le 30 août 1847. Paul Gréard, suivant de près sa sœur, mourut à Lille où M. Gréard avait été nommé,

10

lité. M. Delalande se maintint péniblem n jusqu'en 1846 ; il fut mis alors en disponibilité et nommé ensuite professeur de philosophie au collège de Cambrai,

M. PARAINGAUX.

— M. Paraingaux, licencié ès lettres, régent de seconde au collège de Sens, remplace M. Delalande en novembre 1846. Le collège était tombé bien bas ; M. Paraingaux y trouva *six* pensionnaires (1). La situation était encore aggravée par le renchérissement des denrées. Aussi, en mars 1847, le bureau d'administration autorise-t-il le principal à demander aux pensionnaires un supplément de 50 francs. L'école primaire supérieure présentait aussi « un état de décadence alarmant » et ne comptait plus que douze élèves. Après quelques tergiversations, le Conseil se décide à relever le traitement des régents et fait reconstruire le vaste bâtiment (à gauche de l'ancienne entrée) contenant un dortoir et six classes. Bientôt l'État vient au secours du collège en le dotant d'une chaire de *mathématiques* et de *philosophie* (2), à condition que les 1,200 francs récemment votés seraient répartis entre les autres chaires.

---

(1) « Le dernier principal a eu la douleur de voir décroître l'établissement auquel il avait voué tous ses soins, pour lequel il avait fait tous les sacrifices. Ses talents, sa probité, son dévouement méritaient le succès ; le succès lui a manqué. Et il a dû renoncer à une œuvre qu'il avait commencée avec espérance, continuée avec affection, soutenue avec persévérance… Un établissement presque vide, une maison en construction, des maîtres affligés, découragés peut-être, un avenir douteux, et qu'assombrissait la détresse causée par la cherté des subsistances, voilà ce que le successeur de M. Delalande a trouvé. »

(Discours de M. de Vallée, sous-préfet, à la distribution des prix du collège de 1847.)

(2) Le premier professeur de philosophie fut M. Houzel, ancien élève de l'École normale supérieure, licencié ès sciences mathématiques et physiques. C'est M. de Salvandy lui-même, de passage à Nogent en 1847, qui annonça cette nomination. A la fin de 1848, M. Morel, depuis longtemps régent de rhétorique, fut mis à la retraite.

Puis vient la Révolution de 1848, et l'écho en retentit jusqu'au collége (1) :

« Dans sa réunion du 1ᵉʳ juillet 1848, le bureau d'administration s'empresse avec joie de constater sur les registres la conduite honorable d'un des fonctionnaires du collège. Le samedi 24 juin, dès que le son du tambour appela les citoyens de bonne volonté à courir à la défense de la patrie en danger, M. Laussel, régent de 7ᵉ et 8ᵉ, fut un des premiers à se faire inscrire. On lui représenta en vain que, père de sept enfants et n'ayant aucune fortune, il risquait, en jouant sa vie, de laisser sa famille sans ressources. Il répondit noblement qu'il était citoyen avant d'être père de famille et que son premier devoir était d'aller concourir au salut du pays... M. Laussel a fait partie du détachement des volontaires nogentais (2) arrivé à Paris le 25 juin et qui n'en est parti que le 28. Il a, comme tous ses frères d'armes, partagé les dangers et les fatigues de la guerre terrible que la République eut à soutenir contre les attaques forcenées de l'anarchie. Pendant le cours de cette campagne, courte mais périlleuse, il a constamment donné l'exemple de la discipline, du zèle et de l'intrépidité.

---

(1) Les élèves assistent dans le cortège officiel à la plantation d'un arbre de la Liberté, près de l'église Notre-Dame, le 9 avril 1848. Parmi les assistants se trouvaient le général Le Breton, qui fut député d'Eure-et-Loir en 1848, et plusieurs officiers de la première République, entre autres le colonel comte Custine de Marcilly, chevalier de Saint-Louis et de la Légion d'honneur, né à Longuyon en 1775, mort à Nogent en 1853.

(2) Les volontaires furent MM. Proust, commandant ; Mariani, adjudant-major ; Th. Malgrange, capitaine ; Guerrier, lieutenant ; Charles Dugué, lieutenant ; Combault, chirurgien aide-major ; Gouverneur, sous-lieutenant ; Védie, sous-lieutenant ; Vacherand, adjudant sous-officier ; Victor Pesche, sergent-major ; Bobet père et Bobet fils, sapeurs ; Lufret père et Perémé, pompiers ; Félix Lemarié ; Loison ; *Laussel* ; Paul Bidet ; Jules Gratsat ; Plantrou ; Perigault ; Jérôme Germond ; Triau ; Auguste Bidet ; Louis Verdier ; Eugène Gasselin ; Alexis Renoust ; Thibault-l'Épinay ; Lecointre ; Bournet ; Harry ; Brouard ; Chancerel ; Charles Verdier ; Lambert ; Richardeau et Debray, tambours ; Surcin.

« Le bureau acquitte une dette de reconnaissance en exprimant ici l'admiration que lui inspirent le courage, le dévouement et l'abnégation qu'a montrés M. Laussel en cette circonstance ; il se félicite que le corps enseignant de Nogent ait été si dignement représenté dans la phalange que la ville a envoyée au secours de la République et de l'ordre social (1). »

. . . .

« Le 7 juillet 1848, M. le président fait part au bureau de la noble et généreuse résolution par laquelle les élèves du collège, touchés des souffrances de la classe pauvre, ont spontanément fait abandon de leurs prix, pour que la somme ordinairement consacrée à cet objet fût employée à secourir les ouvriers sans travail. Le bureau exprime toute la satisfaction que lui fait éprouver une aussi belle conduite de la jeunesse nogentaise et décide qu'il en sera fait une mention honorable lors de la distribution publique et solennelle des récompenses. »

. . . .

« En 1849, le bureau constate que sur un budget de 59,000 francs (y compris 9 centimes extraordinaires) la ville consacre 6,250 fr. pour son collège et 5;825 francs pour l'instruction primaire, savoir : Frères de la doctrine chrétienne ; Immaculée-Conception ; école maternelle ; subventions à des instituteurs privés ; cours de musique et de dessin pour les adultes ; au total : 12,075 francs. Malgré son vif désir de propager de plus en plus l'instruction, il lui est absolument impossible de dépasser les sommes qu'elle emploie. Elle subit des charges énormes ; *un cinquième, au moins, de la population se compose d'indigents,* qu'elle ne parvient à assister qu'avec les plus grandes difficultés... »

La loi du 15 mars 1850 stipulant « que les villes qui ont fondé des collèges doivent dans le délai de deux années garantir pour

---

(1) Laussel (Jean-Pierre-Jules-Alphonse), né à Montagnol (Aveyron) en 1806, mort au Mans en 1866, fut professeur au collège pendant 30 ans.

cinq années au moins le traitement fixe du principal et des professeurs », le Conseil municipal prend l'engagement exigé par la loi à partir de l'année scolaire 1851-1852. Malgré la loi Falloux (1) et la fondation en 1853 du Petit Séminaire de Nogent, le collège continue, avec des alternatives de baisse, son léger mouvement ascensionnel, sous la direction de M. Paraingaux, « homme habile et recommandable sous tous les rapports (2) ». Après quelques démêlés avec le curé de Saint-Laurent, M. Chavigny, aumônier du collège, qui favorisait trop ouvertement le séminaire, M. Paraingaux finit par faire taire toutes les critiques injustifiées, et c'est entouré de l'affectueuse estime de toute la population qu'il

---

(1) La loi du 15 mars 1850, appelée loi *Falloux*, parce que M. de Falloux én prit l'initiative, supprima le monopole de l'Université de 1808, au profit du clergé et des congrégations. L'Etat n'eut qu'un droit illusoire d'inspection sur l'enseignement des établissements libres, dont les directeurs seuls devaient posséder un diplôme. Les professeurs, choisis par eux en dehors de tout contrôle administratif, étaient dispensés de tout titre. En revanche, les professeurs de l'Université, comme les instituteurs, étaient sous la surveillance du clergé; quatre archevêques, élus par leurs collègues, figuraient dans le *Conseil supérieur de l'Instruction publique*; dans chaque département, le *Conseil académique* comprenait l'évêque ou son délégué et un autre prêtre. Les recteurs étaient assez souvent des ecclésiastiques. Cette loi fut complétée par les mesures prises de 1851 à 1856 par le ministre Fortoul; les professeurs subirent l'obligation du serment de fidélité à l'Empire; la philosophie et l'histoire disparurent presque complètement des programmes, etc., etc. C'est l'époque des révocations de Michelet, Edgar Quinet, Mickiewicz, Barthélemy Saint-Hilaire, Vacherot, Jules Simon, Challemel-Lacour, Emile Deschanel et de tant d'autres.

(2) Le Conseil d'arrondissement lui-même tint à s'associer en 1853 aux nombreux témoignages de confiance accordés à M. Paraingaux : « Le Conseil d'arrondissement est heureux de témoigner du bon état du collège et des améliorations constantes et progressives que son digne principal a su introduire dans cet établissement; par son zèle, son mérite et sa persévérance, il a replacé le collège dans le rang distingué qu'il avait autrefois. »

prit sa retraite en 1861 (1). En même temps, se retirait volontairement un des professeurs les plus dévoués et les plus aimés, M. Gatineau (2).

Le 18 octobre 1857, avait eu lieu à Nogent l'inauguration de la statue d'un *ancien élève du collège*, le général comte de Saint-Pol (3), mort glorieusement, pendant la guerre de Crimée, à l'assaut de la tour Malakoff. Ce fut une belle cérémonie, et le collège s'y associa non seulement par sa présence, mais par « l'hommage du collège de Nogent-le-Rotrou » adressé à Madame la comtesse de Saint-Pol, sous la forme d'un poème, dont l'auteur était un professeur, M. Fabas. A la distribution des prix du collège de 1857, l'inspecteur d'Académie (4) avait dit aux élèves :

« Il avait été nourri avant vous, et sur ces mêmes bancs, ce brave comte de Saint-Pol, modèle de loyauté et de franchise, qui est tombé au champ de l'honneur avec la bravoure qui lui était familière et que lui seul semblait ignorer. Heureuse la

---

(1) Paraingaux (Nicolas-Alphonse) (1800-1875), né à Bertincourt (Pas-de-Calais), mort à Nogent-le-Rotrou.

(2) Gatineau (Jean-Aimé), né à Brunelles, au moulin de l'abbaye d'Arcisses, en 1816, mort à Nogent en 1888. Ancien élève du collège, il y devint professeur en 1843 et renonça à ses fonctions pour raisons de santé.

(3) Le général comte de Saint-Pol (1810-1855), né à Masles, près Nogent, d'abord élève du collège, puis de l'école de La Flèche, sort de Saint-Cyr en 1829. Il prend part au siège d'Anvers en 1830, devient officier instructeur de l'armée belge, est nommé aux zouaves, fait campagne en Algérie, assiste au siège de Rome en 1849, retourne en Algérie, où il est grièvement blessé, commande une brigade en Crimée et meurt en brave à l'assaut de la tour Malakoff, le 8 septembre 1855.

(4) M. Denain, inspecteur d'Académie à Chartres de 1854 à 1867, auparavant à Chaumont, est resté fameux dans l'Université par ses démêlés avec Francisque Sarcey qui avait refusé de se faire couper la barbe ainsi que le recommandait une circulaire ministérielle, interprétée d'une manière étroite par M. Denain. Francisque Sarcey ayant écrit une lettre ironique à l'inspecteur fut envoyé en disgrâce à Lesneven.

ville qui sait honorer le courage et le dévouement ! Jadis les
légions de Louis XIV, avant de marcher au combat, allaient
aiguiser la pointe de leurs glaives sur le marbre du tombeau
de Turenne, afin d'y recueillir quelques étincelles du patriotisme qui avait fait battre ce grand cœur. Les soldats nogentais ne quitteront plus la ville sans s'incliner devant l'image
de leur illustre compatriote. »

Dans la tribune officielle, élevée devant la statue, avaient pris
place : M. le général de Planhol, commandant le département
d'Eure-et-Loir, délégué de l'Empereur ; M. le colonel Stopfort
Claremont, de l'ambassade d'Angleterre ; M. Jaubert, préfet
d'Eure-et-Loir ; M. le général Niol, commandant le département
de l'Orne ; M. le général de Caen, commandant une brigade de
la garde impériale ; M. le général de division Le Breton ; M. le
colonel Manuel, commandant la deuxième légion de gendarmerie ; M. le colonel d'état-major Saget ; M. le comte d'Andlaw,
capitaine d'état-major, ancien aide de camp du général de Saint-
Pol ; M. du Bouillon, sous-préfet de Nogent ; M. Denain, inspecteur d'Académie d'Eure-et-Loir ; un attaché à l'ambassade de
Sardaigne ; MM. le marquis de Pontoi-Pontcarré, le prince
d'Hénin, le comte de la Tullaye, conseillers généraux ; M. Debay
père, auteur de la statue, etc...

Les honneurs militaires étaient rendus par une compagnie d'élite
du 84⁰ de ligne, la musique du 11⁰ chasseurs, la compagnie
d'artillerie sédentaire de Mamers, la seule en France avec celle
des canonniers de Lille, et les sapeurs-pompiers de Nogent.

Des discours furent successivement prononcés par le général
de Planhol ; le général de Caen ; M. Massiot, maire de Nogent,
qui rappela le séjour du général de Saint-Pol au collège de la
ville ; le préfet d'Eure-et-Loir. Ensuite un *Te Deum* fut chanté à
l'église Notre-Dame ; et l'évêque de Chartres prononça à son tour
un discours. Le soir, un dîner servi par Chevet réunit toutes les

notabilités de la région, et de nombreux toasts célébrèrent l'enfant de Nogent qui léguait aux jeunes générations un si noble exemple, après avoir traduit en acte ces vers de Corneille :

> Mourir pour le pays est un si digne sort
> Qu'on briguerait en foule une si belle mort !

Nous avons rappelé plus haut les paroles du général Le Breton associant le nom du général de Saint-Pol à ceux du général Huet et du colonel Marin Dubuard. Le petit collégien de 1820 n'avait pas oublié les mâles leçons de ses aînés (1).

Les anciens élèves du collège, venus à Nogent pour honorer la mémoire de leur glorieux camarade, se réunirent le lendemain dans un banquet fraternel et acclamèrent l'idée d'un des leurs de renouveler chaque année cette fête de famille. Ce projet ne se réalisa pas, mais on peut y voir le germe de l'*Association des anciens élèves*, fondée en 1883.

MM. POIREL ET PRIEUR. — De 1861 à 1878, le collège va traverser une période de prospérité presque ininterrompue, et l'honneur en revient à M. Paraingaux, qui fut surtout à la peine, ainsi qu'à MM. Poirel et Prieur, dont le zèle et l'habileté furent secondés par les circonstances les plus favorables. En garantissant à plusieurs reprises pour une période de cinq années la subvention accordée au collège et en augmentant, pour ainsi dire, d'année en année cette dotation, la ville continua l'œuvre utile, dans laquelle, malgré les pires traverses, elle avait

---

(1) En 1859, un ancien élève du collège, Camille Glatigny, aide-major au 3ᵉ zouaves, est décoré de la Légion d'honneur, après 7 ans de services et 6 campagnes, « pour son dévouement dans la mission de soigner les blessés aux combats sous Palestro et Novare. » Camille Glatigny fut décoré, la même année, de l'ordre royal de Savoie par le roi de Sardaigne.

toujours eu foi. De 7,450 francs en 1861, le budget municipal du collège est porté à 7,900 en 1872, à 15,700 en 1878.

Des améliorations de tous genres accompagnent cette exceptionnelle prospérité. Les professeurs reçoivent un traitement plus rémunérateur ; le nombre des chaires est augmenté, et les classes obtiennent plus d'homogénéité par la spécialisation toujours plus complète des divers enseignements (1). L'enseignement *spécial*, créé en 1865 par le ministre Victor Duruy, est réorganisé au collège en 1873, et l'*école primaire supérieure* annexée est supprimée. La même année, les langues vivantes, le dessin, la musique vocale, la gymnastique font partie de l'enseignement général, et ces cours sont désormais suivis par tous les élèves, sans rétribution particulière. En outre, des réparations considérables sont faites aux bâtiments, et, le 21 mai 1874, le Conseil municipal décide d'agrandir l'établissement par l'annexion de la caserne (2). On ajoutait ainsi au collège une entrée monumentale au lieu de la porte en retrait, placée derrière le tribunal ; un parloir près de la loge du concierge ; une nouvelle cour, comprenant l'ancienne chapelle de Saint-Denis, moins une partie des nefs latérales ; des salles de classe et d'étude ; de nouveaux logements pour les maîtres internes, dont les chambres furent transformées en infirmerie. La ville vota 11,000 francs pour ces différents travaux ; elle sub-

---

(1) En 1874, on sépare les mathématiques de la philosophie qu'on réunit à la rhétorique et à la seconde ; l'État accorde en 1876 la moitié de l'entretien d'une chaire spéciale d'histoire et géographie, dont le Conseil vote la création.

(2) L'ancienne caserne, après avoir été un haras, était devenue un hangar-magasin, où la ville remisait son matériel : tombereaux, échelles, bois de chauffage, fagots du bureau de bienfaisance, etc... Deux canons du xviiie siècle, installés aujourd'hui dans des massifs, de chaque côté de l'entrée des restes de la chapelle, proviennent de la compagnie des canonniers nogentais, et ce mélange hétéroclite rappelle les différents stades de cette partie de l'établissement, d'abord abbaye, puis caserne, enfin collège.

ventionna ensuite le cabinet de physique, de concert avec l'État, qui envoya également à différentes époques des cartes et globes géographiques, des modèles pour le dessin, etc...

Le principalat de M. Prieur fut le plus fécond de toute l'histoire du collége. Lorsque M. Poirel prit sa retraite en 1872, l'établissement avait 104 éléves, dont 41 pensionnaires. M. Prieur déploya après lui une activité sans égale. L'augmentation du nombre des éléves s'accélére en 1874 et arrive à son maximum en 1878 avec 213 éléves, dont 114 pensionnaires. Répétons-le, M. Prieur eut la chance de tomber à une époque où presque tous les colléges bénéficiérent d'une poussée générale vers l'instruction secondaire, provoquée par le souvenir de nos désastres; par une vie économique intense; par l'institution de certains examens, tels que celui du volontariat d'un an; mais, s'il profita largement des circonstances, M. Prieur n'en fut pas moins un principal hors ligne. « Ses efforts persévérants, son habile direction, son dévouement ont fait monter le collége, dont l'existence était gravement compromise, à un degré de prospérité inespéré (1). »

Les noms de M. Poirel, prédécesseur, et de MM. Debrée et Peschet, successeurs de M. Prieur, se trouvent associés tous les quatre au moment le plus fortuné de l'existence du collége.

Nous avons fait allusion à l'affreuse guerre de 1870, dont notre pays souffre toujours. Pendant que le collége était utilisé en partie comme ambulance, d'anciens éléves tombaient sur les champs de bataille ou succombaient aux suites de la campagne.

> Ceux qui pieusement sont morts pour la patrie
> Ont droit qu'à leur cercueil la foule vienne et prie !

a dit notre poéte national Victor Hugo. C'est pourquoi nous

---

(1) Rapport du bureau d'administration du 26 juillet 1876. — Le rapport ajoute « que le principal exerce en même temps les fonctions de professeur et que les succès remarquables obtenus au concours académique font le plus grand honneur à son enseignement. »

inscrivons plus loin les noms des victimes de l'année terrible avec ceux de leurs camarades morts au service avant ou après eux, tels qu'ils seront gravés sur le marbre, dans la cour du collège. Peut-être en est-il d'autres, hélas ! et les plus obscurs, les plus oubliés ne sont pas toujours les moins dignes. Héros anonymes, pauvres petits soldats de France, tués au combat et jetés dans la fosse commune, ou terrassés sur un lit d'hôpital, nous vous tressons aussi, au nom du collège, la couronne patriotique du souvenir impersonnel et collectif !

Parmi tant d'anciens élèves qui firent vaillamment leur devoir en 1870 et que la mort ne prit pas, nous nous bornerons à citer Charles Pitou et le fils d'un vénéré professeur, André Ossand (1). Le sang-froid, l'impassibilité d'Ossand devant le danger, en toute circonstance, ont fait l'admiration de ses compagnons d'armes. Incorporé dans les mobiles d'Eure-et-Loir, André Ossand refuse tous les grades qu'on lui offre et reste simple soldat pendant toute la campagne. A Marchenoir (8 décembre 1870), des pièces d'artillerie restent sans canonniers ; seize mobiles se présentent volontairement pour les remplacer. Ossand est du nombre, et, aussi calme qu'à l'exercice, il donne, comme toujours, l'exemple d'un courage imperturbable. A ses côtés, un des marins du capitaine de vaisseau Jaurès a le bras haché par un obus et continue à servir sa pièce sans s'occuper de sa blessure. Quels hommes ! Ossand est cité à l'ordre du jour et proposé pour la

---

(1) Le fils d'un autre ancien professeur, Camille Silvy, lieutenant aux mobiles d'Eure-et-Loir, fut l'émule d'André Ossand. Sa proposition au grade de chevalier de la Légion d'honneur porte : « Officier très énergique, s'est très bien conduit dans la journée du 8 décembre (Marchenoir) ; a sauvé deux compagnies du 4ᵉ bataillon, entourées à Saint-Lubin-de-Cravant (Eure-et-Loir) par les Prussiens. — Nous nous reprocherions de ne pas joindre aux noms de ces braves celui d'un troisième nogentais, M. Théophile Couronnet, sergent-major aux mobiles d'Eure-et-Loir, proposé aussi après Marchenoir pour la médaille militaire.

médaille militaire, mais la récompense ne vint pas, et le moins surpris fut l'intéressé, modeste comme les vrais héros.

L'autre, Charles Pitou, mobile de l'Orne, s'illustra à Courcebœufs (11 janvier 1871). Après la bataille du Mans, une division du 21e corps battait en retraite. A Courcebœufs, 1,800 Allemands, avec six pièces de canon, veulent s'opposer au passage de nos troupes. La fusillade ennemie est meurtrière; sur la neige rouge de sang, des blessés, des cadavres gisent en grand nombre, et la colonne française faiblit. Mais le sergent-fourrier Pitou s'élance; il escalade, le fusil aux dents, une barricade derrière laquelle sont retranchés les Allemands, se dresse soudain au haut de cet obstacle, évite par miracle les balles qui font rage autour de lui et, seul, épouvante les ennemis qui le croient suivi par toute la division et se retirent en désordre. Pitou s'assure de leur retraite et revient rendre compte à ses chefs de ce qu'il a vu dans le village. Cette action d'éclat valut la médaille militaire à Charles Pitou (1).

MM. DEBRÉE, PESCHET, KLEIN, MUSSET.

— En 1878, M. Prieur est nommé principal du collège de Chartres. Il est remplacé par M. Debrée. Pendant les vingt-sept années des principalats successifs de MM. Debrée, Peschet, Klein et Musset, l'histoire du collège est tout entière dans la réorganisation intérieure, dérivant des améliorations matérielles et des modifications profondes apportées dans les études. En 1880, commença le remaniement de tous les ordres d'enseignement. Les sciences et les langues vivantes eurent enfin dans l'enseignement secondaire une place en rapport avec leur rôle et leur utilité dans la société moderne. La même année, le Conseil

---

(1) Aujourd'hui paisible greffier de la justice de paix de Senonches, Charles Pitou a publié plusieurs livres de vers, pleins de sensibilité et d'émotion : *Bonheurs intimes; les Feux-Follets; les Larmes d'or.*

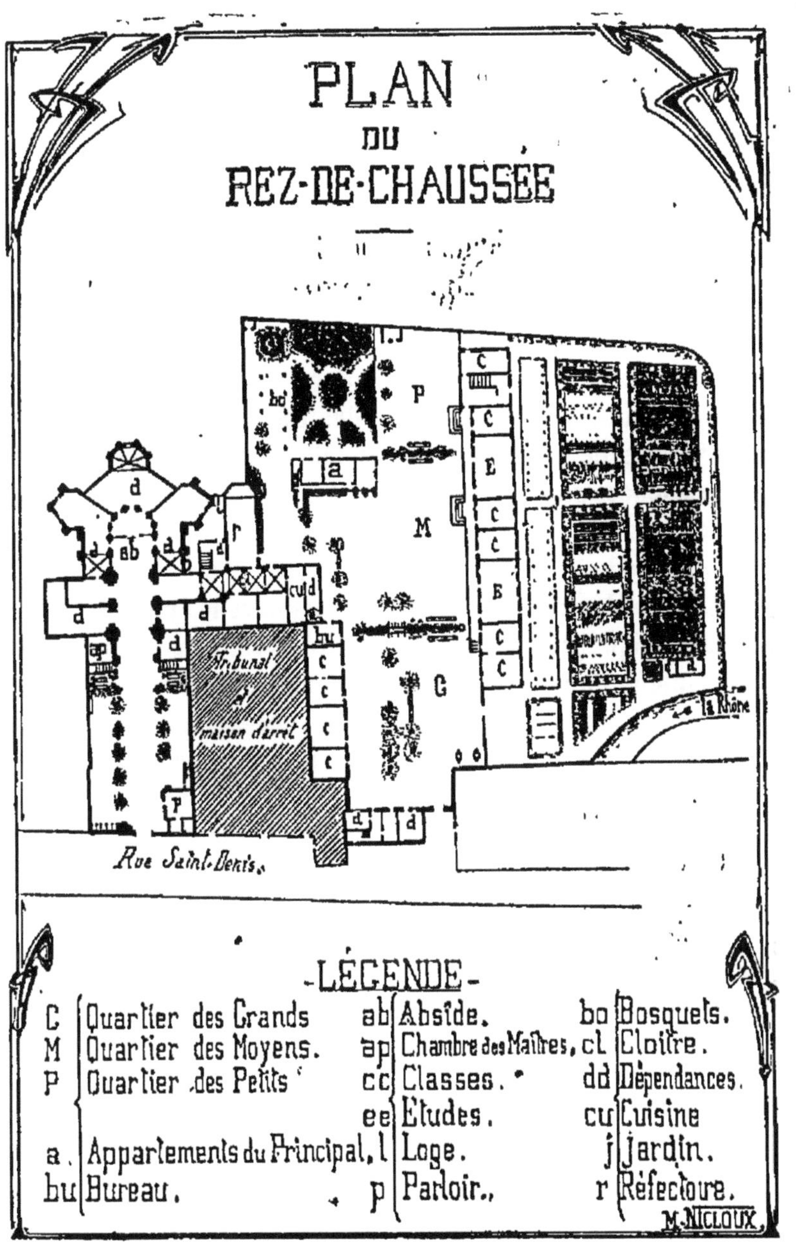

Plan du Collège de Nogent-le-Rotrou (1906)

municipal de Nogent s'engage à garantir *pour dix ans,* à partir du
1er janvier 1881, les traitements des professeurs, tels qu'ils étaient
fixés par le budget de 1880. Déjà, par l'arrêté du 6 avril 1878, le
ministre de l'Instruction publique avait alloué une indemnité de
300 francs aux professeurs licenciés des collèges; le Conseil
municipal accorda à son tour une somme égale. L'État prenait
en outre l'engagement de faire face aux augmentations de traitements par suite des promotions aux classes supérieures. L'engagement décennal fut renouvelé en 1890, à dater du 1er janvier
1891, et en 1900, à dater du 1er janvier 1901 (1). En 1883, une
seconde chaire de langues vivantes (allemand); en 1887, une
chaire de sciences physiques avaient été créées. En 1890, la chaire
de l'ancien enseignement spécial fut transformée en chaire d'enseignement moderne et éventuellement dotée d'un traitement de
licencié. Le collège présentait ainsi aux familles les plus sérieuses
garanties, et la préparation aux baccalauréats classique et moderne
et aux examens moins élevés était complètement assurée.

D'autre part, une installation meilleure des classes et des divers
services ne cessait de préoccuper l'administration municipale,
soucieuse de l'hygiène et même du confortable des élèves. En
1881, 14,000 francs; en 1886, 6,000 francs sont dépensés pour
les réparations des bâtiments du collège. Mais on voulut mieux

---

(1) Pour le dernier engagement, l'Etat était représenté par M. l'Inspecteur général Gautier. Le Conseil municipal qui a voté cette convention
était composé de MM. Villette-Gaté, tanneur, maire; Terral, avoué, et
Eigenschenck, notaire honoraire, adjoints; A. Badière, tanneur; Bellan-
ger-Boutet, entrepreneur; R. Boullay, négociant en grains; G. Chevallier,
tanneur; Chrétien, négociant en vins; J. Colas, géomètre-expert; L. De-
vaux, propriétaire; Esnault-Thieux, négociant en vins; Foucault, propriétaire; Gogeard, pharmacien; T. Gohon, propriétaire; uinchert, quincail-
lier; Habert, mercier en gros; Levillain, docteur-médecin; Muller-Coudray,
négociant en vins; Petit, typographe; Proust, architecte; Renou-Barillet,
faïencier; A. Renoult, imprimeur et libraire; Theulot, cafetier.

faire encore. Stimulé par l'ardeur infatigable de M. Peschet, le Conseil municipal vota, le 8 août 1890, un projet d'agrandissement et de réparations du collège dont les frais se montèrent à 150,000 francs. M. Émile Vaillant, architecte départemental à Chartres, fut chargé de ces travaux considérables et y imprima la marque de son goût et de son talent. On construisit entre les cours de récréation et le jardin un vaste bâtiment avec étage et couloir-balcon ; on y établit les études et la plupart des classes dans des locaux bien éclairés et bien aérés. Les dortoirs restèrent compris dans les bâtiments de gauche, à l'entrée de la première cour (G-vue d'ensemble, page 157). L'abside millénaire échappa à l'action destructive du temps qui aurait fini par avoir raison de cette construction, si massive qu'elle fût. Elle fut couverte et devint un préau pour les jours de pluie. Dans les anciennes classes et études de l'abside proprement dite et des nefs latérales, on établit, au premier étage, une salle de théâtre et des chambres de répétiteurs ; au rez-de-chaussée, des dépendances (caves, bûcher, magasins).

L'inauguration des nouveaux bâtiments eut lieu le dimanche 29 mai 1892, à onze heures du matin, sous la présidence de M. Marot, Inspecteur d'Académie à Paris, faisant fonctions d'Inspecteur général, représentant M. le Ministre de l'Instruction publique ; en présence de MM. Desprez, préfet d'Eure-et-Loir ; Paul Deschanel, député de l'arrondissement ; Dr Tournet-Desplantes, maire de la ville ; Dauzat, Inspecteur d'Académie d'Eure-et-Loir ; Bernard, sous-préfet ; Gouverneur, conseiller général du canton de Nogent ; Peschet, principal du collège ; Vaillant, architecte ; Fauvel, proviseur du lycée de Chartres ; Péquignat, principal du collège de Dreux ; Rogue, président de l'Association des anciens élèves ; Audigier, chef de cabinet du préfet ; Truelle, ancien député ; et d'un grand nombre de notabilités civiles et militaires.

L'inauguration terminée, un banquet, servi sous l'abside splendidement décorée, réunit plus de 180 convives. Au dessert, M. le maire de Nogent ; M. Marot, délégué du ministre de l'Instruction publique, et M. Peschet prirent successivement la parole.

Nous citerons quelques passages du discours de M. Marot :

« ... Vous avez compris l'intérêt qu'il y a pour une ville à garder dans son enceinte un collège communal, où elle peut offrir l'instruction à ses enfants, au lieu de les envoyer bien loin et à grands frais. N'est-ce pas d'ailleurs un sérieux avantage de les garder tout près de vous, de suivre leurs études, d'exercer une action efficace sur le personnel à qui vous les confiez, sur les programmes mêmes de l'enseignement, qui peuvent, dans une certaine mesure, se plier aux intérêts de votre région?... Et alors même que le nombre des élèves ne serait pas très considérable, la maison peu nombreuse ressemble d'autant plus à une famille. Ici, chacun est connu de tous, maîtres et camarades, et les connaît tous.

« Enfin, mieux que dans les établissements plus importants, la sévérité, la rigueur sont remplacées ici par la bienveillance, cette bienveillance à laquelle, selon Rousseau, rien ne résiste ; car le plus sûr moyen de gagner l'affection des autres, c'est de leur donner la sienne.

« Mais si c'est un devoir pour les villes de conserver leur collège, c'est un devoir plus impérieux pour Nogent-le-Rotrou. Votre collège comptera bientôt deux siècles et demi d'existence. Il a vu la minorité de Louis XIV, et il voit aujourd'hui notre jeune République atteindre sa majorité. Et toujours il a su maintenir ses heureuses traditions de travail, d'honneur, de succès... Travaillez donc, jeunes élèves, et contre les tentations, contre les découragements et les défaillances, laissez-moi vous donner cette maxime qui est d'un noble poète de votre pays :

> Avec un peu de peine on achète sa gloire ;
> Qui veut vaincre est déjà bien près de sa victoire !
> Se faisant violence, on s'est bientôt dompté,
> . ET RIEN N'EST TANT A NOUS QUE NOTRE VOLONTÉ. (Rotrou.)

Le Nouveau bâtiment du Collège (1892).

« Gardez cette maxime, et qu'elle vous serve de règle de conduite, non seulement au collège, mais dans la vie ! »

Le collège avait pris ainsi pour longtemps un air de jeunesse, de gaieté, d'apparence salubre et solide. En 1892, une femme de bien, Mme Mauté-Lelasseux (1818-1892), outre plusieurs legs faits à la ville, donnait 40,000 francs au collège pour l'entretien de bourses (1). En 1897, l'éminent M. Gréard, vice-recteur de l'Académie de Paris, membre de l'Académie française, visita l'établissement qu'il avait autrefois connu sous un aspect moins engageant. Il eut des regards d'admiration et des paroles élogieuses devant ces vastes salles modernes, ce décor de verdure, ces massifs de roses, cet horizon de jolies collines où se dresse, impérieux, le donjon des Rotrous. Cette alliance du passé et du présent se voit au collège même, où subsistent plusieurs vestiges des anciens âges : un couloir ogival du xive siècle conduit des cours de récréation aux restes grandioses de la chapelle romane, sous laquelle quelques-uns des Rotrous, bienfaiteurs de l'abbaye, dorment du sommeil éternel. Et l'on se représente la théorie silencieuse des moines émaciés des époques de foi, portant en eux la sereine béatitude du renoncement total, passant avec un glissement de sandales, dans le frôlement des robes de bure... « Il fait bon vivre ici, disait M. Gréard à M. Labiche, sénateur. Ah ! si l'on pouvait redevenir jeunes ! » M. Labiche approuvait avec un sourire mélancolique, et le fin visage de médaille de M. Gréard s'attendrissait, pendant que ses regards

---

(1) Les noms des bienfaiteurs du collège sont gravés sur une plaque de marbre à l'entrée de la grande cour : Mme Mauté-Lelasseux ; M. David et ses fils ; M. et Mme Camille Gaté ; Mlle Gatineau. — Camille Gaté (1856-1900), né à Nogent, ancien élève du collège, s'est révélé sculpteur de talent avec ses *Chiens de relais* (3e médaille à l'Exposition universelle de 1889) ; la *Statue de Remy Belleau* ; plusieurs bustes et compositions allégoriques.

émus s'attardaient une dernière fois sur la vision du cadre renouvelé où jadis avait vécu son jeune frère.

En 1894, M. Peschet, nommé principal du collège d'Eu, est remplacé par M. Klein, principal du collège de Condé-sur-Noireau. Personne n'a oublié l'activité grondeuse, la rude franchise et l'exquise chaleur de cœur de M. Peschet, dont la bonne figure souriante s'illuminait si vite après les heures orageuses ; ni l'aristocratique physionomie, le tact parfait, la courtoise bienveillance de M. Klein, dont le cœur, moins expansif et plus facilement rebuté, cachait une sensibilité délicate.

En 1899, M. Musset, principal du collège d'Épinal, remplace M. Klein, nommé principal à Melun. On ne nous taxera pas de courtisanerie si nous disons que M. Musset donne l'exemple de la régularité et du travail et qu'il est aimé de tous pour sa bonhomie et sa cordiale loyauté.

En 1896, le collège eut le grand honneur d'avoir comme président de la distribution des prix, M. Paul Deschanel, député de Nogent-le-Rotrou, alors vice-président de la Chambre, qui devait arriver en 1898 à la présidence de la Chambre et depuis, en 1899, à l'Académie française. Répondant à M. Klein, principal, qui venait, lui, professeur de sciences, de faire un bel éloge des *Humanités*, M. Paul Deschanel fit ce magistral parallèle entre les lettres et les sciences :

« Oui, sans doute, la troisième République a eu raison de donner aux sciences, dans l'enseignement secondaire, la place qui leur avait été trop longtemps disputée ; car elles peuvent montrer avec un légitime orgueil la sûreté de leurs méthodes et la grandeur de leurs résultats.

« Les sciences d'observation disciplinent les sens de l'enfant, l'habituent à voir juste, le prémunissent contre les illusions ; les sciences d'expérimentation lui enseignent à suivre le lien secret qui unit les effets et leurs causes ; les sciences mathématiques lui

inspirent le sens des abstractions, dédaigneuses des contingences
et des phénomènes. Toutes marchent ensemble à la conquête de
la nature et étendent indéfiniment la puissance de l'homme et le
bien-être des sociétés. Elles font voir, d'une part, l'homme tel que
nous l'a révélé l'histoire des premiers âges, faible, nu, isolé, dis-
putant sur un sol inconnu, sous un ciel inclément, aux bêtes
farouches qui l'entourent, qui le menacent et contre lesquelles il
est désarmé, les fruits spontanés de la terre qu'il ne sait pas cultiver encore; puis, d'autre part, et grâce à elle, la terre reconnue,
la mer domptée, les océans réunis, les montagnes franchies, la
nuit et le froid vaincus, les végétaux utilisés, les animaux soumis
ou refoulés, les minéraux transformés en prodigieuses richesses,
la foudre devenue la messagère de l'homme, le soleil son peintre,
toute force son esclave, la vie commençant à apprendre l'obéissance, l'air envahi plus victorieusement qu'au temps de Dédale,
les cieux eux-mêmes ayant laissé pénétrer leurs secrets, et les
astres sans nombre se mouvant dans l'espace sans limite, forcés
de révéler leurs voyages mystérieux et sûrs, leur distance, leur
vitesse, leur poids, jusqu'à la matière dont ils sont constitués, et
nous chantant, dans ce langage que l'astronome a appris à entendre, le poème éternel des éléments disséminés au sein de l'infini, s'attirant et s'agrégeant en mondes, poussières lumineuses
de soleils, poussières obscures de planètes, qui retourneront
bientôt, c'est-à-dire après des milliards de siècles, à l'éparpille-
ment moléculaire d'où ils sont sortis!

« Voilà ce que disent les sciences, — et bien d'autres choses
encore, qui auraient arrêté le *nil admirari* sur les lèvres
d'Horace. Et, quand elles parlent ainsi, comment ne seraient-elles
pas écoutées, comment ne remporteraient-elles pas la victoire?

« Mais, de cette victoire, il ne faut pas qu'elles abusent. Il ne
faut pas qu'elles envahissent à l'excès un domaine où on leur
avait trop longtemps mesuré la place; il ne faut pas qu'elles
prennent sur l'enseignement des lettres une revanche funeste. Il
ne suffit pas que nos jeunes citoyens aient, pour emprunter l'expression de Montaigne, « la tête bien pleine et bien faite », il faut

qu'elle soit habituée à regarder en haut; il faut que l'éducation allume dans les âmes le désir ardent de se servir de la science pour quelque but élevé; il faut que le *sursum corda* frémisse au fond de tout enseignement; il faut que le culte du beau, que le respect du *non-utile*, que l'amour de l'idéal imprègnent fortement les jeunes esprits. Or, à ce résultat nécessaire, peut seule conduire la culture littéraire. Oui, l'étude des lettres seule peut donner à la pensée ce désintéressement qui fait apprendre, réfléchir, s'émouvoir, pour la pure satisfaction de savoir, de comprendre, de jouir ou de pleurer.

« Elle seule mène l'esprit à cette hauteur d'où il embrasse les horizons de la science elle-même, peut en admirer l'étendue sans limite; elle seule lui montre que ce qu'il y a de grand dans la science, ce ne sont pas ses résultats matériels, mais la preuve qu'elle donne de la puissance de la pensée humaine.

« On a dit, et peut-être avec raison, que les études littéraires, à l'exclusion des sciences, ne prépareraient qu'une nation de rhéteurs; à l'inverse, des études exclusivement scientifiques pourraient bien ne préparer qu'une nation de manœuvres. Fournissons par la science la substance même de l'enseignement; par les lettres, élevons-le en lui montrant son but, et n'oublions pas que c'est une loi mécanique qu'il faut viser haut pour porter loin. Et en écartant ainsi de notre enseignement secondaire les préoccupations prématurées de la pratique, ne craignons pas d'y rendre nos élèves incapables, lorsqu'ils entreront dans la vie publique. Au contraire, au point de vue civique, comme au point de vue intellectuel, pour leur développement individuel comme pour la grandeur de la patrie, cet amour de l'idéal, dont ils auront été pénétrés, montrera également son utilité et sa puissance. La vraie grandeur des peuples se mesure à celle de leur idéal.

« La Grèce a eu pour idéal la beauté; la France a pour idéal la justice. Eh bien! conservez-le précieusement, mes jeunes amis, cet idéal! Oui, restez Français! Restez Français par l'esprit d'abord : gardez le bon sens, la clarté, la belle humeur, la gaieté, cette santé de l'âme. Restez Français, c'est-à-dire francs. Ne laissez pas

obscurcir votre esprit, qui se baigne joyeux en pleine lumière,
par les brouillards d'outre-Rhin ou d'ailleurs ! Puis restez Français par le sentiment national; ne vous laissez pas envahir par le
cosmopolitisme; aimez votre patrie d'un amour ardent, exclusif;
et, si jamais quelque sage vient vous reprocher ce qu'il peut y
avoir d'excessif en de tels sentiments, répondez-lui qu'on ne dis-
cute pas les mérites d'une mère, surtout lorsqu'elle a perdu ses
enfants ! »

Le vendredi 31 juillet 1903, M. Garreau, sénateur d'Ille-et-
Vilaine, maire de Vitré, ancien élève du collége, présidait la distribution des prix et parlait ainsi :

« Ce n'est pas sans une vive émotion que je reviens au milieu
de vous. Pareil au vieil Ulysse, après avoir erré de longues
années au gré des vents capricieux sur une mer trop souvent
agitée, je revois enfin mon Ithaque et avec elle les lieux toujours chers où s'est écoulée mon enfance. Après plus de trente
ans d'absence, me voici dans mon vieux collège, mais combien
changé !

« Malgré moi, le passé m'obsède et m'apparaît dans une
rapide évocation. Je le revis tout entier au milieu même des
transformations heureuses qui se sont accomplies sous d'habiles
mains. Il me semble entendre encore, avec ses tintements
cadencés, la clochette qui nous conviait tour à tour au travail
et au repos. Autour de moi, je cherche les hommes distingués
et dévoués qui guidèrent nos premiers pas, les Paraingaux, les
Poirel, les Ossand, les Anfray, les Laussel, tous ces maîtres
aimés et aujourd'hui disparus qui ont porté si haut et si loin le
bon renom de cet établissement et ont trouvé de si dignes
continuateurs de leur œuvre.

« J'entends encore la voix grave de notre regretté principal
qui semblait avoir pris pour devise : *Omnia labore*, et nous
entraînait par son salutaire exemple dans les voies du travail
par un chemin montant, sablonneux, quelquefois malaisé, mais
au bout duquel se présente toujours la plus enviable des

récompenses, une conscience heureuse et la satisfaction du devoir rempli.

« Je revois par la pensée tous mes chers camarades d'antan dans ces cours spacieuses qui, après le labeur des classes et des études, retentissaient de nos cris joyeux. Beaucoup d'entre eux, hélas ! ne sont plus, et ceux qui survivent sont bien obligés de s'avouer qu'ils ont déjà subi quelque peu l'outrage des ans. Il m'est doux d'en retrouver ici même quelques-uns debout et pleins de vie. Fils reconnaissants de l'Université, ils montent une garde sévère autour de cet établissement dont ils se sont constitués d'office les protecteurs autorisés. C'est avec joie que je vois leurs mains toujours prêtes à applaudir aux succès qui s'y remportent.

« Honneur à eux pour cette fidélité inébranlable aux souvenirs du premier âge ! Honneur aussi à eux pour la façon si dévouée dont ils acquittent leur dette de gratitude envers cet établissement où, sous l'œil bienveillant de maîtres aimés, ils ont grandi à l'ombre de ces antiques murailles, dans la pratique assidue des fiers sentiments qui font encore vibrer leurs cœurs, dans le culte passionné de tout ce qui est beau et généreux, dans l'ardent amour de la liberté, de la tolérance et de la bonté, fortement imprégnés de l'esprit laïque qui est la meilleure sauvegarde de ces nobles pensées. Qu'ils me permettent de leur adresser d'ici à tous le salut amical d'un aîné qui ne les a jamais oubliés et n'a jamais oublié non plus, dans les rudes batailles de la vie, ce qu'il doit de reconnaissance infinie à ce collège et à la mémoire des maîtres vénérés qui entourèrent de tant de soins pieux et de tant de sollicitude attentive ses premiers ans »

En 1905, ce fut le tour de M. Villette-Gaté, maire de Nogent, conseiller général, ancien élève du collège, de présider la distribution des prix. Son discours, remarquable préface des fêtes du centenaire de 1906, témoignage vibrant d'un dévouement inaltérable et toujours plus efficace à l'Université et au collège de

Nogent, a été salué par des applaudissements multipliés et enthou-
siastes :

« Mesdames, Messieurs,

« Mes chers Amis,

« Mes premières paroles seront pour remercier M. le Vice-Recteur de l'Académie de Paris d'avoir désigné le Maire de Nogent-
le-Rotrou pour présider cette belle cérémonie, toujours si noble,
si imposante par sa simplicité même.

« Je suis fier à double titre du grand honneur qui est ainsi fait
à notre ville d'abord et en même temps à l'ancien élève de cet
établissement; aussi je remercie très sincèrement ceux qui, près
de moi, ont été les promoteurs du choix fait en 1905 par le chef
de notre Académie.

« Cette présidence, tant éphémère soit-elle, me permettra
néanmoins d'exprimer, une fois de plus, notre vive sympathie et
notre reconnaissance à cette Université de France à laquelle la
plupart de ceux qui m'entourent et moi-même nous devons tant.

« Si, d'autre part, je puis profiter de cette circonstance pour
remercier publiquement et très sincèrement l'Université et le
Gouvernement de la République de ce qu'ils ont fait et de ce qu'ils
font chaque jour, dans l'intérêt de notre établissement d'enseignement secondaire, je suis très heureux de pouvoir saisir également cette occasion pour exprimer, au nom de la ville, à M. le
Principal ainsi qu'à MM. les Professeurs, nos sentiments de vive
gratitude pour le bel enseignement qu'ils donnent avec tant de
dévouement à nos enfants, pour cette éducation si française, si
franchement républicaine, qui, de nos fils, fera des hommes au
caractère ouvert, aux idées larges et généreuses, des hommes de
cœur et des patriotes.

« Je ne voudrais pas oublier que j'ai aussi le devoir, comme
ancien collégien de Nogent, comme porte-paroles de l'Association
amicale des anciens élèves, de tous les membres de cette grande
famille qui ne recherche que la prospérité de notre Collège et qui
a pour unique devise : la Solidarité fraternelle, j'ai le devoir, dis-

je, d'adresser l'hommage de notre reconnaissance à la mémoire
de tous les bienfaiteurs de notre cher établissement, ainsi qu'à
celle de toutes les Assemblées communales nogentaises qui depuis bientôt un siècle se sont imposé, dans de nombreuses circonstances, des sacrifices énormes en faveur de notre vieille
maison universitaire.

« Malgré d'importantes transformations dans les systèmes
d'études, malgré les diverses crises de l'Enseignement qui, à différentes périodes, se sont fait sentir sur toute l'étendue du terri-
toire français, notre Collège marche toujours d'un pas tranquille
et sûr. L'an prochain, nous célébrerons ses cent années d'existence officielle dans cette maison.

« L'Association amicale des anciens élèves, dans sa dernière
réunion générale annuelle du lundi de la Pentecôte, a, en effet,
sur la proposition d'un de nos aimés et érudits professeurs,
M. Pierre Bruyant, décidé de fêter dignement, solennellement
même, le Centenaire du Collège de Nogent-le-Rotrou.

« Vous y serez tous conviés, chers élèves, ainsi que vos parents ;
tous les amis du collège seront invités à cette fête de famille universitaire, à cette fête qui sera avant tout une manifestation de
reconnaissance envers tous ceux qui, depuis Florent Buguet, en
1653, ont au cours de cette période centenaire contribué à la dotation, à l'organisation, aux transformations et à la prospérité de
cet établissement qui, depuis le 7 mars 1806, a rendu tant de
services aux générations du Perche.

« Par une manifestation que nous ferons aussi imposante que
nos faibles ressources nous le permettront, mais où le cœur sup-
pléera toujours à l'insuffisance des moyens matériels, nous montrerons que les enfants du collège de Nogent, que les fils de l'Université, depuis ceux qui sont encore sur ces bancs jusqu'à nos
aînés aux cheveux blanchis par l'âge et le labeur, ne sont pas des
ingrats.

« Nous montrerons qu'ils savent se souvenir de leur vieux
collège, où naguère ils puisaient l'instruction et la force de carac-

tère nécessaires pour marcher bravement et dignement plus tard aux combats de la vie.

« C'est alors que nous célébrerons notre grande fête de famille avec cet entrain, avec cette gaieté dont, il y a un instant, M. Laffargue, votre éminent professeur d'histoire, recommandait d'user en toute occasion et qu'il nous dépeignait de si magistrale façon.

« Nous serons des fils fêtant leur vieille mère, avec la joie au cœur, la sachant immortelle.

« C'est en chantant que nous aussi, à ce jour anniversaire, nous voulons honorer nos devanciers et nos bienfaiteurs.

« C'est en chantant que ce jour-là nous ferons encore un large pas de plus vers la solidarité et la fraternité, tout en nous souvenant, suivant les paroles du délicat observateur qui nous décrivait tout à l'heure la gaieté avec ses effets et ses causes sous des jours si variés, que cette vertu bien française est une véritable force au milieu de toutes les épreuves dont est si souvent sillonné le dur chemin de l'existence.

« En attendant cet anniversaire de 1906 qui paraîtrait encore bien lointain si le temps ne marchait aussi vite, en attendant la reprise prochaine de vos études, vous allez, chers élèves, rentrer dans vos familles pendant quelques heureuses semaines.

« Passez donc joyeusement ces beaux jours de vacances et de complète tranquillité, puis faites, pour revenir ici, large provision de gaieté, en vous rappelant, comme vous l'a dit votre professeur, qu'elle est le ressort de la volonté et le nerf de l'action.

« Vous vous rappelez que c'est avec la volonté et l'action que nos ancêtres ont fait la Révolution française, et nous ont donné la Liberté.

« C'est aussi avec la volonté et l'action, c'est avec le travail et l'énergie, souvenez-vous-en toujours, chers élèves, que, sous l'impulsion puissante du haut enseignement qui vous est donné dans cette maison, vous deviendrez ce que nous voulons tous : de bons citoyens ayant toujours au cœur l'amour de la raison et de la vérité, un sentiment profond de la justice et de la bonté, le culte de la Patrie. »

En 1903, a commencé l'application des nouveaux programmes de 1902 (1), et l'on a créé un *Cours spécial* de trois ou quatre

---

(1) Le 30 juillet 1902, à la distribution des prix du Concours général, M. Chaumié, ministre de l'Instruction publique, montrait l'égalité harmonieuse et féconde des Lettres et des Sciences introduite dans ces programmes. Voici les principaux passages de ce remarquable discours :

« ... Qui de nous pourrait oublier ou méconnaître la part considérable qui revient aux lettres anciennes dans la formation de l'âme française, et l'empreinte dont elles ont marqué notre race de génération en génération ?

« Que l'on se rassure donc; une large place est conservée à leur étude. Ceux mêmes que le tour de leur esprit, leurs dispositions particulières attirent plus vivement vers elles, trouveront aujourd'hui dans une organisation mieux appropriée, faite pour eux, dégagée du poids lourd des camarades arriérés, le moyen de donner à cette culture classique son plein développement, d'en recueillir et d'en goûter tout le fruit.

« Faudrait-il donc aller plus loin et, ne se bornant pas à maintenir à cet enseignement le rang et la place qui sont dignes de lui, lui assurer la prépondérance et comme le privilège exclusif de donner à l'enfant l'éducation intégrale et de former des hommes ?

« Non, la mission de l'Université est plus large, et elle n'y saurait faillir...

« Quelles que soient les voies différentes où les entraînent leurs goûts, leurs aptitudes, leurs besoins, est-il possible d'imposer à tous pour but presque unique de leurs efforts l'étude sereine du passé, des lettres anciennes, et la contemplation de leur admirable beauté ?

« Non, tous les enseignements que donne l'Université peuvent et doivent avoir, tous, lorsqu'ils émanent de maîtres éminents comme les nôtres, une vertu éducatrice.

« Les sciences ne se bornent pas à la poursuite de résultats utilitaires et pratiques. Elles sont, elles aussi, particulièrement propres à développer les qualités maîtresses de l'esprit. Leur méthode rigoureuse, précise, sincère, logique, est merveilleusement apte à former le jugement, à en assurer la rectitude et, d'autre part, les plus arides souvent ne peuvent se passer du secours de l'imagination, lorsque quelque phénomène encore inexpliqué, éveillant l'attention, invite à la recherche des lois inconnues qui le régissent...

« N'élève-t-elle pas les yeux vers le ciel, et n'emporte-t-elle pas l'âme

années, préparant à l'industrie, au commerce, à l'agriculture, aux
administrations pour lesquelles le baccalauréat n'est pas exigé.
Le schéma général de l'enseignement au collège de Nogent
(voir page 177) fera comprendre aisément la souplesse des méthodes actuelles, qui, en s'adaptant aux aptitudes diverses des
élèves, offrent aux familles les plus grandes facilités pour diriger
les enfants dans la voie qui leur convient. Lorsque le collège
aura ajouté à ses cours complets, si bien organisés, un ou deux
ateliers d'*enseignement professionnel*, alors — c'est l'avis des hommes compétents et de personnages éminents — il n'y aura plus
rien à dire, ni rien à désirer. Ce rouage nouveau, fonctionnant

dans les régions les plus pures, cette science qui cherche et découvre les
lois du mouvement des astres, indique leur marche, retrouve leur trace et
leur place dans les profondeurs de l'espace immense, et, nous faisant en-
trevoir derrière des mondes d'autres mondes, encore plus lointains, et
derrière ceux-ci, sans limite, d'autres mondes encore, nous donne le frisson
de l'infini ?...

« Chaque page de l'histoire de la science nous dit à son tour ce qu'est
le dévouement désintéressé, et son martyrologe nous enseigne, lui aussi,
la noblesse du sacrifice.

« Aussi bien, les sciences avec l'harmonie de leurs lois ; les lettres, par
la forme exquise dont elles enveloppent la pensée ; la morale, avec la
grandeur austère de ses règles, ne nous montrent-elles pas les aspects
divers de l'universelle et supérieure beauté ?

« C'est à ces enseignements, se mêlant et se pénétrant d'ailleurs dans
certaines de leurs parties, que l'Université a voulu par ses nouveaux programmes assigner un rang égal.

« Grâce à leur souplesse, chacun de vous, mes jeunes amis, y pourra
trouver la culture qui, s'adaptant le mieux à ses goûts, à l'orientation de
ses aptitudes et de son esprit, fournira à son intelligence le meilleur et le
plus complet développement...

« De chacune des voies suivies par vous avec un égal effort, vous sor-
tirez également armés, prêts à prendre votre place et à faire votre devoir
dans la société démocratique, au milieu de laquelle vous êtes appelés à
vivre... »

sans toucher à ceux qui existent, n'entraînerait qu'une faible dépense; et le magnifique établissement, dont l'entretien n'occasionnera aucun sacrifice considérable de la ville avant de longues années, serait un des premiers collèges de l'Académie de Paris. Trouve-t-on en France beaucoup de maisons d'éducation ayant, comme celle-ci, une superficie de 15,000ᵐ·ᑫ· (3,575 bâtis); comprenant des cours, des jardins, des locaux de tout genre; situées presque en pleine campagne; baignées dans un air pur, imprégné des effluves des prairies et des bois? Aussi, l'état sanitaire est-il presque toujours excellent au collège. D'octobre 1905 à mars 1906, il n'y a eu qu'une seule visite de médecin, pour une indisposition bénigne. Il est surprenant qu'avec la rapidité des communications modernes il n'y ait pas au collège de Nogent plus d'élèves venant de Paris et des régions avoisinant le Perche. Admettons qu'on n'y jouisse pas du confortable raffiné de certains collèges anglais et des maisons similaires, créées depuis peu en France. Mais la situation extérieure et l'hygiène intérieure, avec la modicité des prix, permettent à notre établissement universitaire de tenir un rang très honorable à côté des châteaux scolaires dont nous venons de parler.

La discipline elle-même, comme dans toute l'Université, mais avec moins de difficultés peut-être, a abandonné sans retour les moyens de direction et de répression un peu rudes, où survivaient encore l'esprit monastique du Moyen âge et le caporalisme impérial. Le cachot, régime cellulaire adouci des inpace des cloîtres; les arrêts; le piquet; les retenues pendant les récréations et les promenades; le pain sec et l'eau; les longues stations à genoux, les bras en croix; la punition collective des promenades silencieuses; les centaines de vers à copier, qui faisaient prendre en dégoût aux meilleurs élèves les chefs-d'œuvre de la pensée humaine; le silence dans les rangs et au réfectoire; toute cette oppression physique et mentale, connue encore de la génération précédente, a disparu pour jamais. De plus en plus, on cherche à éveiller chez l'élève, par des conseils et des moyens appropriés à son âge, le sentiment de sa responsabilité et de son devoir, à développer le libre exercice de sa raison et de sa volonté, dont une surveillance attentive et prudente arrête les écarts. De plus en plus, l'éducation morale pénètre tous les enseignements. Une orientation constante vers le beau, vers le bien, vers le vrai, vers le juste, compagnons inséparables d'une vie sage et ornée, une patiente formation de l'âme de l'enfant, « moins par de vraies leçons que par d'honnêtes propos, » l'étude du caractère de chacun et, suivant les cas et les élèves, une intervention bienveillante ou énergique, tel est le résumé du système pédagogique actuel. Qu'on ne s'y trompe pas! Les lycées ou les collèges sont loin d'être des abbayes de Thélème, dont le « Fais ce que tu voudras » serait la règle amollissante et dangereuse. Si tous les élèves peuvent s'y sentir dans une atmosphère de sympathie, de confiance et de cordialité, les « cancres », les mauvaises têtes, les vicieux rencontrent toujours auprès d'eux, s'il en est besoin, la contrainte et les punitions. Celles-ci, pour être moins fréquentes et mieux proportionnées aux fautes, n'en ont que plus de portée. La leçon à réparer; le devoir à refaire; le devoir supplémentaire; la retenue avec exercice spécial pour chacun, indiqué par le professeur ou le répétiteur; la mauvaise note sur le rapport quotidien ou sur le carnet hebdomadaire; la privation de sortie; l'avertissement ou le blâme par le *Conseil de discipline* (1); l'exclusion temporaire ou absolue; l'inscription des notes de composition et des appréciations de tous les professeurs sur le *carnet scolaire* des candidats au baccalauréat, voilà des armes très suffisantes! Les

---

(1) Le *Conseil de discipline*, réuni une fois par trimestre, n'a pas seulement la charge de *réprimander* ou de *blâmer* les élèves mal notés; il *encourage* ou *félicite* ceux qui font des efforts méritoires ou qui se distinguent par leur tenue, leur conduite et leur travail.

plus sérieuses ne sont presque jamais employées, à Nogent tout au moins. Depuis quinze ans, pas une exclusion définitive n'a été prononcée, et pas un fait vraiment grave ne s'est produit. Les élèves sont en général très dociles et très paisibles ; on aurait plus à se plaindre de leur apathie, de leur insouciance que de leur exubérance et de leur nature frondeuse. La discipline paternelle s'applique ici dans un milieu particulièrement favorable. D'ailleurs, le nombre assez restreint des élèves (1) est avantageux pour le travail autant que pour la conduite. Aucun élève n'y est forcément négligé ; les intelligences lentes n'y sont pas débordées par une grande majorité d'élèves plus forts, poussant le professeur

---

(1) Il faut se mettre en garde contre les exagérations malveillantes qui grossissent à plaisir les dépenses du collège incombant à la ville et diminuent le chiffre des élèves. Le chapitre concernant le budget du collège établira l'exacte vérité au point de vue financier, et la statistique des élèves de 1803 à 1905 fera ressortir que, si l'établissement a connu des temps beaucoup plus prospères qu'aujourd'hui, il a eu aussi des années infiniment plus critiques. Depuis 1890, le collège a baissé, c'est incontestable, mais il a cependant maintenu la moyenne de sa population ; cette moyenne est de 96 ou 97 élèves. Le voisinage des *écoles primaires supérieures* d'Illiers, de la Ferté-Bernard, de la Loupe, de Regmalard — quatre établissements semblables dans un rayon de 30 kilomètres ! — est une des causes de l'état actuel, mais il y en a d'autres, que nous avons déjà exposées en partie. Si quelque chose doit surprendre et réconforter, c'est que le collège ait aussi bien résisté à de multiples concurrences, la plupart inexistantes auparavant, et cela est d'un bon augure, car il a vu des jours plus sombres, presque désespérés. Ceux qui voudront étudier impartialement la question, faire les comparaisons nécessaires et mettre en balance les sacrifices et les résultats, ceux-là avoueront que le collège tient toujours un rang très honorable sous tous les rapports. L'évolution des idées ne lui promet-elle pas des horizons plus larges et un avenir meilleur ? En effet, l'accès de l'enseignement secondaire sera de plus en plus facilité aux meilleurs sujets des écoles primaires, et c'est porté et soutenu par le courant démocratique que le collège pourra célébrer, espérons-le, un nouveau centenaire.

en avant malgré lui et laissant en arrière trop de traînards. Chacun se trouve surveillé, encouragé, aidé, et les élèves faibles y tracent peu à peu leur sillon, où quelque moisson germe et grandit tôt ou tard.

En 1883 la création de l'*Association des anciens élèves du collège* est venue resserrer les liens entre camarades et donner à l'établissement un appui matériel et moral des plus précieux. Cette association a pour objet :

« 1° D'établir entre les anciens élèves du collège un centre de relations amicales et de venir en aide aux anciens camarades, à leurs veuves et à leurs enfants ;

« 2° De venir en aide aux fonctionnaires ou anciens fonctionnaires inscrits au nombre de ses membres, à leurs veuves et à leurs enfants ;

« 3° D'exercer sur les élèves, à la sortie du collège, un patronage bienveillant et de favoriser leurs débuts dans la carrière qu'ils ont embrassée. »

En outre, l'Association a fondé des prix annuels, pour tous les élèves indistinctement, et des bourses et portions de bourse pour les fils d'anciens élèves.

Chaque année, l'assemblée des professeurs désigne les élèves des classes supérieures de l'enseignement classique (A) et de l'enseignement moderne (B) qui sont jugés dignes d'être les lauréats de l'Association, pour l'ensemble de leurs notes pendant les dernières années. La liste suivante montrera que ce choix, souvent difficile puisqu'il n'est pas possible d'attribuer des prix ex-æquo, a été heureux. Les bons élèves d'autrefois n'ont pas menti à leurs promesses.

PRIX D'HONNEUR DE L'ASSOCIATION
Enseignement classique (1)

1883 Marcel Foucault, de Saint-Victor-de-Buthon.
  Agrégé de philosophie, docteur ès lettres, maître de conférences à la Faculté des lettres de Montpellier.

1884 Charles Lemarié, de Montlandon.
  Directeur de l'agriculture à Hanoï (Tonkin).

1885 Albert Bonéfant, de Nogent.
  Directeur de pensionnat en Angleterre.

1886 Jules Franchet, de Mettray.
  Docteur en médecine.

1887 Achille Foucault, de Saint-Victor-de-Buthon.
  Professeur d'allemand au collège de Sancerre.

1888 Émile Habert, de Nogent.
  Négociant à Nogent.

1889 Alphonse Mauté, de Verrières.
  Docteur-médecin, chef de laboratoire à l'hôpital Beaujon, à Paris.

1890 Arthur Aubert, de Saint-Cyr-la-Rosière.
  Notaire à Meslay-le-Vidame (Eure-et-Loir).

1891 Paul Laforgue, de Paris (décédé).

1892 Francis Laforgue, de Paris.
  Licencié ès lettres, rédacteur au secrétariat général du gouvernement tunisien à Tunis.

1893 Fernand Le Roi, de Nogent.
  Professeur au collège d'Ajaccio (Corse).

1894 Henri Gouhier, de Nogent.
  Représentant de commerce à Paris.

1895 Georges Trolet, de Longny.
  Rédacteur au ministère de l'Agriculture.

---

(1) Nous indiquons au-dessous du nom la situation actuelle.

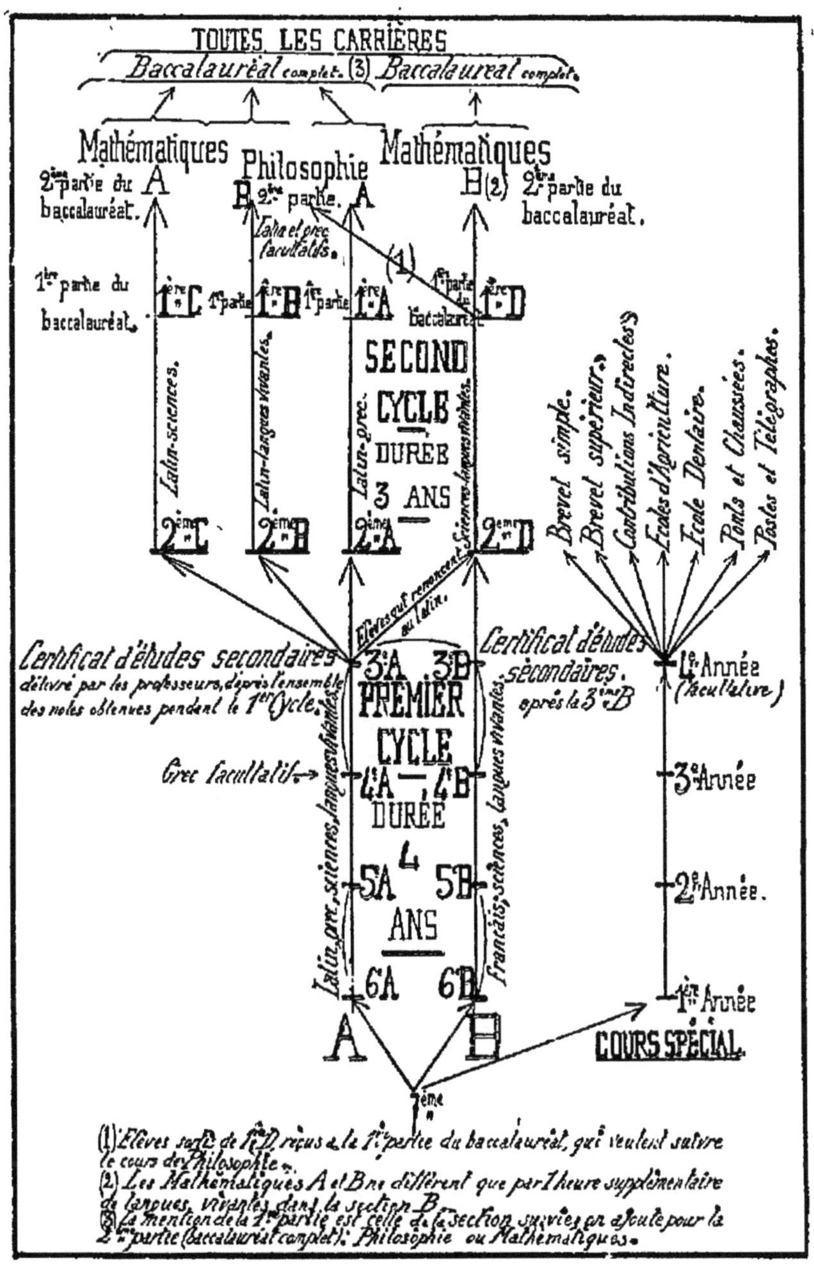

Schéma de l'enseignement au collège (1906)

1896 Pierre Renou, de Nogent.
Receveur d'enregistrement à Montsurs (Mayenne).
1897 Émile Le Loarer, de Fahouët (Morbihan).
Lieutenant au 124ᵉ d'infanterie à Laval.
1898 Louis Habert, de Nogent.
Docteur-médecin à Nogent.
1899 Albert Madelaine, de Laigle.
Répétiteur au lycée Saint-Louis à Paris.
1900 Samuel Nalot, de Nogent.
Lieutenant au 116ᵉ d'infanterie à Vannes.
1901 Charles Granvigne, de Paris.
Ingénieur agronome.
1902 Jean Pernet, de Nogent.
Étudiant en médecine.
1903 Edmond Laîné, d'Éperrais (Orne).
Élève-officier à l'école militaire de Saint-Cyr.
1904 René Vinsot, d'Authon.
Élève à l'école vétérinaire de Lyon.
1905 Émile Degoulet, de Bellême.

Enseignement moderne

1885 Gustave Guenet, du Theil-sur-Huisne.
Sous-économe au lycée du Mans.
1886 Adrien Richette, de Melleray (Sarthe).
Pharmacien de 1ʳᵉ classe, atteint de cécité, n'exerce
pas et habite chez ses parents à Melleray.
1887 Eugène Fardouet, de Saint-Pierre-la-Bruyère.
Instituteur à Neuilly-sur-Seine.
1888 Jules Chéreau, de Melleray (Sarthe).
Instituteur à Randonnai (Orne).
1889 Georges Lecoin, de Berchères-la-Maingot.
Agrégé de l'Université, profes. au lycée de Cherbourg.

1890 Charles Denaix, de Mortagne.
> Greffier de la justice de paix à Mortagne (Orne).

1891 Émile Ferrien, de Nogent.
> Notaire à Ablis (Seine-et-Oise).

1892 Armand Collin, de Nogent (décédé).

1893 Fernand Quinton, de Nogent.
> Représentant de commerce à Paris.

1894 Georges Langard, d'Igny.
> Préparateur de physique à l'école Turgot à Paris.

1895 Paul Mesnil, de Montlandon.
> Conducteur des Ponts et Chaussées.

1896 Darius Negroni, de Thiron.
> Lieutenant au 134ᵉ d'infanterie à Mâcon.

1897 Isidore Debray, d'Écouen.
> Pharmacien de 1ʳᵉ classe.

1898 Georges Cohin, de Nogent.
> Pharmacien de 1ʳᵉ classe à Rouen.

1899 Marius Chaillou, de Nogent.
> Rédacteur en chef au *Progrès de Chartres*.

1900 Abel Parisey, de Besançon.
> Répétitʳ de collége, délégué au lycée Lakanal à Vanves.

1901 Gaston Bouvier, de Chassant.
> Élève-officier à l'école de Saint-Cyr.

1902 Camille Breton, de Manou.
> Clerc de notaire.

1903 Gustave Verdier, de Combres.
> Répétiteur de collége.

1904 Albert Cirou, de Saint-Hilaire-sur-Erre.
> Cultivateur à Saint-Hilaire-sur-Erre (Orne).

1905 Joseph Charles, de Meaucé.

En dehors de cette liste, le livre d'or du collège de Nogent comprend 97 bacheliers depuis 1876. Au concours académique (supprimé en 1880), de 1873 (date du premier concours auquel Nogent prit part) à 1880 (1), entre les quatre lycées et les onze principaux collèges de l'Académie, le collège recueillit 24 nominations. Les élèves qui, depuis 1878, ont été reçus aux grandes écoles sont :

ÉCOLE POLYTECHNIQUE. — Narcisse Fillon (2); Alfred Dumur; Maurice Leneveu (3).

ÉCOLE DE SAINT-CYR (depuis 1897). — Émile Le Loarer; Samuel Nalot; Gaston Bouvier; Edmond Lainé; Roger Prunier.

INSTITUT AGRONOMIQUE (depuis 1900). — Charles Granvigne; Edmond Drouet.

Voilà les parchemins de vos aînés, jeunes élèves. Efforcez-vous de marcher sur leurs traces, en profitant des bienfaits que vous devez au gouvernement républicain et à la constante bienveillance d'un conseil municipal éclairé, qui a conservé pour le collège la prédilection de ses devanciers. Regardez en arrière; songez aux

---

(1) Relevons les noms des lauréats : Alfred Dumur; Narcisse Fillon; Alphonse Hayes; Eugène Gadois; Jules Fournier; Charles Challier; Gabriel Hayes; Charles Tramblay; Ernest Theill; Camille Binois; Eugène Savare. — Pour n'omettre aucun détail, mentionnons que la fanfare du collège, fondée en 1885 par M. Peschet et composée de 16 exécutants dirigés par M. Biret, a obtenu 21 prix, à divers concours, de 1885 à 1892. Depuis, les sports ont fait tort à la musique, et la fanfare est aujourd'hui remplacée par une *société athlétique*. Cependant les élèves donnent, au moins une fois par an, une matinée littéraire et musicale à leurs familles et aux amis du collège.

(2) Narcisse Fillon, né le 29 mai 1859 à Pré-Saint-Martin (Eure-et-Loir), capitaine du génie breveté, détaché à l'École supérieure de guerre, tué en 1896 par la chute d'un madrier tombé de l'échafaudage d'une maison en construction.

(3) Pour MM. Alfred Dumur, Maurice Leneveu, etc..., voir la nomenclature des membres de l'Association.

anciens camarades qui n'ont pas eu, eux, le bonheur d'apprendre tant de choses dans ce milieu de douceur, de tranquillité et de bien-être, où la science se présente aujourd'hui souriante et pleine de séduction. Puisse ce modeste livre, évoquant les générations qui ont étudié ici avant vous, dans des conditions beaucoup plus dures, vous inspirer un attachement plus profond pour votre vieux collége ! Puisse-t-il exciter en vous la volonté de vous montrer toujours plus dignes de la sollicitude qui vous entoure, et de l'instruction élevée dont sont encore privés tant d'autres enfants, qui peut-être en useraient mieux que vous !

Et vous, anciens élèves, s'il vous est resté du collége quelques souvenirs désagréables, réfléchissez à ces paroles d'un poète anglais : « En reculant dans le passé, les circonstances les plus affligeantes perdent de leur tristesse, et on trouve presque du charme à se les rappeler, aussi bien qu'à les décrire. » Malgré les froissements et les petites épreuves inséparables de la vie en commun, qui n'a éprouvé quelques regrets de l'enchantement de la jeunesse enfuie, alors que la magie de la vie à son aurore et les mirages de l'espérance égayaient toujours un peu les journées les plus moroses ? Qui ne revoit avec émotion, dans les lointains de son existence, les figures, soudain ranimées, d'un bon maître, de camarades dont l'amitié fraîche et sincère semblait « douce par-dessus toutes les douceurs de la vie » ? Qui n'a conservé dans sa mémoire l'aspect de tel ou tel coin du collége ou le souvenir de ces mille riens dont est tissée la trame des retours pensifs sur le passé irrémédiablement perdu ? Un général du premier Empire, couvert de gloire et d'honneurs, disait un jour à Napoléon : « Sire, le moment le plus beau de ma vie, celui où je me suis senti le plus profondément ému, c'est lorsque j'ai obtenu mon premier prix au collége. » Et si l'on associe à ces souvenirs ceux des parents aimés dont l'affection inoubliable consolait les petits chagrins, prévenait les désirs et s'offrait tout entière à tout instant, est-ce que, du fond de l'âme, une larme d'attendrissement ne monte pas encore aux cils? Que la destinée ait été cruelle ou clémente, ne sent-on pas remuer en soi quelque fibre secrète, lorsque les années d'enfance repassent sous les yeux avec le cortège de leurs joies simples et pures, de leurs délicieuses et fugitives illusions, ces fleurs du printemps de la vie qu'on ne respire qu'une fois!

LE BUDGET DU COLLÈGE

Le collège de Nogent-le-Rotrou reçut en 1802 sa première subvention municipale, se montant à 3,600 francs et attribuée au principal comme traitement. La ville accordait en outre 100 francs (1802), puis 200 francs pour les prix, 50 francs pour les frais du bureau d'administration (supprimés en 1821) et 200 francs pour l'entretien des bâtiments et du mobilier. Le principal avait le pensionnat à sa charge et profitait des bénéfices. Il avait de plus à rétribuer et à nourrir les maîtres d'étude, ainsi que le personnel domestique. Le concierge, logé, nourri, chauffé et éclairé, ayant en outre ses petits profits de commissionnaire, de marchand de sucreries, etc., avait 200 francs de salaire; ses gages s'élevèrent même une année (1830) à 400 francs; en 1832, à 300 francs. Le déficit, prévu tous les ans dans le budget du collège, devait être comblé par le principal sur ses bénéfices particuliers. De 1824 à 1850, le déficit fut la règle : en 1826, il est de 737 francs; en 1828, de 2,037; en 1829, de 1,977; en 1831, de 1,017. Malgré cela, M. Delalande consent en 1834 à faire gratuitement la classe de philosophie et abandonne son traitement aux autres fonctionnaires.

En 1813, la dotation du collège avait été portée à 4,000 francs; ramenée à 2,500 en 1824, elle est rétablie à 4,000 le 1er mars 1825; en 1830, elle est de 6,000; réduite à 4,000 en 1831, elle est élevée à 4,400 en 1834, ramenée à 4,200 en 1835, portée à 4,500 en 1837, à 4,900 en 1847, non compris les frais accessoires et le traitement du directeur de l'école primaire supérieure annexée (1). En 1850, la dotation complète du collège est, en

(1) Le traitement du directeur de *l'école mutuelle* descend de 1,200 en 1833 à 900 en 1834. En 1835, le directeur de *l'école primaire supérieure* à 800 fr.; en 1836, cette école est annexée au collège et réunie avec le

chiffres ronds, de 6,250 francs ; en 1860, de 6,750 ; en 1870, de 7,100 ; en 1880, de 16,700 ; en 1890, de 18,900 ; en 1901, exactement de 16,433 fr. 09 ; en 1904, de 17,212 fr. 23, dont 500 francs de dépenses extraordinaires. L'intervention pécuniaire de l'Etat dans le budget du collège (traitement du personnel) date de 1847, année de la dotation ministérielle d'une chaire de philosophie et de mathématiques ; depuis, la part contributive de l'État s'est accrue dans des proportions considérables, comparativement à la subvention municipale. D'après le traité décennal de 1900, entré en vigueur le 1er janvier 1901, l'État et la ville se partagent les dépenses du collège ainsi qu'il suit :

> Subvention obligatoire de l'État . .   19,100 francs
> Subvention obligatoire de la ville . .   14,470 francs

Par suite d'autres subventions variables, on peut évaluer, sur un budget municipal de 300,000 francs, à une somme de 16 à 17,000 francs la part incombant à la ville (1) dans les dépenses du collège. Il y a neuf chaires de licenciés, une chaire de bachelier, trois chaires de brevetés et une chaire de dessin. Pour la réfection du mobilier, qui doit se faire en six annuités, l'État et la ville endossent chacun la moitié des dépenses (2). De plus,

---

cours de français ; de 1836 à 1847 le directeur est maître interne, et son traitement n'est que de 400 fr.; ce traitement est porté à 800 fr. en 1847 ; à 1,000 fr. en 1862 ; à 1,200 fr. en 1872.

(1) Dans ce chiffre est comprise l'*indemnité de résidence* accordée aux professeurs. Après six années d'exercice au collège, les professeurs obtiennent une allocation de 100 francs, suivie d'une augmentation annuelle de 25 francs jusqu'à concurrence de 200 francs.

(2) Les grandes dépenses sont près d'être closes pour longtemps de ce côté. Le vieux mobilier aura bientôt complètement disparu ; dans la plupart des classes, les élèves ont maintenant des chaises, et les tables scolaires sont conformes en général à ce que désirent les hygiénistes. Le cabinet de physique et le laboratoire de chimie sont très bien aménagés et munis des appareils les plus récents.

l'État prend à sa charge les augmentations des traitements des professeurs, résultant des promotions à une classe supérieure, et certains crédits spéciaux pour les bibliothèques des professeurs et des élèves, pour la rétribution des fils des membres de l'enseignement primaire, etc...

En résumé, depuis le dernier traité, LA PART DE L'ÉTAT, POUR L'ENTRETIEN DU COLLÈGE, EST BEAUCOUP PLUS ÉLEVÉE QUE CELLE DE LA VILLE, qui a vu, elle, diminuer ses sacrifices (1). Ainsi, sans compter les boursiers, l'État a donné, comme subventions diverses, en 1900, 18,993 fr. 33; en 1901, 26,559 fr. 83; en 1904, 27,923 fr. 43.

LES TRAITEMENTS DU PERSONNEL. — De 1803 à 1809 le bureau d'administration du collège fixait chaque année les traitements des régents, d'après les propositions du principal; en 1809, l'approbation du Conseil de l'Instruction publique devint nécessaire. Au début, les régents étaient logés et nourris au collège, conformément au règlement, et ils rece-

----

(1) La rétribution universitaire, jadis payée à l'État, revient à présent à la ville. Tous les élèves payent cette rétribution, variable suivant le nombre des élèves. Elle s'est élevée en 1904 à 6,497 fr. 50, auxquels il convient d'ajouter 858 fr. 55 de frais accessoires. — D'après le traité, « les bonis provenant de la gestion de l'externat, lorsque les dépenses n'atteindront pas le montant des ressources déterminées par le traité, seront mis en réserve par la ville à un compte spécial communal pour couvrir les déficits éventuels des années suivantes, ou employés, après entente entre la ville et le ministre de l'Instruction publique, soit à créer des enseignements spéciaux appropriés aux besoins de la région, soit à développer les cours organisés au collège, soit à créer de nouveaux emplois, soit à augmenter les émoluments des fonctionnaires et agents du collège, soit à compléter le matériel d'enseignement ou le mobilier de l'externat. » — D'après le dernier compte administratif, le résultat de la gestion pour les quatre années 1901, 1902, 1903, 1904 accuse un boni de 2,987 fr. 15. — Disons en terminant que le collège a 11 francs de rente sur l'État.

vaient un traitement de 5 à 600 francs (60 0 en 1809; 5oo en 1811) (1). Après 1815, ils commencent à loger en ville et à prendre pension où bon leur semble (2). Leur traitement est alors augmenté de quelques centaines de francs. Les professeurs recevaient parfois du princ'pal des gratifications particulières. M. Delalande établit vers 1837 un projet de suppléments de traitements à payer par lui, s'élevant à 700 francs. Ce système est resté quelque peu en vigueur jusque vers 1879.

La ville avait d'abord laissé le principal préparer la répartition des traitements à soumettre à l'approbation supérieure et en effectuer le paiement, mais, en 1828, le Conseil municipal décide que la somme de 6,000 francs, accordée au collège, serait répartie entre les régents par le bureau d'administration, et que les traitements seraient payés indiv duellement sur mandats délivrés par le maire. En 1836, le Conseil élève, de son chef, de 900 à 1,200 francs, le traitement du régent de rhétorique « qui mérite d'être encouragé », et répartit lui-même la subvention collégiale, « aucune disposition de loi n'attribuant, soit au Conseil de l'Université, soit au bureau d'administration, le droit de faire l'emploi des sommes allouées au collège. »

Jusqu'en 1847, les traitements des régents n'ont guère de

---

(1) En 1813, le Conseil municipal reconnaît que les professeurs ne peuvent pas être logés tous au collège, et il est question d'établir des chambres et un vestiaire entre la maison du principal et le réfectoire, mais le projet n'eut pas de suite. Le règlement impérial de l'Université cessa d'être appliqué, en ce qui concerne les logements, après la chute de Napoléon.

(2) En 1817, les professeurs de mathématiques et de septième sont logés au collège, mais non nourris. Plusieurs fois, après 1830, des professeurs mariés sollicitèrent l'autorisation de loger soit au collège, soit dans les chambres lépreuses de la caserne, tant leur traitement était insuffisant, mais le Conseil municipal n'accorda cette autorisation qu'au directeur de l'*école primaire supérieure*.

fixité, et des diminutions se produisent assez fréquemment d'une année à l'autre. Le régent de rhétorique, le plus payé, a 1,200 francs en 1824; 1,000 en 1827 et 1829; 900 en 1835; 1,200 en 1836; 1,200 en 1847. Les autres régents ont de 700 à 1,000 francs jusqu'en 1827; 700 francs de 1827 à 1835; de 8 à 900 francs de 1835 à 1847. Les documents de 1825 à 1850 dénotent manifestement que les principaux et les régents sont dans la gêne, talonnés souvent par la misère. Certaines lettres sont des cris de détresse poignants. Pauvres régents en redingote râpée et chapeau haut de forme démodé et jauni! Leur silhouette falote revit dans les récits, et aussi dans les caricatures du temps. La plupart, fervents de l'antiquité, avaient heureusement, pour supporter leurs disgrâces, les livres consolateurs : le sourire d'Horace, la tendresse de Virgile, la beauté du divin Platon; la splendeur rayonnante de tous les grands esprits; l'intimité des sages auprès desquels on s'évade des misères matérielles et des tristesses morales. Mais les régents pouvaient se trouver moins à plaindre en considérant le sort des maîtres d'étude. Ces parias, à peine rétribués, à la merci du chef de l'établissement, avaient, les jours de classe, deux à quatre heures de liberté au maximum; par mesure d'économie, le principal les chargeait fréquemment de cours accessoires. Les dimanches et fêtes, la chaîne était encore plus tendue, et il leur arrivait de ne pas avoir un instant à eux. Victor Hugo a buriné dans les *Contemplations* la douloureuse figure du maître d'étude (1842), « ce sublime forçat du bagne d'innocence »,

> . . . . ce pâle jeune homme,
> Enfermé plus que vous, plus que vous enchaîné,
> Votre frère, écoliers, et votre frère aîné.
> . . . .
> Oh! dans la longue salle aux tables de sapin,
> Enfants, faites silence à la lueur des lampes!
> Voyez, la morne angoisse a fait blêmir ses tempes,

> Songez qu'il saigne, hélas! sous ses pauvres habits...
> Aux heures du travail votre ennui le dévore,
> Aux heures du plaisir vous le rongez encore...
> Et qui sait? sans rien dire, austère, et se cachant
> De sa bonne action comme d'une mauvaise,
> Ce pauvre être qui rêve accoudé sur sa chaise,
> *Mal nourri, mal vêtu, qu'un mendiant plaindrait,*
> Peut-être a des parents qu'il soutient en secret,
> Et fait de ses labeurs, de sa faim, de ses veilles,
> Des siècles dont sa voix vous traduit les merveilles,
> Et de cette sueur qui coule sur sa chair,
> Des rubans au printemps, un peu de feu l'hiver,
> Pour quelque jeune sœur ou quelque vieille mère!

Le poëte n'exagérait nullement; il n'y avait pas que des bohèmes parmi les maîtres d'étude de jadis. Et tout cela n'est pas si loin !

Pendant longtemps le collége de Nogent eut tantôt un, tantôt deux maîtres d'étude; un maître primaire, lorsque le poste existait, faisait l'office de suppléant. Le surveillant général fut longtemps un professeur; M. Morel, professeur de rhétorique, inaugura cette fonction en 1834. Il était, pour toute rémunération, « logé, nourri, éclairé, chauffé, blanchi par le principal » qui évalue ces dépenses à 400 francs dans son budget de 1835 (1). Quant au maître d'étude, il était logé, nourri, etc... et touchait un traitement effectif de 400 francs. Ce traitement fut porté à 500 francs en 1847; depuis 1881, les répétiteurs ont 600 francs (stagiaires) et 700 francs (titulaires), avec des compléments de classes payés par l'État. La situation ne changea guère pour le personnel avant 1848, et encore l'amélioration de la condition

---

(1) Le surveillant général est un répétiteur délégué, depuis 1887. Actuellement, M. Brunet, surveillant général, fait des cours de comptabilité et d'écriture et est professeur de gymnastique.

des professeurs précéda-t-elle presque toujours d'assez loin celle de la condition du personnel interne, qui ne date réellement que de 1890. De 1847 à 1860, le professeur de philosophie et sciences a 1,600 francs; le professeur de rhétorique 1,500; il n'a 1,600 francs qu'en 1860; les autres professeurs ont de 1,000 à 1,300 francs de 1847 à 1860; ensuite, de 1,200 à 1,400 francs. En 1876, les traitements oscillent entre 1,200 et 1,800 francs; en 1880, entre 1,200 et 2,000 (1); en 1891, entre 1,600 et 2,500; en 1901, entre 1,400 et 2,500 (2).

---

(1) L'arrêté du 6 avril 1878 allouant une indemnité de 300 francs aux licenciés a été suivi du classement des professeurs des collèges en *trois* ordres, divisés en un certain nombre de classes. Le premier ordre comprend les professeurs *licenciés;* le second, les *bacheliers;* le troisième, les *brevetés.*

(2) Ces chiffres sont le minimum de chaque traitement dans chaque ordre. Les traitements du premier ordre vont de 2,500 à 4,500 francs; du deuxième ordre, de 2,100 à 3,600; du troisième ordre, de 1,600 à 3,000. Les traitements des professeurs de dessin sont en dehors de ces catégories, ainsi que ceux des maîtres primaires non classés.

POPULATION SCOLAIRE DU COLLÈGE

ANNÉES	PENSIONNAIRES	1/2 PENS^{res}	EXTERNES	TOTAL
1803				36
1806				60
1811	62 (1)	2	38	102
1812	60	2	28	90
1813	60	2	33	95
1814	60	2	32	94
1815	90		40	130
1816	70		30	100
1817	72		23	95
1818	70		20	90
1819	75		25	100
1820	60		30	90
1821	50		40	90
1822	50		40	90
1823	36	10	60	106
1824	35	11	57	103
1825	12	13	51	76
1826	13	9	43	65
1827	14	9	66	89
1828	20	23	34	77
1829	18	19	38	75
1830	36	13	31	80
1831	39	12	28	79
1832	36	11	25	72
1833	38	14	21	73
1834	35	13	38	86

(1) Y compris 2 boursiers de l'évêque de Séez et 24 de l'évêque de Versailles. — 1812 : 30 boursiers de l'évêque de Versailles. — 1813 et 1814 : 30. — 1815 : 45. — 1816 : 30. — 1817 : 35. — 1818 : 33. — 1819 : 35. — De 1820 à 1824 : 30.

ANNÉES	PENSIONNAIRES	1/2 PENS.res	EXTERNES	TOTAL
1840	51	3	35	89
1848	25	7	41	73
1849	23	7	35	65
1850	25	8	35	68
1851	22	12	38	72
1852	48	16	21	85
1853	46	16	22	84
1854	48	15	23	86
1855	44	14	32	90
1856	47	15	36	98
1857	38	12	36	86
1858	37	10	48	95
1859	37	14	45	96
1860	33	14	46	93
1861	33	15	42	90
1862	39	18	43	100
1863	49	22	48	119
1864	52	20	51	123
1865	56	15	53	124
1866	64	16	50	130
1867	52	15	49	116
1868	52	19	45	116
1869	54	19	44	117
1870	61	16	53	130
1871	21	13	33	67
1872	41	15	48	104
1873	58	24	54	136
1874	80	26	65	171
1875	80	28	62	170
1876	94	28	61	183
1877	100	30	70	200
1878	114	30	69	213
1879	84	30	56	170
1880	66	28	50	144

ANNÉES	PENSIONNAIRES	1/2 PENS⁽ᵗᵉˢ⁾	EXTERNES	TOTAL
1881	60	23	53	136
1882	59	18	52	129
1883	60	17	51	128
1884	54	14	62	130
1885	52	15	62	129
1886	60	24	73	157
1887	78	19	72	169
1888	75	28	72	175
1889	76	26	74	176
1890	70	23	81	174
1891	54	15	79	148
1892	42	11	70	123
1893	52	4	71	127
1894	54	3	72	129
1895	52	8	65	125
1896	29	3	69	101
1897	35	3	70	108
1898	34	4	70	108
1899	26		61	87
1900	25	5	53	83
1901	26	10	53	89
1902	34	9	51	94
1903	29	12	53	94
1904	32	13	50	95
1905	33	15	47	95

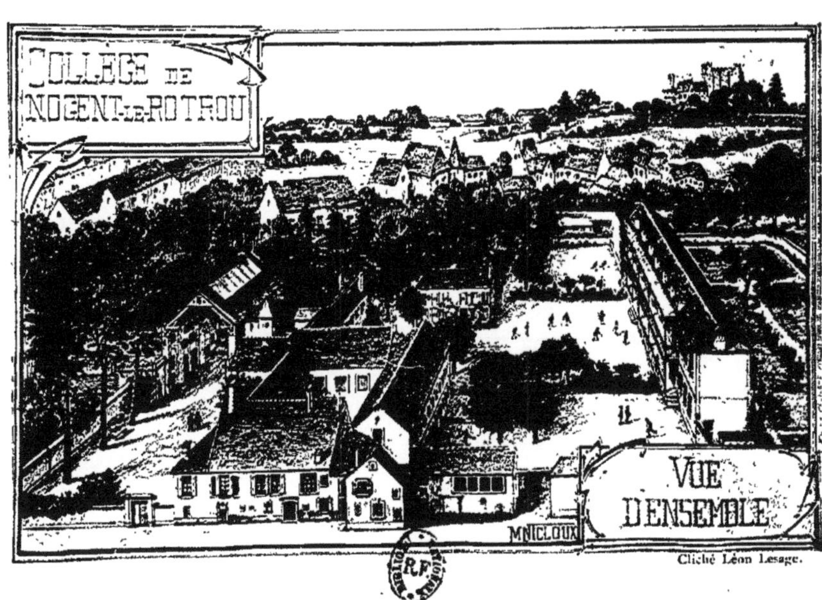

Cliché Léon Lesage.

COLLÈGE COMMUNAL

(1802-1906)

PRINCIPAUX

Pierron de Mondésir (l'abbé)	1802-1810
Beulé (l'abbé)	1810-1813
Bouchard	1813-1824
Perreau	1824-1830
Delalande	1830-1846
Paraingaux	1846-1861
Poirel	1861-1872
Prieur	1872-1878
Debréc	1878-1884
Peschet	1884-1895
Klein	1895-1899
Musset	1899

SURVEILLANTS GÉNÉRAUX

(DEPUIS 1885)

Jules Prévost, 1885-87. — Courty, 1887-94. — Einfalt, 1891. — L'Hopital, 1894-95. — Châtelain, 1895-99. — Brunet, 1899.

RÉGENTS ET PROFESSEURS (1)
(1802-1906)

MATHÉMATIQUES, SCIENCES PHYSIQUES ET NATURELLES

Dumont, 1802-04. — Gaubert, 1804-06. — Cassanet, 1806-08. — Boulé, 1810-13. — Huguet, 1813. —*Bouchard, 1813-24. — Temblaire, 1827. — Delalande, 1830-35.

PHILOSOPHIE, MATHÉMATIQUES, SCIENCES PHYSIQUES, ETC...

Delalande, 1835-46. — Houzel, 1847-51. — Harivel, 1851-52 — Henry, 1852-54. — Gatineau, 1854-61. — Hatterer, 1861-67. — Potignot, 1867-69. — Trépied, 1869-72. — Prieur, 1872-74.

MATHÉMATIQUES, SCIENCES PHYSIQUES ET NATURELLES

Prieur, 1874-76. — Deshautschamps ✻, 1876-79. — Bouin, 1879. — Rotté, 1879-83. — Tixier, 1883-84.

MATHÉMATIQUES

Première chaire. — Dubreuille, 1884-85. — Sestre, 1885-86. — Lemaire, 1886-87. — Pestre, 1887-92. — Heurdier, 1892-1897. — Rival, 1897. — Fourcault, 1897.

Deuxième chaire. — Bernardin, 1887-90. — A. Prévost, 1890-96. — Klein, 1896-99. — Musset, 1899.

SCIENCES PHYSIQUES ET NATURELLES

Tixier, 1884-87. — Heurdier, 1887-92. — Ferriot, 1892-97. — Meynier, 1897-1900. — Bonneau, 1900.

---

(1) Liste incomplète de 1802 à 1830, reconstituée très difficilement au moyen des Annuaires d'Eure-et-Loir (de nombreuses années manquent); des états de traitement; nominations; tableaux administratifs, provenant des archives de l'Académie de Paris, de l'Inspection académique d'Eure-et-Loir, du collège, toutes bien pauvres; des palmarès (1860-1905). Les archives du collège ne remontent guère au-delà de 1830 pour les dossiers, et de 1879 pour le registre du personnel. Les classes, d'abord séparées le plus souvent, furent ensuite géminées diversement, suivant les nécessités du service. Depuis 1898, l'organisation n'a pas varié.

RHÉTORIQUE ET SECONDE

Bouchard, 1813-24. — Silvy (1) — seconde — 1820. — Vivier,
1821-25. — Germain, 1825-27. — Reybault, 1827. — Baratier, 1828.
Amice, 1829, — Faivre, suppléant, 1830. — Paesschiers-Bisson,
1830. — Delalande, 1831-33. — Morel, 1833-48. — Donat, 1848-50.
— Delecour, 1850-54. — Poirel, 1854-72.

SECONDE ET TROISIÈME

Guillon, 1874-77. — Normand, 1877-80. — Pauthier, 1880-81. —
Magniant, 1881-82. — Rocquet, 1882-85.

PHILOSOPHIE, RHÉTORIQUE ET SECONDE

Charron, 1872-74. — *Philosophie et rhétorique.* — Charron,
1874-76. — Espiau, 1876-78. — Hinzelin, 1878-81. — Aucher,
1881-83. — Porcheret, 1883-84. — Cot, 1884-85. — *Philosophie.* —
Peschet, 1885-90. — *Rhétorique et seconde.* — Vabois, 1885-86.
Godard, 1886-89. — Hachette, 1889-90. — *Philosophie, rhétorique et seconde.* — Ner, 1890-95. — Colson, 1895-98. — Peltier,
1898-99. — Hollande, 1899-1903. — Lallement, 1903.

TROISIÈME ET QUATRIÈME

De Mondésir, 1802-07. — Vivier, 1807-08. — Lhérondeau, 1810-11.
Itasse, 1811-12. — Mansion, — troisième, — 1812. — L'Écuyer
de la Papotière, — quatrième, — 1812-18. — Silvy, 1819. —

---

(1) Silvy (Onesippe-Tullius-Emile-Léon', né à Craonnelle (Aisne), en
1799, mort en 1889 d'un accident de voiture, près de Thiron. Fils d'un
avocat célèbre, parent de Merlin de Douai, Silvy fut élève de l'Ecole normale
supérieure, puis professeur à Nogent, où il s'établit ensuite avoué-plai-
dant. C'est lui qui lança, en 1828, dans une de ses plaidoiries, la fameuse
boutade : « Nogent est la terre classique de l'ignorance. » Après 1830, il
fut adjoint, puis maire de la ville ; en 1837, après avoir cédé son étude, il
devint inspecteur des écoles primaires, puis directeur de la *Caisse hypo-
thécaire* de Paris. Il habita jusqu'à sa mort le cottage de Gaillard, commune de la Croix-du-Perche (Eure-et-Loir).

Bayet-Desmarais ✿ (1), — quatrième, — 1820-25. — Porreau,
— troisième, — 1824-30. — Solaire, — quatrième, — 1826-27. —
Baratier, 1827. — Chentl, 1828. — Delteil, 1830. — Morel, —
troisième, — 1831-33. — Barié, — quatrième et cinquième, —
1832-35. — Trouilloud, 1835. — *Troisième et quatrième.* —
Robert, 1835-37. — Cosme, 1837-42. — Clément, 1812-43. —
Gatineau, 1843-51. — Platel, 1854-58. — Vialard, 1858-59. —
Ossand, 1859-70. — Lesage, 1870. — Guillon, 1870-74. — *Quatrième
et cinquième.* — Lequien, 1874-76. — Lachapelle, 1876-78. —
Floux, 1878. — Christophe, 1878-81. — Soulatges, 1881-83. —
Rossel, 1883. — Caubit, 1883-84. — Varangot, 1884-85. — *Troi-
sième et quatrième.* — Rocquet, 1885-87. — Bluefeld, 1887-89. —
Vouillaume, 1889-90. — Ner, 1890. — Christophe 1890-94. —
Spiegel, 1894-95. — Rocher, 1895.

CINQUIÈME ET SIXIÈME

Cassanet, 1802-06. — Vivier, 1806-07. — De Mondésir, 1807-10.
— L'Écuyer de la Papotière. 1810-12. — Vassal, — cinquième, —
1812-13. — Bayet-Desmarais, — sixième, — 1814, — cinquième, —
1825-32, — cinquième et sixième, — 1832-34. — Cosme, 1834-37.
— Papillon, 1837-39. — Loison, 1839-40. — Floris, 1840-41. —
Edeline, 1841. — Clément, 1841-42. — Chanu, 1842-51. — Richard,
1851-53. — Anfray, 1853-70. — Bondois, 1870-74. — *Sixième.* —
Carpentier, 1874-78. — Lefèvre, 1878-81. — Portelette, 1881-85.
Cinquième et sixième. — Portelette, 1885-92. — Le Proux, 1892-94.
Christophe, 1894-99. — Massonneau, 1899-1905. — Le Proux, 1905.

LETTRES MODERNES (ancien enseignement spécial) (2)

Grammaire. — Réthoré, 1873-93. — Bruyant, 1893-98. —

---

(1) Bayet-Desmarais (Jean-Louis) (1770-1838), élève du collège Florent-
Buguet, parti au service militaire en 1793, devenu capitaine d'infanterie
et chevalier de la Légion d'honneur, prit sa retraite en 1812. Entré au
collège de Nogent, le 1er octobre 1814, comme régent de 6e, il occupa ensuite différentes chaires.

(2) *L'école primaire supérieure* annexée précéda le cours d'enseignement spécial et se confondit avec lui en 1865. Les directeurs de l'école

Lettres. — Thizy, 1891-96. — Larroquette, 1896-1898. — *Lettres et Grammaire.* — Bruyant, 1898.

HISTOIRE ET GÉOGRAPHIE

Destrat, 1876-80. — Cartier, 1880. — Bion-Marlavagne, 1880-86. — Varangot, 1886. — Lenoir, 1886. — Gassies, 1886-87. — Larminat, 1887. — Durandin, 1887-88. — Loyer, 1888-89. — Lenègre, 1889-90. — Thizy, 1890-96. — Larroquette, 1896-98. — Clément, 1898-1901. — Lemoisson, 1901-04. — Laffargue, 1904-05. — Gavillet, 1905.

LANGUES VIVANTES

Anglais. — Lavialle, 1843-48. — Th. Malgrange, 1848-55. — Fabas, 1855-57. — Gatineau, 1857-61. — Chailloux, 1861-65. — Poulain, 1865-67. — Dusautoir, 1867-70. — Bondois, 1870-73. —

---

mutuelle et de *l'école primaire supérieure* qui la remplaça en 1833 furent successivement : MM. Lecointe, 1832-1833. — Vigneau, 1833-36. — Delalande, 1836-44. — Fontvieille, 1844-46. — Delalande fils, 1846-47. — Breton, 1847-55. — Fabas, 1855-57. — François, 1857-58. — Nassoy, 1858-62. — Obry, 1862-63. — Réthoré, 1863-65. — M. Réthoré fut professeur unique de français pour l'enseignement spécial de 1865 à 1873. En 1873, cet enseignement fut complètement réorganisé, et des professeurs de l'enseignement classique furent chargés des classes supérieures de l'enseignement spécial. M. Réthoré était d'abord professeur de 2e et de 1re année ; de 1877 à 1887, il eut sous sa direction, pour la grammaire, la 3e et la 2e année seulement. Les professeurs de *sciences* furent : MM. Poulain, 1873-75. — Heurdier, 1875-77. — Jonneaux, 1877-78. — Tixier, 1878-84. — Les autres cours furent faits par des maîtres internes, de 1877 à 1887. Ce sont :

PREMIÈRE ANNÉE *(1re section)*. MM. André, 1877-78. — Cachin, 1878-80. — *(2e section)*. MM. Lhopiteau, 1874-76. — Jardin, 1876-78. — David, 1878-79. — Janvier, 1879-80. — *(1re et 2e section)*. Cachin, 1880-81. — Genet, 1881-82. — Jamet, 1882-83. — Guesnet, 1883-84. — Jules Prévost, 1884-87.

ANNÉE PRÉPARATOIRE. MM. Lhopiteau, 1873-74. — Séguin, 1874-76. — David, 1876-78. — Bizot, 1878-79. — Cellot et Bizot, 1879-80. — Janvier, 1880-82. — Guesnet, 1882-83. — Mahé, 1883-86. — Albert Prévost, 1886-87.

Anglais et Allemand. — Carpentier, 1873-78. — Lefèvre, 1878-81.
Barrachin, 1881-83. — Debrée (3e cours, anglais), 1880. — Christophe (3e cours, allemand), 1878-81. — *Anglais.* — Lemonnier,
1882-83. — Barbey, 1883-1884. — Combe, 1884-85. — Quesnel,
1885-93. — Balteau, 1893. — Delarue, 1893-1904. — Le Flahec,
1904. — *Allemand.* — Houssemand, 1872. — *Anglais et Allemand* (voir ci-dessus). — *Allemand.* — Letscher, 1883. — Bitsch,
1883-84. — Ad. Parisi, 1884-85. — Hantz, 1885-86. — Lacroix.
1886-91. — Ravenne, 1891-92. — Noel, 1892. — Bloch, 1892-93.
— Eswein, 1893. — Dardel, 1893-96. — Ed. Parisi, 1896-98. —
Gillet, 1898-1902. — Debès, 1902. — Breuil, 1902-1903. — Coudray, 1903.

SEPTIÈME ET HUITIÈME (1)

L'Écuyer de la Papotière, 1806-10. — Chalmel, 1811. — Mansion — septième — 1811-12. — Maillard — huitième — 1811-12.
Collet de Brunelières — septième — 1812. — Lecomte — huitième
— 1812. — Langlois, 1816. — Nasse — septième — 1820-22. —
Grosvalet — septième — 1827. — Picquet — huitième — 1827.
— Temblaire — septième — 1828. — Guyr — septième et huitième — 1830-31 — huitième — 1831. — Baric — septième — 1831.
— Leroy, 1832-34. — Laussel — septième et huitième — 1834-43
— septième — 1843-48 — septième et huitième — 1848-64. —
Lavialle — huitième — 1843-48. — Guérineau — septième et
huitième — 1864-65. — Poulain, 1865-67. — Puissant, 1867-72. —
Michel, 1872-75, et Loris Pelletier — huitième (français) — 1873-74.
— Poteau, 1875-77. — Bousquet, 1877-78. — Benoid, 1878-79. —
Christophe, 1879. — Guérin et Jeudon, 1879-80. — Roger, 1880-85.
— Bernardin, 1885-87. — C. Haye — septième — 1887-88. —
Alb. Prévost — huitième — 1887-88. — Baudouin — septième —
1888-90. — Bernardin — septième et huitième — 1890-91. —
Cagnion, 1891-93. — David, 1893-94. — Lunel, 1894. — Le Proux,
1894-1904. — Lunel, 1904.

---

(1) Appelées aussi classes élémentaires.

CLASSE PRIMAIRE (1)

Fabas, 1853-54. — Nivois, 1854-55. — François, 1855-56. — Got, 1856-58. — Vassort, 1858-59. — Percheron, 1859-60. — Grossain, 1860-61. — Courjon, 1861-65. - E. Jouanneau, 1865-66. Marolles, 1866-68. — Vanton, 1868-71. — Houssemand, 1871-73. — Seguin, 1873-74. — Louis Pelletier et Victorien Pelletier, 1874-75. — Louis Pelletier, 1875-76. — Cersault, 1876-78. — Cellot, 1878-81. — Labasse, 1881-82. — Jamet, 1882. — Mahé, 1882-83. — Baillon, 1883-87. — Dugendre, 1887-88. Lecomte, 1888-94. — Lunel, 1894-1904. — Leroux, 1904.

CLASSE ENFANTINE

Mme Papillon, 1862-63. — Mme Jubault, 1863-72. — Mlle Lucie Prieur, 1872-77. — Mlle Héloïse Charpentier, 1877-78. — M. Debrée père, et Mme Rotté, 1878-80. — M. Debrée père, 1880-84. — Mlle Vouton, 1884-87. — Mme Gombert, 1887.

DESSIN

Méliand, ...-1831. — Baltard — Guillotin — Berruyer — Perémé, 1845-47. — Moullin, 1847-53. -- Fabas, 1853-57. — François, 1857-58. — Lebart, 1858-62. — Mayan, 1862-87. — Juif, 1887-88. — Leclerc, 1888-89. — Lambron, 1889-99. — Gilmant, 1899-1900. — Benoît-Barnet, 1900-1901. — Nicloux, 1904.

---

(1) La classe primaire s'est confondue d'abord avec les classes de septième et de huitième, puis avec l'école primaire annexée. Elle n'existe séparément que depuis 1853. On l'appelle aussi classe préparatoire depuis 1896.

ORGANISATION ET PERSONNEL (1906) (1)

ADMINISTRATION

MM. Musset, principal (O. I.)
L'abbé Durand, aumônier.
Brunet, surveillant général.

RÉPÉTITEURS

MM. Normand et Picard.

ENSEIGNEMENT (2)

Mathématiques. — 1re chaire (*1*), M. Fourcault ✿ (O. A.).
— 2e — (*1*), M. Musset (O. I.).
Histoire (1). — M. Gavillet.
Philosophie, Rhétorique et Seconde (1). — M. Lallement.
Lettres modernes (1). — M. Bruyant ✿ (O. A.).
Allemand (1). — M. Coudray.
Anglais (1). — M. Le Flahec.
Troisième et Quatrième (1). — M. Rocher ✿ (O. A.).
Cinquième et sixième (2). — M. Le Proux ✿ (O. A.).
Classes élémentaires (3). — M. Lunel ✿ (O. A.).
Classe préparatoire. — M. Leroux.
Classe enfantine (3). — Mme Gombert.
Dessin. — M. Nicloux.
Comptabilité et Écriture. — M. Brunet.
Gymnastique. — M. Brunet.
Musique. — M. Quignard.

---

(1) Le frontispice représente le personnel de 1905, moins M. Nicloux, absent. Ce sont, *de gauche à droite*, au premier rang, assis : MM. Lallement, Le Proux, Mme Gombert, MM. Musset, Rocher, Le Flahec, Normand ; au deuxième rang, debout : MM. Lunel, Bonneau, Coudray, Bruyant, Brunet, Fourcault, Laffargue (agrégé, nommé à La Roche-sur-Yon), Leroux, Ponthioux (répétiteur à Compiègne).

(2) Les chiffres qui suivent l'indication des chaires indiquent leur ordre.

A LA MÉMOIRE

DES ANCIENS ÉLÈVES DU COLLÈGE

MORTS POUR LA PATRIE

Comte Jules de Saint-Pol, général de brigade, tué à l'assaut de Malakoff (1855).

Robert Mac-Carthy de Mervé, brigadier au 2e chasseurs à cheval, tué à Limoges en service commandé (1861).

Jules Garreau, blessé mortellement au combat de Marchenoir (1870).

Alphonse Glon, caporal d'infanterie, tué à Champigny (1870).

Adolphe Salmon, tué au siège de Paris (1870).

Léon Galerne, mort à Ernée (Mayenne) (1871).

Amand Marcilly, médecin de marine, mort à Toulon, au retour d'une campagne en Cochinchine (1878).

Louis Hommey, capitaine au 1er régiment étranger, mort à Phuc-Hoa (Tonkin) (1892).

TABLEAU

DES MEMBRES DE L'ASSOCIATION DES ANCIENS ÉLÈVES

DÉCÉDÉS DEPUIS SA FONDATION EN 1883

MM.

1884 Hédiard, négociant à Nogent.
— Blin Armand, minotier à Bretoncelles (Orne).
1885 Raquet Louis, lithographe à Paris.
— Blanche Adolphe, consʳ d'arrondᵗ, nég. à Ceton (Orne).
— Brouard Eugène, avocat à Rouen.
— Collas Jean-René, dʳ-méd. à Stᵗ-Pʳʳᵉ-sʳ-Dives (Calvados).
1886 Gatineau Albert, employé à la sous-préfecture, Nogent.
1887 Fabas, employé au chemin de fer de l'Ouest.
— Rocton, huissier à Mamers.
— Radiguet, clerc de notaire à Nogent.
1888 Gatineau ✿ (O. A.), ancien professeur au collège, Président d'honneur de l'Association.
— Debray, ancien greffier du tribunal de Nogent.
1889 Lelasseux Jules, C. ✳, colonel d'artillerie en retraite, ancien maire de Nogent (1).
— Marchand, ✳, capitaine en retraite, Nogent.
1890 Ménager, docteur-médecin à Boulogne-sur-Seine.
— Roupnel, négociant à Château-du-Loir.
1891 Gatineau-Drosin, propriétaire à Nogent.
— Ducœurjoly, ancien cultivateur à Ceton.
— Gaté Albert, tanneur à Nogent.

---

(1) Lelasseux (Jules-Pierre-Louis) (1811-1889). Entré le *second* à l'École Polytechnique en 1830, devenu colonel et directeur d'arsenal, M. Lelasseux prit sa retraite en 1871 et revint se fixer dans sa ville natale où il mourut, après avoir exercé à deux reprises les fonctions de maire. C'était un homme très charitable, et son nom est inscrit parmi ceux des bienfaiteurs de la ville pour sa donation des sources de la Messesselle.

1892 Mayan, ancien professeur de dessin à Nogent.
— Osmont, employé retraité de la Compagnie de l'Ouest.
— Hommey Louis, capitaine d'infan^{rie} au Tonkin.
— Guérin, pharmacien à Bonnétable.
1893 Anfray ✥ (O. A.), ancien profes^r, Ernée (Mayenne).
— Chaboche, ancien principal clerc de notaire à Paris.
— Foucault Albert, rue Saint-Hilaire, à Nogent.
— Rose, ancien négociant à Ernée (Mayenne).
1894 Marolles, peintre à Nogent.
1895 Bodin Jules, ancien négociant à Paris.
— Caillé, propriétaire à Châteauneuf.
— Lemaître, ancien notaire à Chartres.
1896 Fillon, capitaine du génie breveté, à l'École de guerre.
— Anthoine, ancien vice-président de l'Association, Nogent.
— Gouhier-Delouche, imprimeur à Nogent.
— Troupeau, propriétaire à Authon.
1897 Besnard, propriétaire à Frazé.
— Morin Henri, chimiste à Paris.
— Lecoq, propriétaire à Nogent-le-Roi.
— Neveu Achille, propriétaire à Illiers.
— Herbault, juge de paix à Nogent.
— Des Murs Alfred, juge de paix à Tiercé.
— Dhomé Georges, propriétaire à Nogent.
— De Morissure, propriétaire à Nogent.
— Veilleux Émile, 34, faubourg Poissonnière, Paris.
— Térin Nicolas, propriétaire à Nogent.
1898 Gouverneur Aristide ✽, propriétaire à Nogent (1).
— Massiot Jules, ancien négociant à Paris, Président
    d'honneur de l'Association.

---

(1) Aristide Gouverneur (1829-1898), maire de Nogent de 1878 à 1881 et
de 1882 à 1892, conseiller général, a publié les œuvres de Remy Belleau
et écrit plusieurs ouvrages estimés, concernant surtout l'histoire locale :
Essais sur le Perche ; Un coin du vieux Nogent. Citons encore : *Un
mois en Espagne.*

1898 Fauveau Auguste, boucher à Nogent.
— Sortais Henri, ancien négociant à Paris.
— Moulhard, propriétaire à Authon-du-Perche.
— Boullay Édouard ✤ (O. M. A.), propriétaire, secrétaire de la Société hippique percheronne, Nogent.
— Moullin Henri, propriétaire à Nogent.
1899 Morin Henri-Parfait ✤, docteur-médecin à Paris.
— Chaumard Alfred, minotier à Nogent.
— David Émile, président d'honneur de l'Association, commissaire-priseur honoraire à Paris.
— Laussel Jules, percepteur en retraite, propriét", Nogent.
1900 Blanchard, ancien huissier à Bonnétable.
— Gaté Camille (O. I.), sculpteur à Nogent.
1901 Laussel Léon, négociant à Paris.
— Macé, agent d'assurances à Nogent.
— Morin Ambroise, cultivateur à Saint-Cyr-la-Rosière.
1902 Brière Joseph ✤ (O. A.), ancien notaire, Président d'honneur de l'Association, à Saint-Cosme-de-Vair.
— Pelletier Armand, nég' à la Guierche-de-Bretagne (I.-et-V.).
— Hüe Auguste ✤, conseiller honoraire à Fontainebleau.
1903 Garin Maurice, propriétaire à Mortagne.
— Charron (O. I.), ancien professeur au collège de Nogent, professeur au lycée Buffon à Paris.
— Lelasseux Jules, lic. en droit, agric' à Cotterets (I.-et-V.).
— Proust Jules (O. I.), propriétaire à Lyon.
— Lehoux Joseph, propriétaire à Condé-sur-Huisne (Orne).
1905 Proust Arthur ✤ (O. A.), architecte, ancien président de l'Association, conseiller municipal, Nogent.
— Martin, directeur d'usine, Le Theil-sur-Huisne (Orne).
— Boullay Raoul ✤ (O. M. A.), secrétaire général de la Société hippique percheronne, conseiller municipal, négociant en grains à Nogent.

NOMS DES BIENFAITEURS DU COLLÈGE ET DE L'ASSOCIATION

Mme Mauté-Lelasseux, propriétaire à Nogent, décédée.
M. Émile David, Pt d'honneur de l'Association, Paris, décédé.
M. Henri David, sénateur, à Arville, par Saint-Agil (Loir-et-Cher), et 25, rue de Madrid, Paris.
M. David, commissaire-priseur, 43, rue de Provence, Paris.
M. et Mme Camille Gaté, Nogent.
Mlle Marie Gatineau, propriétaire, Nogent (1).

LISTE DES ADHÉRENTS

Membres fondateurs

MM.

Cazot Paul, propriétaire à Coulommiers (Seine-et-Marne).
David Émile, Pt d'honneur de l'Association, Paris, décédé.
Dhomé Georges, propriétaire à Nogent, décédé.
Laussel Léon, négociant à Paris, décédé.
Lemaître, ancien notaire, décédé.
Lesage Aristide, négociant, 169, boulevard Pereire, Paris.
Peschet (O. I.), principal du collège d'Eu (Seine-Inférieure).
Peschet Raymond, docteur en droit, Eu (Seine-Inférieure).
Rabaroust Gaston, ancien magistrat, 5, place Saint-François-Xavier, Paris.
Thomassu Henri, propre, boulevard du Port, à Poissy (S.-et-O.).
Tirard Émile, propriétaire, 115, rue Lafayette, Paris.
Tuffier ✻, agrégé de la Fté de médecine, 42, av. Gabriel, Paris.

---

(1) Mlle Gatineau, bienfaitrice et membre honoraire de l'Association, verse deux cotisations annuelles en mémoire de son père et de son frère.

Membres participants (1)

MM.

Aubert Achille, prop^{re}, ancien prés^t de l'Association, Nogent.

Aubert Ansbert, ingénieur, 7, rue du Mon-Désert, Nancy.

Aubert Arthur, notaire, Meslay-le-Vidame (E.-et-L.).

Aubert Henri, entrepreneur de camionnage à Dreux.

Aveline Clément, notaire à Maintenon (E.-et-L.).

Aveline Charles ✿ (O. A.), propriétaire à la Touche, Nogent.

Badière Alfred, industriel, rue des Prés, Nogent.

Badière Edmond, industriel, rue des Prés, Nogent.

Beaufils Léon, représentant de commerce, Vernon (Eure).

Bidet Albert ✿ (O. A.), pharmacien en chef de la maison de Nanterre, la Garenne-Colombes (Seine).

Binoist Fernand, mécanicien, rue Saint-Laurent, Nogent.

Blin Henri, 4, rond-point de la Défense de Paris, Puteaux.

Blondeau, ingénieur civil des Arts et Manufactures, 53, rue d'Auteuil, Paris.

Bonefant Albert, à Rumynead Mill Road, East Bourne Sussex (Angleterre).

Bonneau Jules ✿ (O. A.), professeur au collège, Nogent.

Bonnet-Chérière, propriétaire, rue Thibault-Meyniel, Nogent.

Bonsens Auguste, rédacteur au Crédit Foncier, Paris.

Boucher Adolphe, représentant de commerce, Nogent.

Boutry Charles, ancien notaire, Soissons (Aisne).

Brun Honoré, mécanicien, 21, rue Dugommier, Paris

Bruneau Émile, cond^r des Ponts et chaussées, Janville (E.-et-L.).

Brunet Paul, surveillant général du collège, Nogent.

---

(1) Le Comité de l'Association est ainsi composé pour 1905-1906 :
MM. Rogue et de Torsay, présidents d'honneur; Edmond Perriot, président; Georges Paraingaux, vice-président; Edmond Badière, trésorier; Émile Parent, secrétaire; Achille Aubert, Pierre Bruyant, Paul Duval, Albert Hervé, Léon Malgrange, Achille Manceau, membres. — Les anciens présidents de l'Association sont : MM. Gatineau; Jules Massiot; Rogue; Malgrarre; Villette-Gaté; Achille Aubert; Arthur Proust.

Bruyant Pierre ✥ (O. A.), professeur au collège, Nogent.
Carbonnier Achille, maître-d'hôtel, Nogent.
Carbonnier Achille, licencié en d^t, r. du Montparnasse, Paris.
Cerné André, commis des Ponts et chaussées, Tourouvre (Orne).
Challier Charles, cons. d'arrondissement, négociant à Authon.
Chantebois, carrossier à Bellême (Orne).
Chérière Henri, docteur-médecin, Essonnes (S.-et-O.).
Chouanard Ansbert, propriétaire, 6, rue de Beaune, Paris.
Chouanard Jules ✠ (C. M. A), éleveur à Verrières (Orne).
Cochegrue Jules, ancien notaire, propriétaire à Pontoise.
Cohin Georges, pharmacien, 6, boulevard Cauchoise, Rouen.
Colas Désiré ✠ (C. M. A.), cult. maire de Coudreceau.
Colas Emile, cult , Vaupillon, par La Loupe (E.-et L.)
Couanon Henri, juge de paix, Milly (S.-et-O).
Coudray Louis, docteur-médecin, rue Chaillou, Nogent.
Coudray Gaston, négociant, rue Neuve-des-Prés, Nogent.
Coudray Henri, professeur au collège de Nogent.
Coudray Paul, docteur-médecin, 55, rue des Mathurins, Paris.
Couronnet Paul, d^r-médecin, Le Theil-sur-Huisne (Orne).
Courtois Georges, greffier de paix, Bellême (Orne).
Daviray Émile, rédacteur à la Direction centrale de la Caisse
    nationale d'épargne, 33 bis, rue Dutot, Paris.
Daupeley Gustave ✥ (O. A.), propriétaire, Nogent.
Daupeley Paul, imprimeur, rue Gouverneur, Nogent.
Debray Henri, boulanger à Nogent.
Delacroix, calculateur à la Cie d'assurances *La Nationale*,
    11, rue Lechatelier, Paris.
Dessé Théodore, 44, av. de Ceinture, Saint-Gratien (S.-et-O.).
Dorchêne Raoul, prop^{re}, maire de Coulonges-les-Sablons (Orne).
Dorchêne Henri, ancien notaire, propriétaire, Nogent.
Drouet Charles, comptable, Nogent.
Drouet Edmond, élève de l'Institut agronomique.
Dubeloy ✥ (O A.), rédact^r au Lab^{re} municipal, secrétaire des
    « Percherons de Paris », 12, rue Boyer-Baret, Paris.
Dumur Alfred ✺, ing^r des ponts et chaussées, Forcalquier.

Durand Louis ✠ (O. M. A.), propriétaire, Nogent.
Dutertre Honoré, coutelier, rue Saint-Hilaire, Nogent.
Dutot, propriétaire, châlet Mondésir, Sully-sur-Loire (Loiret).
Duval Paul, éleveur à Avezé (Sarthe).
Eigenschenck Philippe, ancien notaire, Nogent.
Eigenschenck René, négociant en soieries, Lyon.
Eluard Désiré, cultiv. à Saint-Cyr-la-Rosière (Orne).
Esnault Léon, négociant, rue Saint-Hilaire, Nogent.
Ferrien Émile, notaire à Ablis (S.-et O.).
Fleury Paul, sénateur de l'Orne, 10, rue de Turin, Paris.
Fortin Émile, faïencier, rue Charronnerie, Nogent.
Fortin Jules, faïencier, rue Charronnerie, Nogent.
Foucault Émile, docteur en droit, avocat à la Cour d'appel, Paris.
Foucault Achille, professeur au collège, Sancerre.
Foucault Marcel ✿ (O. A.), maître de conférences à la Faculté
    des Lettres de Montpellier.
Fouquier Henri, notaire à Bellême (Orne).
Fourcault Maurice, élève en pharmacie, f^g St-Hilaire, Nogent.
Fourcault Samuel ✿ (O. A.), professeur au collège, Nogent.
François, percepteur honoraire, maire de Souancé.
Frétard Gaston, indust., 18, boulev. Rochechouart, Paris.
Fromage Léon, négociant, Saint-Cyr-la-Rosière (Orne).
Garreau Georges (O. I.), d^r en droit, maire de Vitré (I.-et-V.).
Gay Paul, 4, Rue Renault, Paris (11e).
Georget Denis, négociant, rue de la Herse, Nogent.
Germond Louis, agent-voyer à Longny (Orne).
Glatigny, licencié en droit, notaire à Brezolles (E.-et-L.).
Gohon Émile (O. I.), ✠ (C. M. A.), juge de paix, Montreuil-
    sous-Bois (Seine).
Grout Henri, juge de paix, La Fresnay-sous-Chédouet (Sarthe).
Gueunet Gustave ✿ (O. A.), sous-économe au lycée du Mans.
Guérin Charles ✠ (C. M. A), maire de Margon, propriétaire
    sur les Ruisseaux, Nogent.
Guerrier Fernand, charcutier, rue Remy-Belleau, Nogent.
Guilhéry Alfred, receveur des hospices, Nogent.

Guillemin Ernest, minotier, Marchainville (Orne).
Guillemin Henri, café de France, Bellême (Orne).
Guinebert Ernest, propriétaire, adjoint au maire, vice-président du conseil d'arrondissement, Nogent.
Habert Émile, négociant, place du Marché, Nogent.
Habert Louis, docteur-médecin, Nogent.
Hamelin Paul, ✿ (C. M. A.), éleveur à Berd'huis (Orne).
Hardy Camille, usine de la Mâlerie, Nogent.
Harsch fils, 5, avenue de Taillebourg, Paris.
Hervé Édouard, 24, rue de la Bourse, Le Havre.
Hervé Albert, propriétaire, rue Saint-Hilaire, Nogent.
Jacques Arthur, employé des postes à Nogent.
Lallement Lucien, professeur au collège, Nogent.
Lavie Léon, négociant, La Ferté-Bernard (Sarthe).
Laumonier Gaston, rédacteur à la préfecture de la Seine.
Le Bailly Ernest, 145, boulevard Saint-Michel, Paris.
Lebrun Abel, rue Saint-Laurent, Nogent.
Lecoconnier Charles, capitaine au 68e d'inf., Parthenay.
Leconte Zacharie, propriétaire, Bellême (Orne).
Lemarié Etienne, ✿ (C. M. A.), cultiv., Saint-Victor-de-Buthon.
Lemarié Charles, ✿ (C. M. A.), ingénieur-agronome, directeur de l'Agriculture, Hanoï (Tonkin).
Leneveu Maurice, capitaine à l'état-major du génie, Alger.
Le Proux, ✿ (O. A.), professeur au collège de Nogent.
Lesage Léon, chapelier, rue Charronnerie, Nogent.
Lheureux, architecte, Alençon (Orne).
Linget Georges, docteur-médecin, Montigny-Lencoup (S.-et-M.).
Lunel Octave, ✿ (O. A.), professeur au collège, Nogent.
Maillet Gabriel, propriétaire, rue Saint-Hilaire, Nogent.
Maillet Joseph, confiseur, Nogent.
Malgrange Léon, licencié en droit, avoué, ancien président de l'Association, Nogent.
Manceau Achille, ✿ (O. A.), architecte, rue Gouverneur, Nogent.
Mariani Georges, propriétaire, rue Saint-Laurent, Nogent.
Martin Henri, propriétaire, rue Doullay, Nogent.

Martin René, contrôleur des contributions directes à Pithiviers.

Mauté Henri, anc. pharmacien, prop™, 96, rue Chanzy, Le Mans.

Ménager Valentin, propriétaire, place du Marché, Nogent.

Ménil Charles, métreur-vérificateur, 182, rue Saint-Maur, Paris.

Meunier Émile, mécanicien, rue Saint-Martin, Nogent.

Morice Charles, ✿ (O. A.), percepteur, 16, rue St-Thomas, Chartres.

Morin Léon, cultivateur, Saint-Cyr-la-Rosière (Orne).

Musset, (O. I.), principal du collège, Nogent.

Papillon Victor, employé à la Mairie, Nogent.

Paraingaux, ✿ (O. A.), receveur municipal, vice-président de
l'Association, Nogent.

Parent Émile, entrepreneur de menuiserie, Nogent.

Parent Émile fils, horloger, 24, rue Beaubourg, Paris.

Parent Henri fils, rue Saint-Hilaire, Nogent.

Pasteau Émile, (O. I.) ✿ (O. M. A.), docteur-médecin, lauréat de
la Faculté de médecine, 71, boulev. Beaumarchais, Paris.

Péan Achille, cons. d'arrond., grainetier, Luigny (E.-et-L.).

Perriot Edmond, ✿ (O. M. A.), président de l'Association, à
Champeaux, commune de Margon, par Nogent.

Pesche Victor, ancien pharmacien, propriétaire, Nogent.

Peuret Louis, ✿ (O. A.) cons. gén., pharmacien, maire de Senonches.

Poussin Ernest, chef de coupe à l'usine Tirard, Nogent.

Rabier, docteur-médecin à Paris.

Raguis Alfred, ✿ (O. A.), réd™ au ministère de la Guerre, Meudon.

Renou Henri, faïencier, Nogent.

Renou Pierre, D™ en droit, recev. d'enregist., Montsurs (Mayenne).

Renoult Achille, imprimeur-libraire, Nogent.

Respaud Henri, rep. de commerce à Moulins-sur-Mer (Finistère).

Rocher Antony, ✿ (O. A.), professeur au collège, Nogent.

Rogue Céleste, (O. I.), secrétaire de la Mairie, président d'honneur
de l'Association, Nogent.

Rollin Georges, docteur-médecin, 50, rue de Rivoli, Paris.

Roussard Henri, négociant en vins, Nogent.

Rousseau Alexandre, boucher à Nanterre (Seine).

Rousseau Henri, gér™ de propriétés, 16, boul. Beaumarchais, Paris.

Rousseau Louis, architecte diplômé, Montreux (Suisse).
Sagot Henri, minotier au Moulin-Neuf, Nogent.
Sagot Julien, 🏅 (O. M. A.), président du conseil d'arrondissement, maire de Belhomert (E.-et-L.).
Sagot Théodore, meunier, rue Saint-Laurent, Nogent.
Savare Eugène, notaire, Neuville-aux-Bois (Loiret).
Savare, ancien pharmacien, Bouloire (Sarthe).
Savigny, secrétaire de la Mairie, à Redon (Ille-et-Vilaine).
Ségouin, grainetier, Le Theil-sur-Huisne (Orne).
Seigneurie Albert, (O. I.), rédacteur en chef du journal *l'Épicier*, Bourse de Commerce, Paris.
Sorand Émile, géomètre-expert, rue de Sully, Nogent.
Souchay Raymond, constructeur-mécanicien, Châteaudun.
Térin Jules, comptable au Bon-Marché, Paris.
Téton Émile, 🏅 (O. M. A.), 🏅 (O. A.), prop. au Vésinet (S. et-O.).
Tirard Paul, auditeur au Conseil d'État, 27, rue de Tocqueville, Paris.
Torsay (Ch. de), président honoraire de tribunal, président d'honneur de l'Association, Nogent.
Tramblay Alfred, propriétaire, Nogent.
Vaillant Edgar, pharmacien, 49, avenue Wagram, Paris.
Villette Henri, 🏅 (O. A.), 🏅 (C. M. A.), vice-président du Conseil général, ancien prés. de l'Association, maire de Nogent.
Villette Georges, directeur d'usine, la Mâlerie, Nogent.
Villeroy Gaston, magistrat, château de Beauvais Nogent.

ADDITIONS ET RECTIFICATIONS

Florent Buguet. — D'après un acte du 6 janvier 1597, Marguerite Drouin, veuve de Florent Buguet, — père et mère du fondateur du collège, — déclare que la *métairie du Vivier*, appartenant à son défunt mari est située sur la paroisse Saint-Lubin de Brou (1).

> (Minutes de M⁰ Rouget, notaire à Nogent; étude actuelle de M⁰ Gilles.)

Par un acte du 1ᵉʳ juin 1613, Guillaume Collas, marchand, demeurant à Bretoncelles, fondé de pouvoir de messire Jean d'Angennes, s'engage envers M⁰ *Florent Buguet, marchand*, demeurant à Nogent-le-Rotrou, à lui livrer vingt-cinq charretées d'écorce au lieu de Grandin, devant la halle dudit lieu, moyennant 240 francs. — Le 9 octobre 1613, *Marguerite Fareau, femme de Florent Buguet*, en l'absence de son mari, achète dix poinçons de cidre de Gervais Godin, fermier à Brunelles.

> (Minutes de Jean Bertin, notaire à Nogent.)

Le Collège en 1681. — Un acte du registre des plaids du comté de Nogent-le-Béthune constate qu'il y a toujours eu *trois* classes au collège depuis la réunion de la chapelle Saint-Jacques au collège, « iceluy collège ayant toujours été exercé du *principal*, du *procureur* et de *trois régents* (2), et rempli de quantité d'écoliers en nombre suffisant, et jusqu'à plus de *cinquante*. »

Donation de Pierre Rousseau (14 octobre 1694). — Pierre Rousseau rend compte de sa gestion « devant les députés

---

(1) La métairie du *Vivier* existe toujours; elle est située à 800 mètres de la gare de Brou, sur le côté droit de la route nationale d'Orléans à Saint-Malo; elle en est séparée par un vivier large et profond, et elle est entourée de tous les côtés par des fossés en partie remplis d'eau.

(2) Beauchesne, principal; Pierre Rousseau, procureur; Pierre Pothier, François Philippe, Jacques Charpentier, sous-diacres, régents.

de la ville et communautés », tant comme procureur de Guillaume Beauchesne que comme principal. Il résulte des comptes qu'une somme de 1,398 livres reste due au principal. Celui-ci, « par piété, acquitte et décharge gratuitement le collège » de cette somme, et lui remet « tous les revenus, fermages, qui lui peuvent être dûs de reste par les fermiers et rentiers du collège. En reconnaissance, sur la réquisition du sieur Rousseau, les comparants, tous d'une voix, ont chargé et obligé le collège à faire dire et célébrer par chacun an à perpétuité, dans l'église de Saint-Jacques du collège, deux services solennels pour lui et les siens, l'un au jour de Saint-Pierre, 29 juin; l'autre, le jour de Saint-Pierre-aux-Liens, premier jour d'août; et à continuer à toujours d'inscrire le dit sieur Rousseau au catalogue des bienfaiteurs du collège et de lui laisser pour son habitation, durant sa vie, l'ancienne maison qui est au bas de la cour du collège;... et seront les titres privés et enseignement du collège délivrés incessamment par le dit sieur Rousseau *au sieur Bérault.* »

(Registre des plaids.)

ORGANISATION ET PERSONNEL (page 200).

Ajouter :

Sciences physiques et naturelles (1), M. Bonneau, ✠ (O. A).

BIBLIOGRAPHIE

Bart des Boulais, Antiquités du Perche. — Publié et annoté par M. Henri Tournouër.

Beauhaire (l'abbé J.). — Chronologie des évêques et prêtres du diocèse de Chartres.

Buchez et Roux. — Histoire parlementaire de la Révolution.

Daupeley (Gustave). — Sommaires des délibérations de la commune de Nogent-le-Rotrou pendant la Révolution.

Franklin (Alfred). — La vie privée d'autrefois à Paris. — Écoles et collèges.

Gouverneur (A.). — Un coin du vieux Nogent.

Lavisse (E.) — Histoire de France.

Mettais (l'abbé). — Histoire et cartulaire de l'abbaye de Saint-Denis de Nogent-le-Rotrou.

Œillet des Murs. — Éphémérides du château et de Nogent-le-Rotrou.

Rambaud (A.). — Histoire de la civilisation.

Rohrbacher. — Histoire universelle de l'Église catholique.

Taine. — Les origines de la France contemporaine.

Tarsot (L.). — Les écoles et les écoliers à travers les âges.

Thomassu. — Recherches historiques sur Nogent-le-Rotrou.

Annuaires d'Eure-et-Loir.

Archives *départementales* : Série D. — Série B : 2144; 2165; 2312; 2396. — *Nationales* : F. 17^4 2828; F. 17^4 79076 — de la fabrique de l'église Notre-Dame (xviiie siècle); de l'Hôtel-Dieu (1653-1800) et registre des sépultures (1747-92) — municipales de Nogent (1792 à 1900); du collège; des notaires (xvie au xixe s.); des paroisses de Nogent et de Margon, etc., etc.

Bulletins des Lois.

Mémorial administratif du département d'Eure-et-Loir.

Statistique de l'enseignement secondaire (1865; 1887).

TABLE ANALYTIQUE

INDEX DES PLANCHES ET FAC-SIMILÉS

TABLE DES MATIÈRES

Nogent-le-Rotrou. — Imprimerie RENOULT-WEINGAND
Composé par Th. BRÉTHES

www.ingramcontent.com/pod-product-compliance
Ingram Content Group UK Ltd.
Pitfield, Milton Keynes, MK11 3LW, UK
UKHW022206120726
13694UKWH00002B/429